本书据范·雷登(w.won Leyden)辑译本译出

自然法论文集

自然法论文集

[英] 洛克 著　刘时工 译

上海三联书店

总　序

　　λόγος 和 πόλις 是古代希腊人理解人的自然的两个出发点。人要活着,就必须生活在一个共同体中;在共同体中,人不仅能活下来,还能活得好;而在所有共同体中,城邦最重要,因为城邦规定的不是一时的好处,而是人整个生活的好坏;人只有在城邦这个政治共同体中才有可能成全人的天性。在这个意义上,人是政治的动物。然而,所有人天性上都想要知道,学习对他们来说是最快乐的事情;所以,人要活得好,不仅要过得好,还要看到这种好;人要知道他的生活是不是好的,为什么是好的,要讲出好的道理;于是,政治共同体对人的整个生活的规定,必然指向这种生活方式的根基和目的,要求理解包括人在内的整个自然秩序的本原。在这个意义上,人是讲理的动物。自从古代希腊以来,人生活的基本共同体经历了从"城邦"(πόλις)到"社会"(societas)与现代"国家"(stato)的不同形式;伴随这种转变,人理解和表达自身生活的理性也先后面对"自然"(φύσις)、"上帝"(deus)与"我思"(cogito)的不同困难。然而,思想与社会,作为人的根本处境的双重规定,始终是人的幸福生活不可逃避的问题。

　　不过,在希腊人看来,人的这种命运,并非所有人的命运。野蛮人,不仅没有真正意义上的政治共同体,更重要的是,他们不能正确地说话,讲不出他们生活的道理。政治和理性作为人的处境的双重规定,通过特殊的政治生活与其道理之间的内在关联和微妙张力,恰恰构成了西方传统的根本动力,是西方的历史命运。当西方的历史命运成为现代性的传统,这个共同体为自己生活讲出的道理,逐渐要求越来越多的社会在它的道理面前衡量他们生活的好坏。幻想包容越来越多的社会的思想,注定是越来越少的生活。在将越来越多的生活变成尾随者时，自身也成了尾随者。西方的现代性传统，在思想和社会上，面临着摧毁自身传统的危险。现代中国在思想和社会上的困境，正是现代性的根本问题。

对于中国人来说，现代性的处境意味着我们必须正视渗透在我们自己的思想与社会中的这一西方历史命运。现代中国人的生活同时担负着西方历史命运的外来危险和自身历史传统的内在困难。一旦我们惧怕正视自己的命运带来的不安，到别人的命运中去寻求安全，或者当我们躲进自己的历史，回避我们的现在要面对的危险，听不见自己传统令人困扰的问题，在我们手中，两个传统就同时荒废了。社会敌视思想，思想藐视社会，好还是不好，成了我们活着无法面对的问题。如果我们不想尾随西方的历史命运，让它成为我们的未来，我们就必须让它成为我们造就自己历史命运的传统；如果我们不想窒息自身的历史传统，让它只停留在我们的过去，我们就需要借助另一个传统，思考我们自身的困难，面对我们现在的危机，从而造就中国人的历史命运。

"维天之命，於穆不已。"任何活的思想，都必定是在这个社会的生活中仍然活着的，仍然说话的传统。《思想与社会》丛书的使命，就是召唤我们的两个传统，让它们重新开口说话，用我们的话来说，面对我们说话，为我们说话。传统是希腊的鬼魂，要靠活的血来喂养，才能说话。否则海伦的美也不过是沉默的幻影。而中国思想的任务，就是用我们的血气，滋养我们的传统，让它们重新讲出我们生活的道理。"终始惟一，时乃日新。"只有日新的传统，才有止于至善的生活。《思想与社会》丛书，是正在形成的现代中国传统的一部分，它要造就活的思想，和活着的中国人一起思考，为什么中国人的生活是好的生活。

英文译者前言

本书包括约翰·洛克的三部早期著作,根据洛克手稿首次翻译出版。手稿现收藏于牛津大学图书馆的拉夫雷斯收藏(Lovelace Collection)中。

书的第一部分是论自然法的 8 篇系列论文,[①]是洛克于 1660 年之后不久用拉丁文写作完成的。那时洛克刚过而立之年,差不多正是他最重要的哲学著作《人类理解论》出版之前 30 年。那些满怀敌意批评洛克《人类理解论》中的成熟学说的人一定认为有更充分的理由批评他年轻时候的著作——事实上,洛克本人对这部著作感到为难,因为他没有出版它;这部著作处理的主题现在被许多人认为已经过时。不过,批评一部著作,并不一定意味着希望它从未被写成或出版。我相信读者肯定会欢迎有关洛克的最新发现,愿意看到洛克详细阐述自然法的手稿付印出版。因为首先,虽然自然法概念对洛克的一系列学说意义重大,然而令人失望的是,在他出版的著作中对此概念的论述却极少。其次,围绕这一问题的所有观点都可以引起普遍的兴趣。如果是来自洛克这样一位重要的、视野广博的思想家的观点,那当然更加值得重视:道德学家、政治理论家、法哲学家和神学家都会对此感兴趣。此外,这些论文还有另外的意义——它们是洛克关于人类知性(understanding)思想的起点,洛克在《人类理解论》中的思想是从这里开始逐渐成形的:这些论文可以视为那部著作的相关部分的最初级形态。

---

① 这 8 篇论文以现在统一的题目出版。洛克只提供了每篇论文的题目。

　　自然法传统理论的大部分阐释者都是用拉丁文写作的,洛克写作这些论文时也是如此。我想出版洛克的拉丁语文本,以使读者有机会比较洛克和其他拉丁语作者的观点,这应该是明智的。本书提供了通篇的评论性注释,在做注释和编辑文本的时候,我尽力避免对其文字和思想的曲解,而这些曲解在洛克其他著作的版本中却很常见。出版时论文的英文译文和拉丁语文本并排印在一起,同时还加上了一篇分析性的概述。在导言中,我联系洛克早期的学术活动和这些论文在思想史中的地位,澄清了一些需要讨论的问题。在整个导言中,我使用了拉夫雷斯收藏中其他未刊手稿,比如洛克的论政府官员的两篇论文、他的通信、日记和笔记。读者诸君将会看到,对这些材料的研究使我可以在某些方面重新阐释洛克一些广为人知的哲学学说。

　　本书中的第二部分是洛克于 1664 年完成的拉丁文演讲稿。这年年末,当从牛津的基督学院(Christ Church)精神哲学学监职位退休下来的时候,他很可能发表了这篇演讲。演讲因其妙言隽语、典雅精致和含有的传记信息而引人入胜。不过,我在本书收录它的主要原因是因为它与洛克发表(显然,这是作为学监的一项职责)的关于自然法的演讲关系紧密,可能其中的全部观点都散见于这 8 篇论文里关于自然法的论述;而且,洛克的本意就是把这一讲稿作为系列论文最后一篇的承继。

　　本书的最后部分是转录洛克 1676 年笔记中的速记条目。这些条目全部都是拉夫雷斯收藏中洛克著作的哲学速记文献。我在本书中收录它们的理由有四:(1)许多条目,比如论"信仰与理性"的条目,采纳了洛克自然法论文中的观念。(2)像论自然法的论文一样,这些条目透露了洛克在《人类理解论》中讨论的一系列问题上的最初看法,其中某些部分由洛克收入了《人类理解论》。(3)如果编辑们熟悉书写这些条目采用的速记方式,他们肯定会在以前出版的洛克笔记中收入这些条目。(4)这些条目不足 1 万字,单独成册数量不够,因此看来把它们附在一本书后面是恰当的做法,从前阿隆教授(R. I. Aaron)和吉波先生(J. Gibb)在《洛克〈人类理解论〉的早期草稿》中就是如此处理那些用普通方式书写的条目的。

在结束序言之前，我要感谢那些在我准备此书过程中给予我帮助的人们。时任克拉恩顿出版社(the Clarendon Press)代办处秘书的塞萨姆先生(K. Sisam)在此项研究的初始阶段提供了重要帮助。我要感谢牛津图书馆(the Bodleian Library)当局，得益于与他们的合作，在 10 年之久的时间里，我被允许随时查阅拉夫雷斯收藏中的藏品。我要对"西方手稿部"P. 朗先生(P. Long)的持续帮助和殷勤好意表达我特别的感激。我十分感谢剑桥圣约翰学院的拉斯来特先生(P. Laslett)，他阅读了我的手稿，我和他之间有许多富有启发的讨论。我向杜尔海姆大学(the University of Durham)的杜尔海姆学院委员会表示特别的谢意，他们准我一个学期的假期，在此期间我可以着手写作这部著作。

我要倍加感谢神学博士、杜尔海姆的教士、佩斯牧师(E. G. Pace)，没有他的帮助，这部书不会完成。他帮助我准备拉丁语文本，不辞辛劳地一次次修改我的译文，纠正了我的许多错误。从始至终，他在语言和风格方面予我以指点。他的亲切合作和永不丧失的耐心使这项工作成为一件乐事。我愿意将此书题献给他以表达我的谢意。

范·雷登

杜尔海姆哈特菲尔德学院(Hatfield College)

1952 年 8 月

第三次印刷序言

导言中作了一些改动,拉丁语文本、英文译本和笔记中有一些更正和修改,文本注释中加了一些参考和评论。

我要向杜尔海姆大学拉丁语名誉教授嘎温·陶恩德(Gavin Townend)和杜尔海姆大学政治学系的罗伯特·戴森博士(Robert Dyson)致谢,感谢他们在译文的一些段落上的帮助。

范·雷登

杜尔海姆

1987 年 9 月

目录

导　言

1　拉夫雷斯收藏

我先来谈谈一宗卷帙浩繁的手稿收藏,洛克论自然法的论文就是其中的一部分。

1704 年,洛克以 72 岁之龄辞世。临终之际,洛克把他半个藏书室超过 3000 册的图书、全部手稿和书信付与他表弟掌玺官彼得·金(the Lord Chancellor, Peter King),[1]这笔遗产一直由金勋爵的后代保管,直到 1942 年遗产的最后一位监管者拉夫雷斯伯爵(the Earl of Lovelace)将大部分手稿(尽管不过是一捆打字的册页)储藏在牛津图书馆。不久以后,本书作者代表牛津克拉恩顿出版社检阅这些收藏,希望发掘其内容和重要价值,并出版一部论文集。[2] 1946 年报告呈交

---

[1]　彼得·金(1670—1734)是约翰·洛克的叔叔彼得·洛克的女儿安·金(Anne King)的儿子。中译者注:按此辈分,彼得·金应该是约翰·洛克的外甥,而非表弟,但原文中称其为洛克的表弟。在阿隆著的《约翰·洛克》(参见辽宁教育出版社,2003 年,第 44 页)中,也把彼得·金称为洛克的外甥。

[2]　应该指出,拉夫雷斯收藏的藏品目录已于 1919 年呈报(第 241 号)给了皇家历史资料委员会(the Royal Commission on Historical Documents),但是从未进行过细致检查。

给了牛津大学一个委员会。^① 1947年,牛津大学图书馆在朝圣者信托(the Pilgrim Trust)的财政资助下,买下了这些收藏。这样,有关洛克的大量新的传记资料和他的未刊文献开始向公众开放。^②

拉夫雷斯藏品中洛克的论文分为两类,分别为 a. 通信,其中有将近3000封信;b. 混杂的手稿,包括日记和笔记,共有1000件左右。

a. 通信中的大部分是寄给洛克的信件原件,大约150件是洛克的回信草稿。多数信件用英文写成,但其中也有几百封用拉丁文或法文写成。信件的内容从日常事务到重大事件无不涉及,通信人中有些人默默无闻,有些人则为当时某些领域的一时之选。除去社会闲谈、家庭杂事、洛克在索美塞得郡的产业的管理汇报以外,信件中的讨论涵盖了从新出版的著作、科学进展到国会事务、货币制度、殖民地形势等广泛话题。洛克的通信者中有许多女性,从与他往还的所谓情书中可以重新发现他在牛津早期生活中的一些特殊人物。其中具有特别重要性的是一位化名 *Philoclea* 的女士写给他的40封信。看来,^③这些信是拉尔夫·卡得沃斯(Ralph Cudworth)的女儿玛莎姆女士(Masham)写的,她后来也成了莱布尼茨的一个通信者。藏品中有一些信和论文是莱布尼茨亲自写来的,另有一些信件与洛克的《人类理解论》相关。其中还有一些来自当时代的医生、科学家、学者和神学家,他们中还有法国人和荷兰人。总的说来,通信中的信息主要是传

---

① 委员会的成员有:肯尼斯·塞萨姆先生(Kenneth Sisam)(时任克拉恩顿出版社代办处的秘书)、埃德蒙德·克拉斯特爵士(Sir Edmund Craster)(时任牛津图书馆员)、大卫·罗斯爵士(Sir David Ross)(时任奥里尔学院的院长)和乔治·克拉克爵士(Sir George Clark)(时任剑桥大学现代历史钦定教授)。

② 已经出版的关于拉夫雷斯收藏的报告有:a. 埃德蒙德·克拉斯特爵士的一篇论文,刊载于1948年1月12日的《时代》;还有他于1948年3月19日在第三套节目中发表的广播讲话,刊载于1948年4月1日的《听众》(*Listener*);b. 刊载于1948年5月21日《曼彻斯特卫报》和朝圣者信托《第17个年度总结》(1947年)上的概述性文章;c. 我的两篇论文,即"约翰·洛克的未刊论文",载于1949年1—3月的《智慧》(*Sophia*)(1950年7—9月的《哲学时报》(*Revue philosophique*)和1951年10—11月的《哲学研究》(*Les Etudes philosophiques*)收录了该文摘要),以及"关于拉夫雷斯收藏中约翰·洛克自然法论文的笔记",载于1952年1月份的《哲学季刊》。

③ 参看我的论文"关于拉夫雷斯收藏中约翰·洛克自然法论文的笔记",载于1952年1月份的《哲学季刊》。

记方面的。洛克的传记不但应该改写和扩展，而且甚至应该在这些新材料的基础上重新写过。此外，这些收藏对现有的出版物也是个补充：在列入收藏里的别人回给洛克的信件中，既有现在已经出版的大部分洛克信件的回信，也有现在已经佚失洛克信件的回信。

b. 现在我们来谈谈收藏中那些杂乱的手稿。洛克自己的文字占了其中最大一部分；其次是他的书单和图书目录、神学论文和医学论文；然后是有关金融、经济学、殖民地和政治历史方面的论文；数量最少但具有同等重要价值的是他的哲学手稿。他的日记和笔记总共有38本之多，前后跨越几乎 50 年之久。[①] 其中有读书摘要（对于确定洛克阅读的时间很有帮助）、他的医生职业的相关信息以及他在英国和欧洲大陆的活动信息。部分条目用速记写成，解读的关键已经找到。在传记性材料中，有洛克年轻时在威斯敏斯特学校、牛津基督学院所作的讲演，他充任学院助教和其他官方职位时的论文、遗产清单列表，以及他和出版商的协议。有 3100 条关于他的藏书的信息。洛克把部分藏书遗赠给了彼得·金，现在由金的后人原封不动地保存着。另有一部分藏书遗赠给了弗朗西斯·卡德沃斯·玛莎姆，但这部分藏书已经在 1762 年至 1916 年间散佚。[②]

收藏的神学论文中最重要的是洛克写的关于政府权力和教会的宽容和权限的早期文献。其后的文献涉及灵魂不朽学说、自然宗教和启示宗教、三一论争论，以及新教异议者的权利。总体而言，洛克和其他人的论文中关于这些话题的讨论意在维护或反驳洛克的神

---

① 其中洛克旅居法国最后一年（1679 年）时的笔记，于 1845 年在大英博物馆发现（手稿补遗·15,642）。一份开始于 1661 年的笔记备忘录，其中有《论宽容》（1667 年）的一份手稿复本和 1671 年《人类理解论》的一部早期草稿。这些一直保存在拉夫雷斯爵士手中，直到 1952 年出售给美国。洛克 1672 年的日记在拉夫雷斯姐姐德·哈斯祖夫人（Lady de Hosszu）的手中；1684 年日记先是在藏品中，后被叟耶斯（Sawyers）从索斯比拍卖行中（1934 年 5 月 29 日第 313 号拍品）拍走，后来又被纽约皮尔旁特·摩根图书馆（Pierpont Morgan Library）收藏。1667 年的日记由阿瑟·罗杰斯（Arthur Rogers，Newcastle-on-Tyne）于 1933 年秋挂牌出售（第 85 件）。1669 年日记于 1947 年由大英博物馆所得（手稿补遗·46,470）。

② 参看 P. 拉斯来特（P. Laslett）致"欧斯的玛莎姆爵士的信"，载于《时报文学副刊》（The Times Literary Supplement）1952 年 8 月 15 日第 533 页。

学学说。

收藏中洛克的医学论文从未被引用过,或许是因为其中许多是用速记写成的。用普通书写方式完成的医学论文中含有重要信息,特别是涉及他与托马斯·希登海姆(Thomas Sydenham)关系的部分。

科学论文主要由天文学和地理学备忘录组成,其中大部分内容来自洛克与法国蒙特佩里尔(Montpellier)和巴黎的科学家们的通信。有证据表明,洛克终生都对炼金术和柔兹克鲁申秘密会社(Rosicrucian)的文献感兴趣。

根据收藏中洛克关于金融和币制改革的早期草稿可以发现,洛克在金融问题上的思想发展可以向后追溯得更远,细节也更具体。这部分手稿中最早的标明为 1668 年,即他第一部论金融著作(1692 年)出版之前 24 年,其次标为 1674 年,最后一篇手稿是 1690 年。福克斯·波恩(Fox Bourne)[①]对这些"老论文"的重要性进行过推测,他曾以为这些手稿已经散失了。洛克论金融的第二部著作(1695 年末出版)的准备性工作也可以根据他于 1695 年夏天答复他在政府中工作的友人转给他的官方报告时的几篇论文得以重建。这些论文可以帮助我们厘清政府在为 1695 年 12 月币制改革进行准备时吸取了洛克哪些建议。

有关经济学和殖民历史的论文部分是洛克写的,部分是别人写的,分别讨论国内和国际贸易、贫困问题、爱尔兰亚麻生产、弗吉尼亚的管理,以及苏格兰在达临地峡的殖民地。它们中有的曾经出版,有的被列入日程,这些现在都保存在公共记录处(the Public Record Office)。从没有出版的论文可以看出,洛克任由约翰·萨莫尔斯(John Somers)于 1696 年创建的新贸易委员会(the new Board of Trade)委员时,他在起草规章方面所起的作用比以前所设想的远为重要。

洛克未刊哲学手稿中最重要的是现收录于本书的一系列论自然

---

① 《约翰·洛克的一生》,1876 年,卷 1,313。

法的早期论文。这些论文之外,手稿中还有对都柏林总主教威廉·金的论文的批评,①洛克对约翰·诺里斯(John Norris)的"粗略思考"(1692年)的"回复",洛克论证伦理学的一些短文,以及他出版了的著作的手稿(在某些地方与定稿有所不同)。

从这一简短的介绍可以看出,从拉夫雷斯收藏发掘出来的新材料中,相当大一部分和此前所知甚少的洛克早年生活有关。这一阶段传记性的细节现在都可征之于文献,洛克作为作家的早期活动的证据现在也得到了充实。他对宽容、自然法、金融问题和其他问题上观点的变化也因此可以从年代序列上加以考察。对从其他收藏中选出的一系列论文进行修正、补充也因此成为可能。过去出版的常常是洛克文献中最糟糕的版本,和来自洛克友人们的信件手稿或复本,而所有这些文献的手稿以及信件原件都原封不动地躺在拉夫雷斯收藏中。

如前所说,拉夫雷斯收藏中的一些部分已经出版。这些出版物的名单按年代顺序列在下面。查阅过收藏的作者或为了出版获得过文献复本的作者也予提及。

1. 1696年回击托马斯·埃肯海德(Thomas Aikenhead)辱骂的有关信件和资料收于1812年出版的《政府审判》(*State Trials*,T. B. 豪威尔编辑)第13卷第917—934页中。这些被公认为是金勋爵的财产,因此是根据拉夫雷斯收藏中的原件出版的。

2. 第七世金勋爵在《约翰·洛克的生平和写作生涯》中(初版1829年,第三版1858年)收录或使用了98封信件和洛克笔记中的许多手稿、摘要。无疑他出版了收藏中大部分有趣的内容,但是这些远非收藏的全部内容,而且他提供的信息在许多方面也不够准确。洛克的首席传记作者 H. R. 福克斯·波恩(H. R. Fox Bourne)由于未曾见到拉夫雷斯收藏中的原件,在《约翰·洛克的一生》(1876年)中转引了金勋爵《约翰·洛克的生平和写作生涯》中的一些内容。

3. 坎普贝尔勋爵(Lord Compbell)的《掌玺官传记》(*Lives of the*

---

① 参看1692年夏莫里纽克斯(Molyneux)致洛克的信(《全集》,1801年,卷9,291)。

Lord Chancellors)第四卷(1846 年)第 583 条注释,以及第四版第四卷(1857 年)第 233 条注释。

4. J.艾得尔斯通(J. Edelston)的《艾萨克·牛顿爵士和寇茨教授的通信》(*Correspondence of Sir Isaac Newton and Professor Cotes*,1850 年)第 276 页注释。

5. J.布朗(J. Brown)的《洛克与希登海姆》(1866 年)第 133 页。

6. W. D.克里斯蒂在《一世沙夫茨伯利伯爵安东尼·阿什利·库柏的一生》(1871 年)中,出版了一些相关资料(特别要参看《前言》第 9 页和卷 2,219)。

7. A. C.弗雷泽(A. C. Fraser)的《洛克》(1890 年)的《前言》第 7 页。

8. B.兰德(B. Rand)的《沙夫茨伯利伯爵安东尼的生平和未刊信件》(1900 年)第 273 页,注释 1。

9. B.兰德编辑了洛克的朋友爱德华·克拉克致洛克的 91 封信件(*The Correspondence of Lock and Edward Clarke*)(1927 年),以及洛克 1671 年《人类理解论》两部早期手稿中的一部《关于人类理解、知识、意见和同意的论文》(1931)。

10. R. I.阿隆和 J.吉波出版了 1671 年洛克《人类理解论》的另一部早期手稿和笔记中的摘要,名为《洛克〈人类理解论〉的早期草稿,以及笔记摘要》(1936 年)。其中部分摘要以前曾由金勋爵出版过。阿隆教授同时还使用了他在《约翰·洛克》(1937 年)中的一些新材料(参看《前言》,第 7 页和第 4 页注释 1)。

11. J. W.高夫在《约翰·洛克的政治哲学》(1950 年)中出版了他著作的第一章和最后一章的摘要,并在附录中出版了洛克 1667 年《论宽容》的最后校正。

12. C. S.威尔女士(C. S. Ware)引用了"笛卡儿对约翰·洛克的影响:文献学研究"(载于《国际哲学汇编》1950 年 4 月号,第 1—21 页)(*Revue internationale de philosophie*)。

13. G.波诺(G. Bonno)在《简明学术汇编》(*Revue de litteraure*

compatee)(1950 年)第 481—520 页中出版了阿贝·杜·波士(Abbé Du Bos)致洛克的信。此外,他的一部论洛克与法国知识界交往的著作也将很快出版。

14. H. J. 麦克来科兰(H. J. McLachlan)在《17 世纪英国索塞纳斯主义》(1951 年)第 326 页和 330 页注释 1 中查阅了洛克的图书馆目录和一些论文。

15. J. A. 帕斯摩尔(J. A. Passmore)在其著作《拉尔夫·卡德沃斯》(*Ralph Cudworth*,1951)中使用了一些书信。见第 9 页。

16. J. 拉夫(J. Lough)在《法国研究》(1951 年)第 217—222 页中出版了由洛克草拟的一份 1679 年的法国禁书名录。

17. J. 拉夫以《洛克的法国之旅(1675—1679)》(1953 年)为名,重新编辑了洛克在法国时的笔记,并将洛克的一些通信和论文收录在内。

虽然已经有这些出版物,但拉夫雷斯收藏本身的价值并不稍减,相反,由于大部分保存在其他地方的洛克文献或是分散在许多人手中,或是已经出版面世,拉夫雷斯收藏的价值反而更增加了。保存在基督学院、牛津图书馆和大英博物馆的文献的数量相对而言是很小的。尼恩海德收藏(the Nynehead Collection)(之前是洛克友人爱德华·克拉克的直系后代 E. C. A. 桑福特上校的财产)中一部分已经出版,另一部分在 1922 年秋季拍卖会上被拍卖。沙夫茨伯利文献中(在伦敦公共记录处,收入 1872 年附录 3 的公共记录代理保管第 33 项报告)有关洛克的大部分信息同样也得到充分的利用。这样,由于牛津图书馆当局卓有成效的工作而得以完整保存的拉夫雷斯藏品,其中丰富但不为人所知的材料就具有一种独特的价值。

2　洛克论自然法的论文

在拉夫雷斯藏品的众多手稿中有一系列论自然法的论文。在金勋爵的《约翰·洛克的生平和写作生涯》和牛津图书馆为拉夫雷斯收藏注写的目录上，都没有提到这一系列论文。在 1946 年的报告中，我着手阐明这一材料的性质，并具体说明其内容和重要性。这里我将把与这一材料相关的信息全部罗列如下：

a. 洛克题名为《题目》（*Lemmata*）[①]的一个笔记本中有洛克用拉丁文写就的 6 篇论自然法的草稿。洛克最初用此笔记本记录读书评论，由于笔记中评论的最后一部著作出版年为 1654，则 1654 年后很长一段时间洛克必定仍在使用这一笔记本。我将把这一系列论文命名为手稿 A（MS. A），以标明这是洛克论自然法论文中最早的手稿。[②]

b. 藏品中有一个皮质封面的小开本笔记，[③]封面封底都写有洛克名字的首写字母。打开封面，洛克按照他通常的做法注明了他填写条目的起讫日期——在这本笔记中为 1663 年。笔记中有 9 篇论自然法的论文，以拉丁文写成，笔迹不是出自洛克，可能出自秘书之手。虽然这些论文中的最后 6 篇或多或少与手稿 A 中的论文相雷同，但其中的前 3 篇则完全不同。在第二篇和第三篇以及第六篇和第七篇之间，都有为另外两篇从未曾写过的论文预留下的题目。洛克为每篇论文的题目加了一个数字序号，不管是构思中的论文还是已经写就的论文。

[①] 牛津图书馆洛克手稿 e.6。在本书中我将给出拉夫雷斯收藏中的手稿在牛津图书馆中排列的书架号。

[②] 我选用短语"手稿 A（MS. A）"而不是"草稿 A（Draft A）"，为的是避免在洛克论自然法的论文手稿和 1671 年他为《人类理解论》而写的两部草稿之间造成混淆，因为阿隆教授在《洛克〈人类理解论〉的早期草稿》（1936 年，第 11 页）中已经将后者命名为草稿 A 和草稿 B。

[③] 洛克手稿 f.31。

这样一来总共就有 12 个题目(原文如此——中译者注),9 篇完成的论文。大部分题目和整个文本中的许多修正以及补充都由洛克书写完成,在第八篇论文的末尾,洛克加上了"是为所思,J. 洛克,1664 年"(Sic Cogitavit J. Locke, 1664)的字样,而在第九篇论文的开头,他写上了"学监葬礼演说,64 年"(Oratio Censoria funebris,'64)的字样。我将把这份手稿称为手稿 B。在牛津基督学院的日期为 1680 年的洛克财产清单报表①中出现过的"论自然法的笔记本",可能就是这一本。

c. 一个八开本尺寸的羊皮盒子②中存有大量散页,其中一半的散页上有洛克论述《新约》的笔记,另一半散页上整整齐齐地复录了洛克论自然法的全部论文。复录出自希尔沃斯特(Sylvester)之手,他于 1678 年 11 月 14 日③受聘作洛克的仆人和抄写员,1699 年 12 月死于伦敦。④ 这一复录中存在大量誊写错误和脱漏。没有迹象表明洛克修改过这些错误或曾经使用过这一复录。显然,这一未经修改的手稿意义不大,对于我们已经从手稿 B 中获得的文本证据也没有什么补充作用。我将把它称为手稿 C。

d. 在洛克论文的这三份手稿以外,收藏中的一些信件里含有与此工作有关的新的信息。在牛津的早年岁月,洛克与伽布瑞尔·陶尔森交好。陶尔森于 1660 年当选为全灵会员(Fellow of All Souls),1676 年出版了一本《十诫释义》(An Expiicaton of the Decalogue),其中有一长篇论自然法的导言。⑤ 陶尔森致洛克的信件中有 4 封保存了下来,⑥其中 3 封写于 1660 年 10 月至 1661 年 4 月间。我们这里关注的那封信没有注明日期,不过很有可能写于同一时段,因此不会晚于 60 年代早期。在此信中,陶尔森写道:

---

① 洛克手稿 c.25,对开本第 30—31 页。
② 洛克手稿 f.30。
③ 参看一本主要内容为著作评论的笔记,其起讫时间为 1678—1681 年(洛克手稿 f.28,第 24 页)。
④ 参看 1699/1700 年 1 月 M. 布朗欧佛夫人(M. Brownover)致洛克的信。
⑤ 关于陶尔森,参看 R. B. 施拉特的《宗教领袖们的社会观念:1660—1688 年》(1940 年)。目前为止,他与洛克的早期关系尚未受到关注。
⑥ 洛克手稿 c.22,对开本第 1 页及其后面的内容。

我们两人之间来往的论文已经如此之多,我认为要我们两人明白了解我们之间争论的情况,甚至比驳倒我们每个人说过的话难度更大;我希望能歇一歇喘口气,我愿意在 11 月 5 日这天成为艾尔默先生(Mr. Ailmer)的旁听者,把我的答复延缓至下周,以利用这一间隔细细审察我们之间的你来我往,然后专门辟出一段时间想想我们的争论,如果你也同意如此处理的话。对于下面我将呈报给你的两件事,我毫不怀疑,但你肯定会怀疑:

1. 对于我们,关于自然法的探讨(我们两人都一致同意存在自然法这样的东西,而且对于我为此提出的证据之一也不存在丝毫疑义)是否还不如去讨论次一级的论点? 2.我希望知道,你是否认为自然法的存在可从那些没有神的法律可规范其行为的人们的良知中得到证明。如果你这么想(至于我本人,我是这么想的,因为我认为这是圣保罗本人的观点),我认为你有责任简要述说你的反对理由。如果你不这么认为,而我已经说过的和将要说的又无力说服你这么认为的话,我也不会再行劝说你。①

这封信里明确提到,洛克和陶尔森两人在许多年里交流彼此对自然法的看法,并且两个人都就这一题目写过文章。导论的后面我们还将对这一封信加以进一步的评论。

e. 另一位友人,在 1692 年出版了一部名为《自然法简论》(*A Brief Disquisition of the Law of Nature*)的著作的詹姆斯·泰瑞尔,在 1677 年至 1704 年间,给洛克写了 63 封信。② 1687 年 5 月 6 日,这时洛克仍在荷兰,泰瑞尔从伦敦致信洛克:"……现在你已经完成了那篇对话"(即《人类理解论》),"我非常想知道,你是否已经完成了在自然法问题上你原来一直想做的工作,你曾多次承诺要着手评论这一主

---

① 这里提到埃尔默先生和"11 月 5 日"为我们确定来信的日期提供了基本的内在依据。我本人未能成功理出线索。陶尔森在 1660 年 10 月 23 日的信中提到 11 月 5 日在牛津圣玛丽的布道,以及他的"论证"、"未被消化的思想"和"论文",这些都为确定日期提供了另外的线索。有人可能会推断这封未标明日期的信写于 1660 年 11 月 1 日左右,但是信中的两处信息不足以落实这一推断。

② 洛克手稿 c.22。金勋爵只从这些信件中选出了 4 封信予以出版。

题。"同一年的 8 月 29 日,他写道:"我很遗憾你没有答应我完成你自然法方面的论文,我怀疑这更多地是由于惰性而非由于担心被认为具有贵格派气息才如此,因为我对贵格派的良好道德和态度从没有任何怀疑。"1690 年,洛克从荷兰回国以后,泰瑞尔致信洛克,告诉他牛津的人们对他在最近出版的《人类理解论》一书中表述的自然法理论提出的种种反对意见。这些信件的日期分别是 6 月 30 日、7 月 27 日和 8 月 30 日。1690 年 8 月 4 日,[①]洛克在一封很长的回信中,试图回应批评者,并使自己的理论更清晰。这一部分的通信将在本导论第七部分加以考察,由于它与洛克在《人类理解论》中表达的关于自然法理论的成熟思想相关,而与早期论文中的相关思想无涉,因此我们这里不做讨论。在 7 月 27 日的信中,泰瑞尔在谈完洛克的《人类理解论》以及理查德·坎伯兰(Richard Cumberland)和萨谬尔·帕克(Samuel Parker)论自然法的著作以后,继续写道:"我希望你能将自己在这一重大问题上的思想付印出版;我知道自从你写作论自然法的论文或讲座之后思想有了很大进展,我希望你将其修改并公之于众,这工作只能由你自己来做,别人无从替代。我希望它成为以前著作的续篇——我曾经多次听你说过你希望完成它。"在完成他自己的《自然法简论》手稿以后,泰瑞尔要求他的朋友阅读和思考自己的著作,并再次敦促洛克将自己这方面的思考整理成书并出版。[②]

我已经把能搜集到的与洛克作为自然法论文作者身份相关的证据全部罗列了出来,现在我们着手把这些证据拼接成一幅完整的图像。

1660 年查理二世复辟前后,洛克迎来了自己学术生涯的一个重要时期。那一段时期,洛克头脑中萦绕着一个问题,这也是数世纪以来长期困扰着律师、政治理论家、神学家和道德学家们的问题。洛克使用拉丁文并遵循学术讨论的一些传统技术来思考和表述他在这一问题上的思想,这一工作成为他和他的友人陶尔森共同合作的一个部分,后者在这一合作中的贡献和洛克的贡献不相上下。两个人开始合

---

① 这封信收录于金勋爵《生平》(1858 年)一书第 198—201 页。
② 参看泰瑞尔 1691 年 10 月 22 日、1691/1692 年 3 月 19 日和 1692 年 8 月 9 日的信件。

作的时间已经难以确定。他们的工作可能开始于50年代后期,那时他们已经为证明自然法的存在找到了论据,大致就是在洛克手稿B的第一篇论文中所呈现出来的那种样子。当然,洛克不可能在1660年以前已经全部完成了他的系列论文,甚至也不可能完成这些论文的大部分。因为有证据表明,在系列论文的最后一篇,他主要受到了一位直到1660年之后他才有可能仔细研读的作者的影响(在导论第五部分将对此加以充分说明),而且由于他的第五篇论文中多处提到一本旅行著作,而他提到的很可能是这本著作1662年的英文版本。由此看来,手稿A中的6篇论文是洛克在60年代早期的某个时间完成的,但我们将会看到,它们不会晚于1664年。在亲笔完成了这些论文的手稿以后,洛克吩咐一位抄写员在一个笔记本上复录了这些论文,并题注为1663年。在手稿A中佚失的三篇论文也收录其中,这就是前3篇论文。抄写者文化水平有限,显然并不精通拉丁文,洛克于是不得不对复本作出详细修改,逐行填上被抄写员所遗漏的部分。他同时还增加了一些段落、改写了一些部分,这就造成了复本与最初手稿的一些差异。这一复本就是我称之为手稿B的本子,也正是在现在这本著作中编辑和收录的本子。从系列论文的最后一篇可以推知洛克为什么要复制这些论文,因此我们最好先来看看这篇论文说了些什么,然后顺藤摸瓜,找到其中的缘由。

手稿A中最后一篇论文的题目是这样一个问题:根据自然法,是否每个人在此生中能过上幸福的生活?回答是否定的。虽然从题目来看,这篇论文与大多数其他论文相关,但洛克却没有把它直接排在其他论文后面,而是把它单独放在笔记本的最后面。同样需要注意的是,这篇论文手稿版(即在手稿A中的版本)中的一些拉丁文词汇最初是由洛克用速记方式写下的。由于所有可获得的证据都表明洛克是在1664年才开始学习速记的,这最后一篇论文的写作时间不可能晚于1664年。而且,在手稿B中,论文题目中的短语"根据自然法理论"被更常见的短语"根据自然"(或"依据本性")代替。在手稿B的题名中,洛克特别说明这篇论文准备作为1664年精神哲学学监的"葬礼"

仪式讲稿，而且，根据前面一篇论文末尾签上的 Sic Cogitavit J. Locke，1664 的字样可以看出，洛克有意把最后一篇论文和其他的论文分隔开来，他这么做是出于一个特殊的目的———一篇学监的告别讲话。我们知道，1664 年洛克出任精神哲学学监之职，显然，这是他准备的讲稿，而且很可能 1664 年末当他从学监职位退下来时，他在基督学院发表了这篇讲话。签名可通过"埋葬学监"的习惯表述加以解释。①在这篇讲话中，洛克以半开玩笑的口吻描绘了生命的悲惨和对死亡的渴求。他解释说，即使古代的哲人们也没有找到幸福，因为"哲学能带来智慧，却不能带来安宁"（对开本第 122 页）。在第二部分当这一主题与学监工作的辛苦相联系时，洛克回顾了他任职期间基督学院的好运，并向院长约翰・费尔、副院长雅斯伯・梅因以及所有其他的职员和学院学生告别。在每一段讲话的开头，他都提到他要向其致意的人或群体的名字，比如院长、大师、学者们等等，这些名字都未曾在手稿 A 中出现过。讲稿以"我死了"（Morior）结束。

洛克的告别演说为我们刚才关于他的自然法论文所提出的问题特别是关于手稿 B 的问题提供了哪些线索呢？在任职期间，作为学监职位的一项工作，洛克发表了许多演讲，这一段时期他的学生的数量和姓名都可以从拉夫雷斯收藏里的各样材料中搜索出来。从在别的地方保存的一份材料中我们得知，其中有一个叫威廉・寇克（William Coker）的，他于 1663 年 4 月在基督学院注册入学。在洛克被任命为学监以后，寇克于 1663/1664 年 1 月 31 日写了一封致洛克的贺信，请求加入"讨论者"（velites）的聚会。② 当在告别演讲中向学生们致意的时候，③洛克本人提到他在任职期间曾参与他的学生们的"讨论"，从中

---

① 关于 18 世纪"埋葬学监"仪式的一些细节，参见 H. L. 汤普森的《基督学院》（1900 年）第 137 页末尾部分。

② 牛津图书馆，罗尔手稿 D. 286，f. 6。此信用拉丁文写成，只有第二部分收入 C. 巴斯泰德（C. Bastide）的《约翰・洛克的政治理论》（1906 年）一书第 18 页中。在 f. 7 收录有 1664 年 12 月 14 日致洛克的朋友本雅明・伍德罗夫的另一封信。寇克的笔记本中还有另外几封信和词条，年代分别从 1663 至 1669 年。他用拉丁语写成的论各种道德问题的短论文模仿洛克的相关文章。

③ 对开本第 132—133 页。

受益匪浅,讨论的主题是自然法问题。因此可以认为,1664 年洛克的讲座主题就是自然法,[①]正是出于这一原因,他让抄写员在他 1663 年的笔记本上(手稿 B)复录了他的早期论文手稿,并对其进行了大范围的修改。

事实可能是,洛克从学监职位退下来以后,在几个月的时间里忙于这些论文的写作和修改,但从此以后,一直到他晚年,自然法问题就从他的头脑和著述中隐退了。1665 年末,他从牛津转投他处,此后的 20 年他的兴趣和追求都放在另外的方向上。直到 1687—1692 年,泰瑞尔才再次在致洛克的信中提到他论自然法的论文。从这些信中我们得知,洛克曾经向他的朋友多次提及想要修改和完成他的早期论文的意愿,而泰瑞尔也鼓励洛克这么做,并且要求洛克把论自然法的思想整理出版。但是此时洛克对这一问题似乎已经失去了兴趣;他为此作出的全部努力也只是吩咐抄写员布朗欧佛工工整整地复制一份论文的抄本(MS. C),而一旦这一工作完成,他对此再也未多加注意。洛克不大可能会因为担心被怀疑有贵格主义倾向[②]而放弃他的出版计划;看来是泰瑞尔自己对此有所怀疑。系列论文中没有任何方面具有贵格主义的色彩,即使是洛克对"自然之光"的呼求以及他对传统和人类的普遍同意的怀疑也没有任何贵格主义的气息。

另一方面,我们必须考虑到,于 80 年代后期完成其草稿的《人类理解论》,其中在卷 1 和其他一些地方含有一些有关自然法的论述,而这些论述,正如泰瑞尔 1690 年信中所说的,引起了一些误解,牛津的批评者指责其为霍布斯主义;所有这一切都令洛克感到不快,并一直对此耿耿于怀。在一定程度上正是由于这些问题,泰瑞尔催促他的朋友出版他关于自然法的早期思想,以澄清《人类理解论》中存在的模糊。他相信,对洛克意思的详细解释,"将会成为以前著作的续篇"。自然法是洛克整个体系中的一个基本观念,但在任何一部出版的著作

---

① 注意泰瑞尔在 1690 年 7 月 27 日信中把洛克的论文说成"讲座"。

② 参看 1687 年 8 月 29 日泰瑞尔的信。

中,洛克都没有详细讨论这一观念,甚至不曾明白考察过这一观念。①
这真是一件奇怪的事,洛克的许多批评者对此也大感不解。② 这或许
正可以从洛克保存他关于这一主题的早期思想以用于以后出版的最
初意图来加以解释。他的哲学和神学著作出版以后引发的争论可能
使洛克改变了主意,而宁愿选择将他在这一广受争论的问题上的具体
思想束之高阁。不过,在他另外的著作出版以前,洛克似乎对自己的
选择产生了怀疑。我们现在来为他想法的转变找找其他方面的原因。

我们可以为此找到 5 种原因,而其中的每一种都足以解释洛克为
什么没有出版他的系列论文。

1. 整个来看,17 世纪后半叶的作家们更喜欢使用本国语而不是
拉丁语。萨谬尔·帕克③在解释他为什么用英语写作论自然法的论文
时说,尽管他的前辈理查德·坎伯兰用拉丁文出版了自己的著作,但
那些转向怀疑论或无神论并因此最需要道德教化的人们不熟悉拉丁
语。类似地,泰瑞尔论自然法的论文,正如他自己在献辞中解释的那
样,希望成为坎伯兰 1672 年的巨著《对法之本性的哲学研究》(De
Legibus Naturae Disquisitio Philosophica)的英语大众版。由此推
想,洛克因为想到把论文重新翻译为英语的繁重工作而感到迟疑,这
并非不合情理。

2. 洛克在系列论文中的许多思想重新出现于 1690 年的《人类理
解论》。④ 出现争议的段落与其说是关于自然法不如说是关于某些认
识论的观点,洛克把这些段落主要放在了《人类理解论》卷 1 中,作为
对天赋观念论的批驳。因此,在某种意义上可以说,洛克已经通过把
这些论文当作《人类理解论》某些章节的初稿,而利用了这些论文。在
出版这些论文之前,洛克必须从中删掉那些已经在《人类理解论》中使

---

① 《政府论两篇》下册第 2 章第 12 段。同时参看 R. I. 阿隆的《洛克〈人类理解论〉的早期草
稿》(1936 年)第 39 页。
② 比如,H. C. 福克斯科拉夫特(H. C. Foxcroft)在《哈里法克斯生平》(1898 年)卷 2 第 283
节中表达了这种疑惑。
③ 参看《自然法和基督宗教的神圣权威之证明》,1681 年,"前言"第 1 页和第 9 页。
④ 部分已经出现于 1671 年的两篇草稿,尤其是第二篇草稿中(兰德编辑,1931 年)。

用过的段落。

3. 可以看出，洛克在其出版的著作和致威廉·莫利纽克斯(Willim Molyneux)的信中所坚守的关于伦理学体系的可能性的观念植根于他早期关于自然法的学说中。我们怀疑，他从不为此观念设计一个详细或有说服力的解释的原因在于，他对支持自然法学说的基础感到怀疑。正如我们将在本导论第七部分所看到的那样，洛克的快乐主义思想的发展以及他晚年所持的某些其他观点使他很难全副身心地坚持他的自然法学说。

4. 从1660年查理二世复辟到1688年光荣革命，在沙夫茨伯利伯爵的影响下，洛克的观点同样也发生了变化，开始的时候他捍卫法律和政府权力，后来转而强调个人权利和自由。这种政治观点上的转变在某种程度上会动摇他对自己早期观点的自信。

5. 这些论文毕竟是他青年时代的著作，尽管洛克写作这些论文的时候已有三十岁，但直到几乎30年后他才出版了自己的第一部著作。这些论文当然不具备他后来思想的那种成熟，这可能导致他对它们缺乏自信。

3 洛克早期生平的新材料

洛克生于 1632 年,以王室资助的学生的身份在威斯敏斯特学校度过了 6 年时光(1646—1652)。1652 年夏,他被选入牛津大学基督学院就读,并于 1655/1656 年 2 月获得学士学位,于 1658 年 6 月获得硕士学位。6 个月后,他被任命为基督学院的高级学生(Senior Student),1660 年被任命为希腊语讲师,1662 年被任命为修辞学讲师。1663 年 12 月被任命为 1664 年的精神哲学学监(Censor of Moral Philosophy)。

拉夫雷斯收藏中的大量材料扩展了我们对洛克早年经历的认识。与此有关的大部分材料以前都未被注意或未被辨识出来。

在威斯敏斯特的时候,洛克完成了两篇拉丁语讲稿,[①]而且可能发表了演讲。演讲可能题献给了学校校长巴斯伯博士(Busby),以及学校的其他老师。大约在 1652 年,洛克写下了致某个代称为 P. A. 的人的几封书信和一些诗作,用的主要也是拉丁文。考虑到洛克调换首写字母的习惯,[②]这个人应该是亚历山大·帕费姆上校(Alexander Popham),他曾是洛克在威斯敏斯特和牛津时的赞助人。帕费姆不仅作为洛克的赞助人,而且还作为法律和国家自由的捍卫者而受到洛克的称颂。

洛克早年经历中让我们特别感兴趣的是一本小册子,[③]里面记录了洛克从 1649 年至 1657 年在威斯敏斯特和牛津求学期间的收入和

---

① 1652 年 5 月 11 日,洛克在致父亲的信中提到其中的一份讲稿。阿隆在《约翰·洛克》(1937 年)中收入了这一讲稿,第 4 页注释 1。

② 洛克大部分的早期通信都未署名,或仅仅在信件草稿中用首个字母标明。可以发现,洛克通过调换首写字母注出了几个收信人的名字(比如,用 U. W. 代替 William Uvedale),这可能是出于保密的考虑。福克斯·波恩(前述著作卷 1,256)对洛克通信中的这一事实感到迷惑,他未能对此做出正确解释(同时可参看巴斯泰德前述著作第 52—54 页)。

③ 洛克手稿 f. 11。

支出的几乎全部账目,另外还有 1661 年至 1666 年间在基督学院接受洛克监管其财政的学生名录。最初时期,洛克的父亲通过他的两个朋友把钱转交给洛克。在 1650 年 11 月至 1651 至 5 月,他的收入为 14磅。① 他的花销用于修鞋、买衣服、买卫生用品和蜡烛、理发、造床、洗衣、伙食管家的季费(1 磅)、文具和邮资,最主要的支出还是买书。他买了许多古典作家们的著作,从荷马到埃比克泰德都有,还买了地理著作和希伯来语法书,同时还有议会的文告和政治方面的小册子。

洛克最早的哲学手稿是一本小册子,里面是洛克用拉丁语写的笔记,时间或是在 1652 年之前,或是在牛津的第一年期间。这些笔记的内容是关于逻辑、希腊辩证法以及辞源学。逻辑方面的笔记是关于亚里士多德和巴费利(Porphyry)的逻辑,与罗伯特·桑德森(Robert Sanderson)的《逻辑》一书中的段落相似。② 1652 年和 1659 年的两本笔记里面记录的是医学观察,他自己的观察用他姓名的首写字母标了出来。它们见证了洛克早年在医学方面的兴趣,后来,当他出席托马斯·威利斯(Thomas Willis)在基督学院的讲座并遇到希登海姆的时候(1666 年),这些笔记被收入他的 9 本医学备忘录,现在则成为拉夫雷斯收藏中的一部分。

在洛克和其亲属之间的大量通信中(通过这些通信可以重现洛克家族各分支之间的关系),有 9 封是他写给他父亲的,时间在 1652 年至 60 年之间。③ 信里提到了政治事件、牛津大学的新闻、洛克对信仰的认识以及对未来的规划。特别引人注意的是,洛克告诉他父亲他对贵格教徒的看法,他认为这些人"发疯了",是"骗子","头脑过于狂热"。在伦敦的时候,对审查詹姆斯·奈勒(James Nayler)以及 1656 年 11 月 15 日他因入选众议院委员会而改教,洛克做了一番评论。11月 15 日那天洛克在议事厅见到了奈勒和他的女性追随者们戴着白手

---

① 1651 年 5 月,洛克惟一的弟弟托马斯也来到了威斯敏斯特学习。
② 桑德森后来成了林肯郡的主教,参看后面的论述。
③ 金勋爵出版了其中的一封(《生平》,第 2 页)。阿隆出版了另外一封(《约翰·洛克》,第 4页)。洛克父亲致洛克的三封信同样也收录在收藏中,这些信很值得一提,因为传记作者们曾经推测说,洛克父亲致洛克的信一封也没有保留下来。

套,嘤嘤嗡嗡地在相互打气。洛克没听明白奈勒为维护自己的观点嘟囔了些什么。虽然后来洛克成了威廉·朋恩(William Penn)和本雅明·佛利(Benjamin Furly)的朋友,但那一段时期,他相当厌恶贵格教徒。实际上,在早年的岁月里,洛克似乎并不赞成不服从,尽管他有加尔文主义的家庭背景,来自议员身份的资助人帕费姆的影响,以及后来任基督学院院长的独立牧师约翰·欧文的影响。直到查理二世复辟一段时间以后,洛克才开始想方设法地维护不服从。查里二世复辟之后不长的一段时间里,洛克似乎对斗争中的两派都不赞同;和解的希望落空了,他对人类怀有一种深深的轻蔑。他告诉他父亲,[①]他想投入战斗,但却不知道应该为哪一方而战。对他而言,武力是最后的和最差的避难所,但"这是没人能享受清醒之惠的时期"。

洛克对于清教革命特别是对于教派狂热的这种心态值得关注,我们将会看到,他的这一心境反映在了一年后他写就的一篇著作中;实际上,在他多年以后完成的著作中依然能发现这一心态留下的痕迹。[②]对于洛克这样的思想者来说,当时真正的问题是真理与理性对抗幻想与激情的力量的斗争,知识不过是"习俗和利益所塑造的意见"。[③] 在早期的著作中,洛克试图界定他的真理观和理性观,对清教主义至少是激进的清教主义作出回应。在这一方面,他可能得到了诸如亨利·摩尔(Henry More)[④]和理查德·胡克(Richard Hooker)等思想家的支持。在 1660 年的著作中,洛克引证了胡克的思想。像胡克一样,洛克试图维护理性以及人类的法律和制度,反对清教徒认为《圣经》可以取代人类的立法的论点。两个人分别以自己的方式论证认为,人类的

---

① 这封信未署日期,但从信里的内容看,应该写于 1659 年 12 月(洛克手稿 c.24)。

② 参看《洛克〈人类理解论〉的早期草稿》第 42 段第 64 页;洛克 1682 年 2 月 19 日和 20 日的笔记(阿隆编辑,第 119—123 页);洛克 1687 年 12 月论灵感的笔记(洛克手稿 c.27 对开本第 73—74 页);以及《人类理解论》卷 4 论"信仰和理性"、论"狂热"的章节(第 18—19 章)。

③ 对这一主题的哲学讨论收录于 1659 年 10 月 20 日洛克致"汤姆"的一封信中。汤姆应该指的是洛克的弟弟托马斯(洛克手稿 c.24 对开本第 182 页)。

④ 参看他 1656 年的"胜利的激情"第 25 节,以及作品中各处;亦可参看他的《对敬神的大秘密的解释》(1660 年)卷 3 第 9 章第 5 段。

安全和精神的尊严依赖于人类对自然法的服从。①

在大学的早期阶段，上课的时候洛克在牛津，假期的时候去萨莫塞特，同时也经常去伦敦。当与这些地方的众多友人中的某一个不在一起的时候，洛克总会与他保持通信联系。我们现在仍然可以找到他与威廉·伽多尔芬(William Godolphin)、威廉·卡尔(William Carr)、萨谬尔·梯利(Samuel Tilly)、伽布瑞尔·陶尔森以及威廉·尤威达尔(William Uvedale)的一部分通信。② 最后三人肯定曾经是洛克最亲密的朋友圈子中的成员，他们与牛津的一群年轻女性关系密切，并保持通信关系。洛克发出和收到的所谓情书，大大超出以前所猜测的数量，总共大约有 50 到 60 封之多。这些情书充满柔情蜜意，呈现出幽默的比喻风格，但幽默和比喻常常过了头，令人难以欣赏。这些情书中的一些细节仍然模糊不清，主要是因为不容易弄清其中总共有多少女士，以及谁是谁。有一个从布来克豪(Black Hall)发信的安·艾维莱夫(Anne Evelegh)，由于我们知道有一个 1664 年上半年当选为罗斯院长的圣·盖尔斯(St. Giles)的布来克豪的约翰·艾维莱夫，③安可能是他的女儿。还有艾莉(Elia)、柏瑞丽莎(Berelisa)、斯克瑞柏莉(Scribelia)、P. E. 和"夫人"。④ 所有这些人很可能都是住在牛津布来克豪的姐妹或表姐妹。我们听说过三位"女神"或"缪斯"之间的秘闻，他们在洛克不在的时候颓然地互相打量，"以幽怨的口吻叹息道：唉，

---

① 胡克的观点参见 E. T. 戴维斯(E. T. Davies)的《理查德·胡克的政治观念》(1946 年)第 50—51 页。

② 大部分的早期通信都没有出版，其中几个收信人的名字也只有通过姓名的首个字母或首个字母的调换来猜测。不过，多数情况下可以识别出收信人的名字。

③ 参看 A. 伍德的《生活和时代》，A. 克拉克编辑，卷 1，279。圣盖尔斯的布来克豪以及布来克豪大街的位置，在班伯瑞大街(Banbury Rd.)和伍德斯托克大街(Woodstock Rd.)交汇处以东。

④ 阿隆在《约翰·洛克》第 6 页注释 1 中提到过洛克致"夫人"的信。洛克在致 P. E. 的信件草稿中常常称他的收信人为"先生"。不过，在某些时候，他先是下意识地写下"夫人"，然后再涂掉，这显然出于保密的考虑。洛克父亲在 1659 年 5 月 21 日致洛克的信中提到朋福特的一位寡妇，想让洛克娶她为妻。但显然她与洛克在牛津结识的女性朋友毫无共同之处。洛克在 1660 年 12 月 20 日致父亲的信中，提到了这些女性朋友中的一位(金勋爵《生平》，第 2 页)；1666 年 12 月在致约翰·帕瑞的信中(同上，第 29 页)再次提到了这个人，洛克在信中说他想和这位女士结婚。

洛克先生!"[1]

布来克豪不仅是求爱和通信的中心,同时也是讨论的中心。[2] 在那里嬉戏和"高深的语言"混杂在一起,而且像洛克那样的"神奇口才"常常停驻在一些能引来严肃思考的话题上。洛克的朋友们认为,他的"天才"和"清晰的判断"使相处和谈话充满乐趣。陶尔森是布来克豪的常客,通过他的记述我们了解到,60年代初期洛克在著述中关注的问题很大程度上来自布来克豪时期的密友圈中的讨论。正是由于和陶尔森的合作,洛克开始探讨自然法的问题,而且正是由于陶尔森的唆使,1660年洛克完成了一部反对不合作神学的小册子,并想将其出版。从在布来克豪进出的信件来看,这本小册子当时在朋友们手中传来传去。另外,从福克斯·波恩的传记中可以知道,[3]洛克"在进入大学的第一年花了大量时间阅读浪漫文学。"在1659年底一封信中,威廉·伽德尔芬提到了一首由洛克亲手写下的爱情诗,拿洛克与托马斯·摩尔先生和詹姆斯·哈灵顿先生(James Harrington)相比较。大约正是在这一时期,洛克完成了一部名为"阿尔巴尼亚欧柔兹斯王"(Orozes King of Albania)的戏剧梗概。这部戏剧梗概现在仍然藏身于他的手稿中,[4]从中或许可以看出1660年前后他与牛津诸位男女朋友之间的关系。也正是在那一时期,拉·卡尔普兰尼德的流行浪漫文学《克娄帕特拉》在洛克和布来克豪的年轻女性们手中辗转流传,就像几年以前在威廉·坦普尔和多瑞斯·奥斯波恩之间所发生的事情那样。在布来克豪圈子里流行的其他著作还有弗兰西斯·奥斯波恩的《拯救爱情》、《父亲对儿子的忠告》以及麦德雷恩·德·斯卡德瑞的《伟大的塞鲁斯》。

如果我们把目光投向查理二世复辟之后洛克在学院里的生活,我们会发现他当时忙于各种事务。他和彼得·斯塔尔(Peter Stahl)一起

① W. 尤维达尔致洛克的信,可能写于1659年9月(洛克手稿 c.22,对开本第174页)。

② "我以前经常听到他说",玛莎姆女士后来报告说,"他对他在牛津的学习很不满意……他的大量时间都在谈话和通信中浪掷了。"(福克斯·波恩,前述著作卷 1,61—62)。

③ 卷 1 第 1 章第 54 页;斯宾斯(Spence)的《轶事集》(辛格编辑)第 107 页。

④ 洛克手稿 e.6。戏剧梗概共有 4 页。

做化学实验,收集炼金术方面的著作,①与此同时还在准备欢迎克利斯蒂安王子即后来的丹麦国王访问牛津的讲稿。②讲师以及后来学监的职务一定占用了洛克大量的时间和精力。我们看到 1661 年至 1665年间,他的学生共有 24 名之多;③我们知道他为学生们开自然法问题的讲座,而学生们也就这一问题和洛克一道讨论。洛克让学生们购买逻辑学和形而上学方面的教科书,同时也向他们推荐西塞罗、波丁(Bodin)的《方法》(*Methodus*)、格老秀斯的《论基督宗教的真理性》(*De Veritate Christianae Religionis*),理查德·埃尔斯特瑞(Richard Allestree)的著作,以及当时流行的著作。就他自己的阅读而论,我们知道 1663 年斯宾诺莎的《原理》(*Principia*)出版后不久,洛克即研读了这部著作。他急于知道,斯宾诺莎另外的作品是什么。④ 他同时还就伽桑迪的著作《皮尔斯基传记》(*Life of Peireske*)以及一大批旅行书作了摘抄笔记。他满怀兴趣地跟踪阅读他的朋友罗伯特·波义耳的每部新作,同时浏览论证上帝存在的作家们的著作。如果我们打开记录他 1667 年读书摘要的笔记,⑤可以发现当时出版的值得一读的著作很少能逃过他的关注。

1664 年,洛克被任命为学监,⑥这时他开始学习速记。1665—1666 年冬,洛克以沃尔特·韦因(Walter Vane)爵士的秘书的身份出席布兰登堡选举会议,当他于克里乌斯(Cleves)逗留期间,这一技术一定带给洛克许多益处。1666 年 8 月 21 日,⑦查尔斯·佩若特

---

① 参看医生大卫·托马斯的来信,尤其是 1693 年 12 月 11 日他致洛克的最后一封信;同时可参看洛克手稿 f.27,第 19 页。

② 讲稿保存于洛克手稿 f.31 对开本第 134—136 页中。讲稿是用拉丁文写成的,题目为《牛津大学首席丹麦访问讲座》(*Principi Daniae Oxonium Ex Itinere divertente*,62)。王子于 1662 年 9 月 26—27 日在牛津短暂停留,并来到基督学院进餐。参看 A.伍德的《生活和时代》卷 1,457。

③ 洛克手稿 f.11 中记录有洛克为学生管理消费支出的账目。同时可参看洛克管理的学生家长的一大堆来信。

④ 洛克手稿 f.27 第 5 页。

⑤ 洛克手稿 f.14。

⑥ 学监职位的津贴是每年 22 磅(洛克手稿 f.11,对开本第 50 页)。

⑦ 洛克手稿 c.17,对开本第 70—71 页。

(Charles Perrot)写信给洛克,告诉他受国王委派出使瑞典的托马斯·塞恩(Thomas Thynne)爵士有意聘他为秘书。这是洛克从克里乌斯回来后接到的第二份聘请,此前的一份聘他作新任命的驻西班牙大使桑德威奇(Sandwich)伯爵的秘书。洛克对此种抉择感到十分为难,1666 年 11 月 27 日洛克在斯特拉奇来信的背面,写下了自己左右为难的心情。1663 年斯特拉奇曾经劝说洛克放弃作牧师的打算。[①] 1664 年以后,洛克在牛津的早期岁月、他学术生涯的第一阶段以及他对自然法的最初研究都接近尾声。当然,这里我们不必详细探究 1664 年以后洛克的经历。在沙夫茨伯利伯爵的帮助下,洛克度过了他的世界公民一样的中年时光。这期间他旅居法国和荷兰,是一个视野广阔的作家。根据他的笔记,在他 1679 年从法国回国以后至 1683 年赴荷兰以前在国内的 4 年间,他访问牛津达 27 次之多。1684 年,洛克还在荷兰的时候,基督学院取消了他学生资格。1689 年他再次回国以后,在他生命的最后 15 年中,洛克再未踏入牛津。在最后这一阶段,洛克早年写就的几部著作出版发行。这项作品中的大部分都以自然法观念为前提,但他论自然法的系列论文依然没有现世。同时,另外两篇同为牛津思想形成时期的成果的论政府官员的论文,也一同遭受冷遇而未得出版。为更好地理解这两篇论文,我们将在下一节仔细考察。

① 从 1666 年洛克致另一位朋友的信中(金勋爵出版了其中一部分),我们了解到,洛克曾经拒绝过一项都柏林的神职任命。金勋爵没有提及收信人的姓名,不过通过拉夫雷斯收藏中一封约翰·帕瑞的来信(1666 年 12 月 2 日,都柏林)可以确定,他就是收信人,因为他在致洛克的信中,要求洛克出任奥蒙德公爵(Duke of Ormond)的牧师。

4 洛克论政府官员的两篇早期论文

这一节中,我们将讨论洛克论政府官员的两篇论文。这将有助于乔清洛克着手研究自然法时的背景。

我们先来看一封洛克写给某位 S. H. ①的未署日期的长信,在信中他谈到他的这位信友最近出版的一本论宽容的著作。从信的内容看,这封信肯定写于 1659 年,而洛克的信友应该是亨利·斯丢伯(Henry Stubbe),信中他谈到的著作是斯丢伯 1659 年出版的《论维护善的旧事业;或关于政府官员在精神事务方面的权力的增长和范围的对话》(*Essay in Defence of the Good Old Cause*;*or a Discourse concerning the Rise and Extent of the Power of the Civil Magistrate in Reference to Spiritual Affairs*)。从四个方面来看,这封信很重要:(1)这是我们发现的载有洛克的推理论证的最早材料。(2)从这封信可以知道,洛克对宽容的态度在他 1667 年写作《论宽容》之前 8 年已经受到了挑战。因为洛克对斯丢伯观点的主要异议恰在于后者认为对罗马天主教徒也应该大赦。"我惟一的疑惑在于,你许给那些认为教皇具有无上权威的罗马天主教徒的自由如何与国家的安全(国家安全是政府的目的)相协调。"(3)从上面的引文以及斯丢伯著作的整个题目我们了解到,在查理二世复辟之前,洛克正在思考国家安全和政府官员的权力问题。(4)洛克在信中抱怨说,斯丢伯没有把宽容的历史一直追溯到"当代,也没有给我们描述出荷兰、法国、波兰等国家的宽容历史,②因为最近的事例最具有影响力。"洛

----

① 洛克手稿 c.27,对开本第 12 页。

② 洛克提到波兰表明他早年对索塞纳斯主义(16 世纪意大利神学家索塞纳斯创立的教派,否认三位一体的教义。——中译者注)的兴趣。他后来对这一派别的兴趣可从他的笔记和书单中找到更具体的证据。参见 H. J. 麦克拉克兰在《17 世纪英国的索塞纳斯主义》(1951 年)第 326 页以及后面的内容。

克论证说,为了更具说服力,理论和研究应该指向当代政治问题。我们将会看到,这封致斯丢伯的信为洛克 1660 年完成的一篇著作提供了活动的舞台。洛克联系当时最富争议的问题以一种论辩的精神反驳过度的宽容,认为为了保持和平,应该让政府权力发挥更广泛的影响。①

从陶尔森在 1660 年 10 月 23 日致洛克信件的附言中我们得知,洛克那时正站在约翰·皮尔森(John Pearson)和亨利·萨威治(Henry Savage)一边,反对寇奈里斯·波格斯(Cornelius Burges)改革英国教会的主张。胡克在《教会政治的法律》前言中批评了波格斯的观点。我们将看到,1660—1661 年冬天,洛克参与了关于政府官员干涉宗教崇拜的正当性的激烈争论,这时他曾经读到过胡克的前言。他曾就这一问题写过两篇论文,一篇用英文写成,共有 36 页;②另一篇用拉丁语写成,有 18 页。③ 英语论文题目为《问题:在宗教崇拜问题上政府官员是否可以合法地发挥中立作用?》,拉丁语论文的题目是《An Magitratus Civilis possit res adiaphoras in divini cultus ritus asciscere, eosque populo imponere? Aff.》。拉丁语论文的题目和自然法论文的题目在形式上的相似性令人惊讶。由于洛克早期作品事实上存在着重要的相关性,现在我们必须把注意力转向他论政府官员

---

① 这里我不谈《对罗马共和国的思考》(Reflecton upon the Roman Commonwealth)。这部著作由福克斯·波恩从保存于公共档案处的沙夫茨伯利文件整理出来,并被他鉴别为洛克 1660 年的作品而予以出版的(前述著作卷 1,147 及后面内容)。P. 兹尔特曼(P. Ziertmann)认为这些文件出自沙夫茨伯利三世之手(档案 f. Gesch. d. Philos. x (1904)318),但是 H. F. 罗素·史密斯在《哈灵顿和他的时代》(Harington and his Oceana)(1914 年)第 139 页、第 143 页、第 217—218 页中,证明说这是沃尔特·牟义尔(Walter Moyle)的著作。在该作者的全集中(1726 年,卷 1),这篇作品的名称为《论罗马政府的宪法》。这篇作品还有另外一部分,但在福克斯·波恩出版的手稿中没有收录。L. 法苟·布朗(L. Fargo Brown)在《沙夫茨伯利伯爵一世》(1933 年,第 156 页注释)、J. W. 高夫《约翰·洛克的政治哲学》(1950 年,第 184 页)中都忽略了这一发现。

② 洛克手稿 e. 7。

③ 洛克手稿 c. 28,对开本第 3 页。两篇手稿均由洛克亲笔完成。拉丁文稿保存在一个题名为"题目"(Lemmata)的笔记本中(洛克手稿 e. 6),这本笔记中同时还有论自然法的一些论文手稿。手稿的开头部分已经散佚,手稿与最后的复本稍有出入。

的论文。①

用英文写成的论文有一个明确的批判对象。从论文的内容来看，这个对象是爱德华·柏格肖·居恩（Edward Bagshaw Jun）。居恩是一位极端的不服从者（是理查德·巴克斯特后来的对手），他于1660年匿名出版了一个名为《关于宗教崇拜的无足轻重事务的大问题》（*The Great Question Concerning Things Indifferent in Religious Worship*）。②洛克的每一番论述都针对巴格肖的一个论题，每次论证的时候都先引述巴格肖小册子中的一段话，并注明其页码。到1660年12月11日为止，洛克已经完成了论文的手稿，因为论文后面附的一封信的日期正是这一天。③陶尔森在1660/1661年3月12日和1661年4月9日致洛克的信中，④提到了巴格肖和他的小册子，并催促洛克出版对巴格肖的回应，以"为上帝和教会贡献一份力量"。在朋友的鼓励下，洛克为论文写了一篇致读者的序言，解释说自己的文章"写于好几个月以前"，当初本不打算出版；现在他想像他的论敌一样匿名出版这部著作。序言中提到的"上届议会和这届议会的相互影响"表明，序言写于1661年5月8日查理二世（保皇党）议会召开以后的时间。⑤1661年5月，洛克的两个朋友詹姆斯·埃尔斯特瑞和萨谬尔·梯利就洛克即将付印的一部著作展开讨论。⑥1661—1662年间，梯利手上保存了一份洛克这部著作手稿的复本，直到1662年3月才

---

① 拉丁语论文没有出版。英语论文的部分"前言"收录于金勋爵的《生平》第7—8页。J. W. 高夫（前述著作第179—181页）引述了英文论文的开篇段落（不是全部引述）和另外三个段落。

② 作者巴格肖的情况参见 A. 伍德的《雅典·牛津》（*Athen. Oxon*）第三版卷3,947,以及哈克特（Halkett）和拉因（Laing）的《英国文学匿名和笔名辞典》（1926年）卷2,409。1660年代，巴格肖的小册子共有三个版本；第二和第三个版本分别出版于1661年和1662年，拉夫雷斯收藏中有小册子的印刷本。

③ 洛克后来删掉了附信，他的签名也因此几乎无法辨认。

④ 洛克手稿 c.22,对开本第5—7页。

⑤ 序言可能写于1661年初夏，无论怎样不会晚于这个时间太久。因为在1662年之前，查里二世已经自食其言，放弃他曾向两个议会许诺的大赦和与长老会的联合。而在序言中，洛克对此还深信不疑。

⑥ 参看1661年5月14日詹姆斯·埃尔斯特瑞致萨谬尔·梯利的信（洛克手稿 c.3,第21页）。

将其归还给洛克。[1] 虽然洛克的论文没有出版,但可能对巴格肖的坎坷的一生确有影响。在威斯敏斯特学校接受早期教育以后,巴格肖在洛克之前6年获准进入基督学院,他在那里一直学到1661年。1661/1662年1月10日,他抱怨"最近我享有的在基督学院的不动产的正当权利被剥夺了,如果不是因为我对无足轻重事务或宗教崇拜中的可疑事物的判断的话,那么我再也想不出任何其他原因。"[2]

在1660年秋天以前,洛克还没有写作他的拉丁文论文。这篇论文提到了林肯郡主教,这指的一定是牛津神学教授罗伯特·桑德森,他于1660年10月28日被祝圣。[3] 论文可能写于1660—1661年冬天,但是由于洛克那时正为英语论文润色,则拉丁语论文可能是在洛克放弃出版英语论文的计划以后开始写作的,也就是1661至1662年间的事。[4] 拉丁语论文中没有提到洛克的论敌巴格肖;而且它关注的是基础性的问题而非某个专门问题,这与英语论文在要旨和写作上都迥然有异。没有证据表明洛克想出版这部著作,不论是用真名还是匿名。

现在我们必须对洛克在两篇论文中的论点做一番讨论。我将首先讨论英语论文,然后再讨论拉丁语论文。

a. 英语论文。巴格肖和洛克的争论要点可归纳如下:巴格肖坚持"没人能施加这种影响,在我们救主的无限的智慧看来这没有必要,因此应该让他们保持自由"。[5] 洛克的观点是"允许每一个人按照其天性保有他所希望的最大限度的自由,但是……尽管世界上存在有社会政

---

[1] 参看1661年12月5日和1661/1662年5月7日梯利致洛克的信(洛克手稿 c.20,第179—180页以及第173—174页)。

[2] 怀特·肯尼特,《教会和政府的注册和编年》(1728年)第603页。

[3] 拉丁语论文和论文草稿中两次提到此人,但洛克后来删除了拉丁语论文中此人的文字。在英语论文中和巴格肖的小册子中对桑德森(和胡克)都是直呼其名。桑德森对于洛克早期作品的重要性将在第5节中谈及。

[4] 这样的话洛克完成拉丁语论文的时间和完成自然法论文的时间应该在同一时期(在1661年至1663年之间),两个系列的论文写在同一本笔记(洛克手稿 e.6)这一事实进一步佐证了这一假设。

[5] 参看巴格肖小册子的编者前言。

府和秩序,统治者必须仍然享有利用无足轻重之事的权力"。① 由此可见,巴格肖所持的极端不服从的观点认为,政府不应干涉任何宗教事务。与巴格肖的观点针锋相对,洛克呼吁扩大政府权力的范围,允许政府权力对所有无足轻重之事施加影响。② 他这么主张的理由是,无足轻重之事由以被决定的方式与和平的维护相关,但对宗教的维持却没有什么影响。为支持自己的观点(这一观点绝非无足轻重),洛克抬出了自然法的观念。

洛克同时代的人们,不论是清教徒还是安立甘教徒,面对与洛克所讨论的相似的论题时,动辄就会求助于自然法。③ 不过,巴格肖所使用的却并非自然法的语言,至少在洛克使用这一概念的意义上它们不是自然法的语言。巴格肖求助于信仰、良知和自由:对他来说,基本的法则是《新约》中启示出来、被信仰所接受的法则。在宗教领域中,任何不为《福音书》所命令或禁止的就应该留给每个人的良知去决定。因此,《圣经》应该成为精神权利的宪章。而且,由于政府的功能在于保证个人的自由,政府的起源应该从每个个人的意志而来;也就是说,从性质上而论,政府是通过契约而来的,如果巴格肖心中有什么自然法的观念的话,那也只能作为他维护人类的权利和自由的一个支点而已。

与巴格肖的立场相对,洛克的看法是:首先,人类的官能即理性而非信仰能探知上帝的法则;其次,良知不足以充当宽容的保护,"有些人在良知上对服从的渴求就像另一些人对自由的渴求一样地热切,因

① 洛克英语论文"序言"第5页。
② 巴格肖和洛克所说的无足轻重之事(indifferent things)都是指宗教崇拜的时间和地点、口称耶稣之名向神坛敬礼、洗礼中用十字架的标志、布道中着白色法袍、向至高的主跪拜、祷告词的固定格式,等等。
③ 例如,E.斯蒂灵弗利特的《爱瑞尼克姆》(Irenicum)1659年(在著作的全名中提到了"自然法的原则",在第14—15页以及第2章;比较斯蒂灵弗利特在该书第2章中的论点和洛克在英语论文中提出的论点,我们更倾向于认为,洛克于1660年已经读过《爱瑞尼克姆》,并在自己的作品中借鉴了斯蒂灵弗利特的观点以反驳巴格肖。需要提醒读者的是,后来,洛克成了斯蒂灵弗利特的坚定反对者);同时亦可参见约翰·欧文,《论最高政府官员在宗教上的权力》,1659年(这一小册子中的大部分论点来自"光照和自然法")。

此宽容的法律将会冒犯他们的良知,正如限制的法律会冒犯另一些人一样。"①而且,洛克认为,听任人们沉浸于自己的意志和妄想中是危险的,因为"没有比穿戴上宗教面具的图谋更恶劣的了,也没有比冠以改教之名的背叛更冠冕堂皇的了"。②总之,洛克的观点是:

人类借助自然之光和自己创造的便利足以了解法律和政府的必要性……理性之光和政府的性质自身表明,在所有的社会中……最高的权力(掌握于一人或多人之手)必须是……最高的……因此,我们不必期望政府的作为以《圣经》为依据,根据自然法政府的作为出现得比《圣经》更早。政府的地位足以使其赋有支配所有无足轻重行为的权力。③

洛克正是以这种方式让自然法在他与巴格肖的争论中服务于自己的具体目的,而且从论文的开头段落可以看出,他把自然法观念当作基础观念。④ 洛克认为,以此为基础,他就能在巴格肖本人的前提下反驳巴格肖从对个人的权利和自由以及被统治者的同意的辩护中得出的结论。虽然洛克在这一问题上的意图不是"讨论统治者是否马上低下高贵的头或是否被其臣民置于这样的境地的问题",⑤但是,出于论辩的考虑,他和巴格肖一样假定政府最先是从臣民的同意而来的。⑥这样,他的观点就是,虽然根据假设人类按其本性是完全自由的,但他通过契约把自己的自由让渡给了另一个人,这样在让渡之后他就应该服从上帝要求忠诚于契约的命令而顺从政府。对于契约论洛克要强调的是,每一个具体的人必须毫无例外地⑦放弃他自由的最初权利,并

---

① 论政府官员的英语论文,对开本第10—11页。
② 同上,f.33。
③ 同上,f.24。
④ 参看 J. W. 高夫出版的论文,前述著作第179页。
⑤ 洛克的论文,对开本第2、3以及第35页。洛克在论文的序言和开篇部分中的几个论证多多少少与附信中的论证是相同的。
⑥ 同上,对开本第5页和第35页。高夫忽略了洛克这里的论证的假设性质。前述著作第181页。
⑦ 即,由于"社会和政府的无从改变的处境"。J. W. 高夫忘了对洛克在 f.1 第5段中开头加上的这一短语("毫无例外地")作出解释。

把他所具有的管理自己全部行为的充分权力委托给政府。这样洛克就证明了每个国家的政府权威,即使最初来自于民众,也必定具有处理全部无足轻重行为的绝对的权力。对他的观点的最终支持来自自然法概念,洛克利用这一概念颠覆了巴格肖对自然权利的辩护。① 他拒绝出版这篇论文的原因之一可能是论文中表达的权威主义观点(authoritarian views)后来被他自己的同意理论和宽容主张所取代。②

b. 拉丁语论文。拉丁语论文通篇都是在讨论法则和义务、自由和无足轻重之事的概念,而在英语论文中,这些只在开头部分简单地提了一下。他运用传统的术语③这样来分析义务的性质。与政府权威的权力是指导的还是强制的相对应,臣民的服从也分为积极的和消极的服从。臣民总是必须有消极服从的义务,因为政府官员的命令自身是合乎法律的,即是由上帝所许可的,而不管所命令之事是否合法。如果所命令之事合法,即命令符合上帝的意志,而且命令也是出自上帝所设立的法律制定者的话,则臣民同时负有积极和消极的服从的义务。因此,作为一项义务的服从的规则是至高的法律制定者即上帝的意志,所以(虽然洛克没有明确论及这一观点),如果某一行为不是出自政府官员的命令而是出自上帝的意志,则臣民必须去做,虽然没有做的话也不会对他进行惩罚,也就是说,不是以外力强制他去做这一行为。

接下来,④为了使问题更突出,洛克引入了他对法则的界定。他解

---

① 洛克区分自然权利和自然法的方式参见他论自然法的第一篇论文,f. 11。洛克的方式与霍布斯(《利维坦》卷1第14章99,帕格森·史密斯编辑)和普芬多夫(《法学基本原理》,1660年,卷1定义第13第3段)并无不同。

② 另外一种可能的原因将在导言第五部分提出。由此可见,文中此处提到的原因是出于洛克本人思想的发展,而不是像金勋爵《生平》,第8页)和高夫(前述著作第177页注释1)所说的由于查里二世复辟之后的政策偏向权威主义。

③ 第6页。在整篇拉丁语论文中,洛克所使用的经院术语可能直接来自圣·托马斯和苏亚雷斯。不过,他讨论的材料可能来自多种论良知的著作,比如威廉·波金斯(1608年)、威廉·阿米斯(1630年)、亨利·哈蒙德(1645年)、约瑟夫·豪尔(1649年)、杰里米·泰勒(1660年)。后面我将说到,他的主要灵感来自1646年和1647年罗伯特·桑德森论责任的讲座。洛克的藏书中有这里列举的所有作者的著作。

④ 第7—8页。

释说,为完成他预计的目标(即对无足轻重之事的探讨),他将放弃某些传统的界定,选择另外更恰当的分类。他略过的界定是把法则区分为自然的或成文的、属神的或属人的、政府的或教会的。洛克代之以神圣的或道德的法则、政治的或人类的法则、同宗的(frateral)或仁慈的(charity)法则、修院的或私人的法则。在这些区分中需要对第一种加以考察。对洛克来说,神圣的法则依据它是通过自然的和天赋的理性之光而为我们所知还是通过超自然的启示为我们所知,可以继续分为自然的和成文的法则。因此,两者之间的区别仅在于清晰程度和颁布的方式不同。二者一起构成道德的恒定的基础,并且,通过对引自神圣法则的低一级的法则的干涉,它们甚至为无足轻重的事物添加上了道德的价值,这样这些无足轻重之事因此就分为善的或恶的两类。洛克接着论述说,[①]就其约束力而言,所有的法则,不论是政治的、同宗的还是修院的,都是神圣的,因为它们都是以惟一具有内在约束力的神圣的法则为依据来规范人的行为。因此,政府权力的命令正是由于上帝想要每个人服从政府官员的法令而具有约束力;我们不是因为畏惧惩罚而是出于良知的要求而必须服从它们。

借助这一法则理论的帮助,洛克为尚无答案的两种争议问题提供了解决方案。[②] 首先,所有无足轻重之事必然属于政府权限之内。其次,不论采用哪一个政治权力起源论,不管是契约论还是神圣权利论,[③]都要求对政府权威的彻底服从。因为如果每一个人不把他拥有的行动的自由让渡给政府,那么政府权威就无从确立;而没有这样一种权威就没有社会和政府,上帝希望人类生活中存在兄弟情谊和秩序的意愿就无从实现。

为表明自由并没有因这一论证而被全部取消,洛克给出了一个进一步的区分,解释说人类法律的约束力量既可以是实质性的也可以是形式上的,这样臣民的自由也因此既可以是判断的自由(或良知)也可

---

① 　第 9 页。
② 　第 11—13 页。
③ 　*Verum de nihil statuo*(处于虚无状态)……,第 12 页。

以是意志的自由。① 如果政府官员下达一项自身有效且符合神圣法律（obligatio materialis）的命令，比如，勿偷盗或通奸，那么臣民没有从判断上或意志上拒绝同意的自由，而且他因此既受到实质性的约束又受到形式上的约束。在这一事例中，人的良知的自由被取消了，但这却怨不得政府：限制不是来自政府而是来自上帝。另一方面，如果一位合法确立的政府官员对一件无足轻重之事下达命令，命令的约束性只来自他是官员的命令（obligatio formalis），那么臣民有从判断上拒绝同意的自由（也就是说，他不必基于良知而赞同它），虽然他不具有从意志上拒绝它的自由（也就是说，他必须去做这件事）。由于只受到形式上的约束，他的良知的自由不受限制。由此可见，在两类情况下，都没有谴责政府官员的合法理由。因为，就假设来说，涉及无足轻重之事的政府法律或教会法律都无法影响人类本质上的自由，即良知的自由。

简短地说，这些就是洛克论政府官员的拉丁语论文中的主要论点。这些论证展现了一些细微的分析，但它们可能具有的吸引力现在已经丧失了。我们对拉丁语和英语论文的关注之所以合理，有如下三方面的理由。

首先，可以看出，洛克论自然法的系列论文很大程度上脱胎于论政府官员的两篇论文。两篇论文中对一般法则以及对自然法的相当散漫的处理方式为洛克后来对这一主题的具体论述铺平了道路。在英语论文中，洛克把关注的重心放在反驳不服从主义者对政府权力干涉宗教事务的资格的看法上。双方争论的要点在于，无足轻重之事应该不受干预，以保证宽容和个人的权利，还是应该划归为政府法律和政治义务的范围。政府起源的问题不可避免地成为争论的一部分，为了支持自己一方的论点，双方都会经常引述《圣经》。的确，这场争论中的多数问题在整个清教革命运动中都是有待解决的问题。但是当洛克和其论敌在复辟时期翻出这些问题的时候，它们因此获得了一种

① 第16—17页。

新的、特殊的意义。在拉丁语论文中,洛克试图把自己的观点表述得更为清晰:他宁愿用拉丁语写作,并就法则和义务的基本问题提出更为理论化的论证。在这篇论文中,洛克没有提到巴格肖,也没有提及《圣经》,最初的背景和争论的场合几乎无从确定。在论自然法的论文中,我们看到,洛克沉浸于细致的哲学探讨,里面满是广博的学识和学院化的细致微妙。除去自然法,洛克以前作品中处理的问题很少能继续保留到后来的作品中。但是有一个把他早期作品串连起来的思想过程:从一开头只求助于自然法发展到对法则和义务相当细致的分类,再到对自然法本身的充分考察。因此,洛克8篇论自然法的系列论文中的大部分,尤其是他的第6篇论文,只有从他以前论政府权力和义务的性质的角度来解读,才能最好地理解。他早期的全部3篇论文构成一个整体,就像胡克8卷本的著作《教会政治的法律》以及其中有批评清教主义的序言一样。

其次,纵观洛克的宽容学说的整个发展历程,他自始至终都认可政府干涉某些事物的资格。这些事物正是1659年洛克在致亨利·斯丢伯的信和1660—1661年论政府官员的两篇论文中试图加以界定的那些事物。认识到这一点是非常重要的。

第三,洛克的两篇论文为我们弄清自然法系列论文的来源提供了线索,这对我们非常有价值。现在我们来看看这是怎么回事。

5 自然法论文的来源

洛克论政府官员的两篇论文都提到了理查德·胡克和罗伯特·桑德森。在拉丁语论文中，[①]提到的是胡克和桑德森各自给出的法则定义，有趣的是，胡克的定义几乎原封不动地出现在洛克论自然法的第一篇论文中，[②]但却没有说明这是胡克的定义。洛克在论文中引述胡克和桑德森的理由如下：在巴格肖的小册子中只出现过这两个作者的名字。[③] 洛克在他的英语论文中[④]要全面颠覆巴格肖的观点，他同样也提到了胡克和桑德森，在他的论敌讨论过的问题上站在胡克和桑德森一边。像巴格肖的小册子一样，洛克的英语论文也只提到了这两个作者：毫不奇怪，这两个人的名字同样保留在了他的拉丁语论文中。

英语论文中论及胡克和桑德森的时候，洛克表示自己没有足够的资格称自己是在维护"两位著名的真理斗士"，尤其是由于他"至今还没有机会读到前者序言以外的著作，而后者初版的讲座我也只是匆匆浏览了一遍，因此我只对其推理方式有个大致的了解"[⑤]，我们不必怀疑洛克的这一说法，后面[⑥]洛克特别提到他没有读过他和巴格肖争论的问题的相关文献，对此我们也不必起疑。虽然写作他的英语论文时洛克可能"隔绝了他的思想与书本的联系"，我们不能就此认为他写拉丁语论文和自然法论文时采取了同一作法。我们比较一下他提及的两个作者和他自己的观点就会发现，在写作论政府官员的拉丁语论文

---

① 第 6 页；初稿中同样也提到了这两个人。
② f. 18。
③ 第 14 页。
④ f. 32。
⑤ f. 32 第 13 行以及后面的内容。
⑥ f. 35（这是英语论文附信的开头一段）。

和论自然法的论文时,他有意参照了这两位著名教士在这一问题上的教导。

在两个人之中,桑德森对洛克早期阶段的思想似乎影响更大。从1660年10月至1663年月去世,桑德森一直任林肯郡的主教。1660—1661年冬,他被任命为索沃埃(Savoy)会议的仲裁人,会议讨论的一个问题是合法的命令的性质是什么,①而这正是洛克当时特别有兴趣的题目。通过对亚里士多德、西塞罗、托马斯·阿奎那和胡克的研究,并与自己的系统的伦理学方法相结合,桑德森形成了他本人的学说,这一学说对后世许多作者产生过启发激励的作用。在付印出版以前,桑德森的著作手稿复本在圈内流传,这使许多人从中受益,杰里米·泰勒看来就是其中的一个。②

这里需要考察桑德森全部著作中的三部著作,我先来考察其中最重要的两部。

1646年,牛津大学钦定神学教授桑德森发表了7篇名为"论许诺的义务"的讲座,该讲座于1647年结集出版,③由查里一世④翻译的英文版于1655年出版。毫无疑问,洛克在他论自然法的第六篇论文中引用了这些讲座特别是第一篇讲座中关于法律和伦理的几点区分的思想。通过几个例子可以证明这一点。在根据《政府法典大全》(Corpus Juris Civilis)中的传统方式定义义务时,洛克和桑德森都把这一定义从民法的范围延伸至神圣的法则或自然法的范围,让律师像处理民法一样处理义务问题。⑤桑德森和洛克用几乎同样的语言对义务做出了另一个绝非常见的区分,即"服从的义务"(debitum officii)和

---

① 参看伊匝克·沃尔顿(Izaak Walton)1678年的《桑德森博士生平》(雅克布森版的桑德森《全集》,1854年,卷6,335)。

② 参看他的《印刷滚筒的怀疑者或良知的规则》,1660年;同时参看W.维威尔版的桑德森《良知的义务》,1851年,第4页。

③ 洛克的藏书中收有桑德森1647年版的讲座著作(洛克手稿e.3)。

④ 参看沃尔顿的《生平》,前述著作第305页;同时也可参看A.伍德的《雅典·牛津》第3版,卷3,624和627。

⑤ 洛克的第六篇论文,f.83;桑德森,《论誓言》(De Juramenti),第一篇讲座,第11段(1686年版,第2—14页)。

"惩罚的义务"（debitum supplicii）之间的区分。① 由于这些以及在桑德森和洛克著作中同样可见的其他一些法律短语和区分不为古代和中世纪的律师们所用，则它们必定或是由桑德森本人，或是由16世纪或17世纪早期的一批注释家率先使用的。我们知道，②桑德森的主要法律教科书是理查德·邹科（Richard Zouch）的《法学基础》（*Elementa Jurisprudentiae*），③但这本书不过简述了查士丁尼法典的内容，其中根本没有我们在桑德森和洛克作品中见到的那些罕见的术语。除非找到某些相关信息，否则我们不能明确断定这些术语的来源。

1647年，桑德森又在牛津发表了一个名为"良知的责任"（De Obligatione Conscientiae）的系列讲座。1658年，托马斯·巴娄（Thomas Barlow）和罗伯特·波义耳要他修改这些讲座。④ 1660年讲座结集出版，1661年再版。⑤ 由R.寇德灵顿（R. Codrington）翻译的英文译本于1660年出版。⑥ 显然，洛克在论政府官员的英语论文结尾处提到的是桑德森的这一讲座系列。他从桑德森的讲座中借用了大量论据和有关义务的区分，用在了论自然法的系列论文和论政府官员的拉丁语论文中。⑦ 第四篇讲座中论理性之光、自然之光、神圣的法则、自然法的各项原则以及清教派别的段落与洛克在拉丁语作品中的叙述十分相近。⑧ 在第七篇论文中，桑德森反对认为君主的权力来自人民，因此制定法律的时候必须求得人民的同意的观点；⑨在两篇论政府官员的

---

① 洛克的第六篇论文，对开本第84—85页；桑德森，《论誓言》第一篇讲座第12段（第14页）。法学传统中更常见的区分为"罪责的义务"（ad culpam）和"惩罚的义务"（ad poenam）。

② 沃尔顿的《生平》，前述著作第342页。

③ 1629年、1636年和1652年牛津出版。

④ 参看沃尔顿的《生平》，前述著作第330—331页、第357页；同时可参见《国家传记词典》（*D. N. B.*）卷3,225—226"托马斯·巴娄"词条。

⑤ 洛克藏书目录（洛克手稿e.3）中有该著作的1661年版。

⑥ 著作前言注明日期为1659年12月，是题献给罗伯特·波义耳的。

⑦ 洛克的第六篇论文，对开本第86—88页；论政府官员的拉丁语论文，第6页、第9页和第16—17页；桑德森《论义务》中的第四篇讲座第5段和第6段、第五篇讲座第5段，第六篇讲座第2—4段。

⑧ 桑德森第四篇讲座中的相关段落是第12、17—19、20、24、25段。

⑨ 第14—15段。

论文中,洛克讨论政治权力的起源时引述了桑德森的观点。

这里我们必须提一提对洛克论自然法论文以及他60年代早期思想产生影响的桑德森的第三篇作品。

1640年,阿麦夫(Armagh)主教詹姆斯·阿舍(James Asher)写了一本名为《君主的权力来自上帝,臣民必须服从》的著作。阿舍的外孙就是洛克的密友詹姆斯·泰瑞尔。1661年泰瑞尔把这部书的手稿整理出来,并在前面加上了献给查理二世的题词。① 时任林肯郡主教的桑德森为该书写了一篇长长的序言。书的序言以及书自身处理的都是查理二世复辟之后洛克最为关注的问题。

桑德森的注意力放在对社会契约论的反对上。他的两个主要观点是:a.如此理解的契约,如果没有其他法律的帮助,只对订立契约的人有效,对没有订立契约的人则是无效的。b.不论契约使用何种用语,它们都不是自然法的命令。第二种观点显然针对那些清教理论家,他们认为社会契约论建立于自然法的基础上,是自然法的表达。桑德森讨论的要点是,臣民的责任和对统治者的服从永远有效。这也是洛克在第七篇论文中详细论证的观点。

阿舍论文的显著特征是对作为社会、政府和服从的基础的自然法的关注。这也正是洛克论政府官员的两篇论文的基本要点之一。阿舍同样也认为,对于宗教事物的外部管理是上帝赋予君主的权力,而君主也应该像他最低等的臣民一样服从自然法(上帝之法)。

我们关注这部著作的原因之一是通过这本书我们可以重新了解桑德森和洛克之间必定曾经有过的私人关系。洛克经常拜访住在牛津附近的泰瑞尔,他即使没有读过至少也应该看到过阿舍的手稿,而且他也一定在桑德森和泰瑞尔一起策划出版这部手稿时遇到过桑德森。1661年,随着阿舍的著作和桑德森的序言的出版,在世人看来,洛克在论政府官员的英语论文中捍卫的立场得到了强有力

---

① 献辞以论自然法的一个短语开头。阿舍的论文是奉查理一世之命而写的。

的支持。① 或许正是由于这一原因，在 1661 年后半年，洛克放弃出版他自己的作品的想法，②集中精力专门研究法律和义务。

总之，从 1660 年至 1663 年，桑德森对洛克学术活动的影响是不容忽略的——这一事实证实了我们认为洛克从论政府官员到论自然法的论文之间存在思想的连续性的看法。从这两个论文系列本身，尤其是其中洛克对法律的技术性问题的处理，可以最明显地看出桑德森的影响。

现在我们来探讨洛克论文的另一来源。我们知道，洛克自己很少提及他的思想建基于何处。这样一来，为找到他思想的来源，我们不得不把他论文中隐蔽的线索和他公开提到的前辈思想家统统考虑在内，而且，为了不遗漏他甚至根本没有提到过的作者，我们必须牢记自然法理论发展过程中的每一阶段性人物，并对作为洛克思想前辈的这些作家的重要性作出一番简要评论。

在第一篇论文中，洛克引述了亚里士多德在《尼各马可伦理学》中关于人的理性特征以及法律正义和自然正义的差别的两个片段。③ 他第三篇论文中关于推理原则的部分可能受到了《尼各马可伦理学》中的某些片段和亚里士多德论逻辑的著作的影响。④ 由于缺乏有关洛克早年在牛津接受亚里士多德哲学训练的信息，他论文中闪现的二、三个明确的例子一定不要忽略。从这几个例子来看，吸引洛克的是亚里士多德的原著，而不是经院哲学中的亚里士多德；从中还可以看出，在他写作这些论文的时候，他口中所说的对亚里士多德主义的反感不是对他的爱好的一个完全准确的描述。

洛克的任何一篇论文都没有提到过西塞罗，甚至也没有提及他的《共和国》(卷 3，第 22 页）中著名的自然法定义，而这本来是所有时代

---

① 阿舍的著作和桑德森的序言与《一位上流人士致本国友人的一封信》(1675 年)的目的大相径庭。后者意在支持沙夫茨伯利的政策，并收录于洛克的《全集》中(1801 年，卷 10，244—246)。

② 前面提到过洛克放弃出版著作的另一个原因。

③ f.13。

④ 洛克早年的笔记中有证据显示，他曾向他的学生们推荐亚里士多德的《尼各马可伦理学》。在洛克的一本账簿中(洛克手稿 f.11)，他记录说，1655 年 10 月，他把他自己的《尼各马可伦理学》借给了一位友人。

特别是洛克那一时期自然法作家经常引用的定义。不过,如果把洛克
在论文中不时具体运用的概念综合在一起,那就是西塞罗的概念。而
且在论文第五篇和第八篇中,洛克对以普遍同意和效用原则作为自然
法可能的基础表示质疑,这里他的论据正是来自西塞罗的《论立法》和
《论义务》(卷3)。①

　　没有证据表明洛克在写作这些论文时熟悉罗马法或天主教教会
法的原典。② 他论文中的法学术语和区分都采自文艺复兴之后评论家
和辞典编纂者,或来自政治思想家、神学家、道德学家们的著作。由于
他常常修改他借自前辈的术语,辨别起来着实不易。不过在桑德森这
里是个例外,桑德森是他第二手的法学理论知识的一个确定的来源。

　　洛克只在第一篇论文中提到过一次圣托马斯·阿奎那。论文中
提到的阿奎那论永恒法的陈述是经理查德·胡克重新释义过的《神学
大全》中的一段话。不过我们仍有理由推断,洛克确实阅读过阿奎那
的原著,因为他的论文尤其是第七篇论文中大量的托马斯主义的论证
都可以在《神学大全》中找到确定的出处。此外,第一篇论文开头段落
中讨论人性以及人与上帝和宇宙之间关系的部分、他构思论文题目的
方式——所有这些都显示出托马斯·阿奎那的影响。自然,对洛克
的早期论文中(其中大部分是论战性风格)的经院主义影响,我们不
应感到惊讶:这种影响甚至延续到了洛克成熟时期的作品中,而这
一时期洛克的思想当然更为独立和新颖。人们普遍同意,比起确定
洛克对胡克③和苏亚雷斯的借鉴来,确定洛克是否借鉴了圣托马斯的

① 从洛克手稿 f.11 可以看出,60 年代早期,洛克要求他的学生阅读西塞罗的著作。洛克
　 1697 年的藏书目录(洛克手稿 e.3)收入了西塞罗的《论责任》(1664 年)以及西塞罗的其
　 他著作。
② 洛克 1697 年最后的藏书目录(洛克手稿 e.3)收录了 1663 年版的《民法大全》以及 1553
　 年和 1647 两个版本的《法典》,但是很难确定这些书是否为早年收藏。洛克还藏有 J.
　 哥特弗雷德(J. Gothofredus)的《法律手册》(1665 年)以及 J. 加尔文(J. Calvinus)的《法
　 学辞典》(1622 年)。我们知道,在晚年,洛克推荐柯威尔的《释义者》,认为这是一部很有
　 用的法律术语辞典(阅读和研究的一些想法),载于 1801 年《全集》卷 3,276)。
③ 圣·托马斯对胡克理论的影响,参见 A. P. 德恩特瑞(A. P. d'Entrèves)的《中世纪对政
　 治思想的贡献》(1939 年)第 89 页。

经院哲学概念要困难得多。

　　谈到胡克对洛克的影响，前面我们已经说过，在写作论政府官员的英语论文时，洛克已经读过《教会政治的法律》的前言，而且站在胡克一边反对清教主义。洛克论文尤其是第一篇论文中的段落表明，在论文写作时，洛克无疑同样熟悉胡克的《教会政治的法律》卷1。洛克后来认真研读过这部著作，在1681年的笔记中还做了长篇摘要。[①] 第一篇论文中论人类在道德原则上的普遍同意寓示自然法的存在的冗长段落一定受到了胡克的启发。由于洛克在第五篇论文中删除了这一段并改之以大不相同的观点，可见胡克对洛克思想的影响并非决定性的。至于苏亚雷斯，有理由相信，洛克熟悉他的《论立法和立法者》一书，这部著作对中世纪的自然法学说做出了全面、细致的解说。在本导论第六部分以及洛克自然法论文的脚注中，我已经在洛克可能受到苏亚雷斯影响的地方作出了提示。如果认为论文中每个经院哲学概念都来自苏亚雷斯，那么这显然低估了另外一些作家对洛克的影响，因为他们同样借用了晚期经院哲学中的概念，并将其传递给了洛克。

　　现在我们来到了17世纪，自然法理论的巅峰时代。从洛克的藏书目录中我们了解到，洛克藏有格老秀斯和约翰·塞尔顿（John Seldon）的全部主要著作，但著作的版本都晚于他写作这些论文的时间。而且，这两位思想家对自然法的兴趣以及他们研究自然法的方式与洛克几乎没有什么共同之处。洛克的兴趣主要在认识论方面，而格老秀斯和塞尔顿的兴趣则分别在法学和历史学。洛克的自然法观点有一个形而上学的基础；后面两人的则更科学化、更"世俗化"。特别是，洛克拒绝格老秀斯认为人类的普遍同意可以充作自然法存在的证据以及可以把自然法描述为理性的命令的观点。三位作者之间存在的相似性似乎只在于他们讨论同一类的问题并运用同样的理性方式回答这一问题。当然，在一些论文中，洛克引用了和转引了格老秀斯

---

① 60年代初期，洛克常与伽布瑞尔·陶尔森交流对自然法的看法。陶尔森在《十诫释义·对话1》（1676年出版）中经常引用胡克的《教会政治的法律》卷1中的内容。

《战争法与和平法》卷 1 第一章序言部分(按照洛克的习惯做法没有注明出处)。

洛克论文中暗中多次提到霍布斯。读者从此处自然法论文的行文中和洛克出版的著作中获得的印象是,霍布斯吸引了洛克,尽管他们的观点存在差异(或许正因为他们的观点存在差异)。总体而言,洛克对霍布斯的态度是论战性的,但公正地说,正是由于霍布斯极端理论的启发力量,才促使洛克以及洛克的同道探讨自然法理论中可能具有的全部意义,以迎接极端观点的挑战。每逢处理与霍布斯的名字有关的问题,洛克就变得躲躲闪闪,其原因并不难找。在他与霍布斯观点一致或借用霍布斯观点的时候(洛克没少这么做,普芬多夫也是①),他不能轻轻松松地承认霍布斯的影响,以免被冠以霍布斯主义者之名。在他反对霍布斯的时候,他所讨论的问题在围绕霍布斯而起的争论中已经众人皆知,提到霍布斯的名字几乎成了多余。实际上,在洛克讨论霍布斯学说的几处地方,与其说是霍布斯著作中的某些论断激发了洛克,不如说是同时代反对霍布斯的著作中的评论激发了他。因此,任何想要研究洛克和霍布斯之间关系的人一定要在特定的历史背景中去考察,不要受 17 世纪反对霍布斯主义的声浪所左右。这种方法十分有用,因为同样地只有通过这种方法,洛克和笛卡儿之间的关系才能得到充分理解。②

1660 年洛克开始思考自然法的时候,有两本书出现在洛克眼前。其中一本是牛津新学院的罗伯特·沙拉克(Robert Sharrock)③的著作。这本书洛克即使没有阅读过至少也应该看到过,因为书的作者是罗伯特·波义耳圈子中的人,④我们知道,洛克和桑德森也是此中的成员。总的来说,著作的倾向是托马斯主义的,而且著作中还以简明的

---

① 参看普芬多夫为《法学基本原理》(1660 年)自撰的前言中论及霍布斯的有趣说法。

② 参见英译者的文章"洛克和尼科尔,他们对上帝存在的证明以及他们对笛卡儿的态度",载于《智慧》,1948 年,第 41—55 页。

③ 《适于教义与理性标准之道德》(De Officiis secundum Naturae Jus, seu de Moribus as Rationis normam conformandis Doctrina)。

④ 沙拉克的书题献给了波义耳;60 年代沙拉克还为波义耳的三部著作写过序言。

形式排列出自然法的各种传统定义。① 沙拉克的论文和洛克的论文之间有某些相似之处，但考虑到两个作家处理的是同一主题，而且时间和地点都很接近，也就不足为奇了。这里需要提到的是，理查德·坎伯兰在 1672 年论自然法的论文中以肯定的口气提到了沙拉克，另外，与洛克在他的 8 篇论文中并无不同的是，沙拉克认为效用的原则依赖于道德的善，而不是道德的善依赖于效用。②

1660 年出现的另一种著作是萨谬尔·普芬多夫的《法学基本原理》。这一年普芬多夫被任命执掌"自然法"教席，这是海德堡为他特设的教席。③ 12 年以后，当他出版了《论自然法》和《论人类的职责》两部著作以后，他开始名扬欧洲。洛克有《法学基本原理》的两个本子：1681 年他买了 1672 年版的本子，同时购得的还有《论自然法》，④1660 年版的本子是该书出版后不久得到的。无疑，在写作这些论文时洛克参考了这本书，因为洛克对书中的许多观点进行了讨论，特别是在自然法第七篇论文中。洛克关于伦理学是证明性的科学的观点可能就是受到了普芬多夫前言中的评论的影响，虽然 17 世纪还有另外一些思想家持同样的看法。⑤ 他明确接受了普芬多夫认为法律是上帝意志的表达的观念，以及认为不能说自然法是来自人们普遍同意的观念。⑥ 另一方面，洛克与普芬多夫有所不同，因为洛克清楚区分了国家的法律和自然法，而且他的理论不以人的社会性观念为基础，但普芬多夫却很强调这一点。此外，普芬多夫主要关注对具体法律观点的考察，而洛克则对此无动于衷。这样，由于他们专门的研究领域并不重合，对他们的学说的深入比较也就不会有什么成果。

---

① 第 188 页以及以后部分。

② 参看第 62 页。

③ 参看 P. 寇沙克(P. Koschaker)的《欧洲和罗马的法律》(1947 年)第 250 页。

④ 1681 年笔记(洛克手稿 f.5)第 62、66 页。

⑤ 在这个问题上的这一灵感当然不是来自桑德森。桑德森坚持认为，在道德中我们不可能获得像数学中一样的确定性(《论良知的义务》卷 8，16)。

⑥ 参看普芬多夫的《法学基本原理》卷 1 定义第 13 第 2 段。

到目前为止,我们讨论的结论是:a.洛克曾研读过古典时期以来几个主要自然法理论家的著作,不过常常是以相当散漫方式研读的;b.桑德森对洛克的影响比我们提及的他的任何前辈作家都大。他在一些确定的方面接受了桑德森的影响:在第六篇论文中,他主要从桑德森那里接受了法学的术语。现在我们来考察,他论文中的大量论据和他学说的要旨可追溯到哪些源头。

直到现在我才提起纳森纳尔·卡尔佛威尔(Nathanael Culverwel)的名字。我希望能够证明,洛克在自然法论文中的观点来自他的启发。卡尔佛威尔是剑桥的柏拉图主义者,对洛克成熟思想的形成有直接的影响,他也常被推想为洛克某些观念的可能的来源。① 通过对比洛克论自然法的论文和卡尔佛威尔的主要著作《关于自然之光的博雅对话》(*An Elegant and Learned Discourse of the Light of Nature*),可以坐实这种推想。卡尔佛威尔的这部著作写于 1646 年,② 出版于 1652 年。③ 按照本来的计划,该书的篇幅比现在更大,本打算要证明“所有的道德原则都可通过自然的常见之光——理性之光发现;而且《福音书》中的秘密丝毫不与理性之光相抵牾。”④《对话》对这两种学说只进行了初步的探讨,但这两种学说为洛克论文提供了基本的倾向;在洛克的晚年,第二种学说对他变得十分重要。现在我来讨论洛克在论文中对卡尔佛威尔观点的借用。

1. 和洛克一样,卡尔佛威尔也非常强调法律的形式义务不在于它们固有的合理性(rationality),而必须到至高的意志中去寻找。两个人都承认,法律的确以理智者的行为为前提,而且存在着“事物的永恒秩序”和某种“事物的本质特征”,它们设定了行为所需要的标准;但是他们坚持认为制定法律的是法律颁布者的意志,而不是他的知性或

---

① 比如,参看约翰·凯恩斯(John Cairns)的批评性论文,载于 J. 布朗编辑的卡尔佛威尔的《对话》,1857 年,第 32 页、第 35—36 页、第 55 页。

② 参看迪令海姆的前言“致读者”第 6 页,以及布朗为该书写的“序言”第 25 页。

③ 该书分别于 1654、1661、1669 年再版;此后一直没有再版,直到 1857 年布朗的版本出现。

④ 参看迪令海姆的前言第 7 页。

"当事(the case)的正当和理性"。① 虽然他们两人都承认苏亚雷斯命名为"自然的"义务即来自人性与法律之间的和谐的义务的存在,并且都认为上帝的智慧是法律的充分的基础,但是依然强调来自至高意志的命令的"道德"义务的重要性,他们认为道德义务是义务的形式上的原因。他们因此都相信,作为神圣法律的自然法具有实际约束力的原因与其说在于它的公平不如说在于上帝的权威。由此,他们论证说,除非上帝的意志为人们所知,否则就不会具有实际的和形式上的约束力。了解上帝的意志的途径不外或是通过神的启示,或是通过人类理性的辨识能力,即通过自然之光。他们都坚持,理性并不创造或宣布法则;理性不过是发现法则,就像蜡烛使物体可见,但不会创造物体。他们学说的一个自然推论是,动物不会有义务,因为它们缺乏理性能力,这使它们不能领会或理解法律。②

2. 卡尔佛威尔和洛克都认为,不存在天赋的或共生的观念,自然法不可能刻印在人类的心灵中。像所有其他基本信念或基本观念一样,自然法的知识是借助自然之光通过感觉经验对理性的影响而进入心灵的。如"同一事物不可能既在又不在"这样的第一原则不是从出生起就为心灵所知的,而是通过对对象的观察和比较而逐步为心灵所获得,直至最后每一个头脑清醒的人都不得不承认它们。当思辨的或实践的第一原则相结合,并生成次要原则时,可以从中引申出各种类型的结论,自然法的命令即为其中的结论之一。由于这样的推论与数学演绎并无不同,创造一种证明性的伦理学科学是可能的。③

3. 由于相信自然法的命令由感性知觉和理性联合发现,卡尔佛威尔和洛克两人都反对借助传统认识自然法的方法。对于认为从国民的普遍同意中可以得到自然法知识的主张,卡尔佛威尔和洛克的态

---

① 维奇克特(Whichote)在《格言集》(1703年)第76条中使用了这一短语,后来约瑟夫·巴特勒在《宗教类比》卷1第6章第16节注释中也使用了这一短语(1896年,格来德斯通编辑)。
② 卡尔佛威尔《对话》中相关的论述在第4章(布朗版,第45页)、第5章(第52、56页)、第6章(第59—66页、第71、74、77页)、第9章(第98—99页)。
③ 参看卡尔佛威尔的《对话》第7章(第81—83页)、第11章(第124—127页)。

度有所不同。在卡尔佛威尔看来,在理性之外,还有一种发现自然法的次要的方式,即所有的人都遵守最基本的道德规则的不言自明的、自发的约定。H.格老秀斯①认为至少在比较文明的国民中有一种普遍的同意,他把他眼中的这一事实看作自然法存在的后天的证据之一。塞尔顿、沙拉克和威廉·格老秀斯运用了同样的证据,卡尔佛威尔引述格老秀斯列出的古典作家的名单以支持这一看法,这份名单包括赫西俄德、西塞罗、塞涅卡和昆特里安(Quintillian)。我们还发现他提到了"民众的声音即神的声音"的警句,当然,他对这一警句的真理性有所保留。他的主要观点是,自然法的知识(而不是自然法的约束力)首先来自理性,其次来自人们的普遍同意。但是洛克否认格言"民众的声音即神的声音"有任何真理性,而且他拒斥自然法知识(更不用说自然法的约束力)可以从人们的普遍同意中得出的说法。不过两个人之间尽管有此分歧,可以肯定的是,洛克被引向这一题目的原因,完全是由于卡尔佛威尔在著作中用了整整一章的篇幅讨论这一问题。②

众所公认,一个专心的读者会在洛克论自然法论文和卡尔佛威尔的《对话》中发现更多分歧。例如,他会发现卡尔佛威尔倾向于新柏拉图主义的思辨和道德上的功利主义观点,而洛克并不如此。洛克的论证从根据到结论、从正题到反题一气呵成,而卡尔佛威尔行文中无穷无尽的引证使得他的论证支离破碎。他主要是从传统学派中寻找支持以加重自己推理的分量,而他的推理的说服力也主要来自他的雄辩所累积起来的效果。当然,不论卡尔佛威尔的作品和洛克的论文在风格和形式上存在何种差异,它们之间在许多方面还是极其相近的。除了这两个人,没有另外的思想家在我们阐明的全部这些基础上建立一套自然法理论。因此,我们必须说,卡尔佛威尔是洛克自然法论文中某几个自然法观点的主要理智源头。

在结束这一部分之前,我想提一提卡尔佛威尔和洛克两人之间的另一点相似之处——对忠诚于加尔文主义的躲闪态度。说到卡尔佛威尔,

① 《战争法与和平法》卷1第1章第12节。
② 参看卡尔佛威尔的《对话》第8章(第102页);第10章(第109—118页)。

虽然他与剑桥的柏拉图主义有关联,但他自始至终坚定持守着他从小接受的清教加尔文主义,[①]这一点看来不存在任何争议。尽管如此,正如一个评论者曾经说过的那样,[②]在《对话》中几乎没有什么清教加尔文主义的印记。洛克小时候也是一个加尔文主义信徒,而且,从他的身为议员的资助者帕费姆到约翰·欧文再到克伦威尔摄政时期牛津的统治权力,这些对洛克都是相当大的影响因素。1653 年至 1655 年间,洛克在牛津听到的道德哲学讲座分别是著名的长老会教徒亨利·威尔金森(Henry Wilkinson)和著名的独立派教徒弗朗西斯·豪威尔(Francis Howell)开出的。[③] 甚至早在查理二世复辟之前,洛克似乎已经疏离了加尔文主义,而为安立甘教士们的教义所吸引,尤其服膺于他们之中那些不拘教条的代表人物。要回答两派中的哪一派为他早期论文添加了灵感,不是一件轻而易举的事,因为加尔文主义者和安立甘宗教徒常常在某些教义上意见一致,尤其在洛克早期作品中采纳的观点上更是如此。比如,像桑德森这样的安立甘教徒一定会同意加尔文学说中的如下观点:在无足轻重之事方面的良知自由并不意味着人不必遵守这些事物上的民事法律,服从政府官员的号令是上帝所命令的职责,基督的出现也不能废去这一职责。[④] 同样,洛克和卡尔佛威尔共同持有的所谓作为上帝意志表达的"唯意志主义"的法律概念也是改教主义者的学说;同时,"唯意志主义"的法律观念也为唯名论的立法伦理提供了基础,受到苏亚雷斯的青睐,并被笛卡儿、斯宾诺莎、普芬多夫以及桑德森这样的安立甘信徒所采纳。因此,从上述这些以及洛克在论政府官员和论自然法的论文中表达的观点中几乎找不到什么有助于我们确定他对加尔文主义依附程度的信息。另一方面,正如卡尔佛威尔四平八稳地论述他的"唯意志主义"伦理理论一样,洛克也以引自剑桥柏拉图主义学说中的"理智主义"观念调和他自己的理论。这一事实表明,他对加尔文主义的依附不是绝对的。

---

① 参看 W. R. 索雷(W. R. Sorley)的《剑桥英语文学史》卷 7 第 12 章第 279 页。
② J. 图罗克(J. Tulloch),《理性神学》(1872 年)卷 2,414。
③ H. R. 福克斯·波恩,前述著作第 1 章,46。
④ 参看加尔文的《法典》卷 3 第 19 章以及卷 4 第 20 章。

6 自然法论文的观点及其与当时
思想背景的关联：批评的分析

由于洛克每一篇论文的概述都能在本书的导言中找到，这里就没有必要再依循文本中的论证次序了。实际上，采用专门的解释方法之所以明智，其中还有一个特殊的原因。自然法的每一学说不仅在一定程度上是模糊的，而且还都试图在种类不同且自身可疑的命题之间确立逻辑关系。因此，如果没有一种批评的方法，对这种学说的任何叙述都不可能足够清晰。在这一节中我将把自然法的观念分解成几个要素，并在每一确定的标题下讨论洛克本人的理论。

下面我们就从这样的评论开始：自然法的观念是从一些混乱的理性和普遍性观念中引申出来的，其自身是模糊的。[①] 大部分自然法理论中的陈述类型大致有如下 4 种：（1）有事实的陈述，例如"所有的人都是有理性的，也就是说，他们具有理性并运用理性"，从这一前提进而推论说理性是人的本质特征。（2）有关于理性的运行和效果的陈述，比如"理性能用于发现，而且，如果正确运用，理性将总是通向关于同一种道德真理的知识，即自然法的道德真理"。（3）有伦理的主张，大意是理性（reason）揭示的道德标准自身是合理的（rational），即它们是弥漫于宇宙的神圣理性或合理性目标的一部分，并且它们以具有普遍约束力的命令和禁令的形式颁布下来。（4）有关于这些道德原则的

---

① M. B. 福斯特（《柏拉图和黑格尔的政治哲学》，1935 年，第 145—146 页）曾经指出，"自然法"的概念是模糊的，因为人类的情感和理性都是自然法，因此两种意义都可以而且已经赋给了"自然状态"和"自然法"这样的概念。单词"自然"是产生歧义的原因，它在指称人类行为的自然法则观念和指称物理现象的自然法则观念之间导致了类似的混乱。如果坚持认为（就像 A. P. 德恩特雷在 1951 年的《自然法》中那样，第 7 页）单词"自然"的不同意义之间的混乱"是自然法学说中所有模糊之源"，那就将忽略其他的几种混乱源头（在第 10 页的一段类似论述中，德恩特雷教授用"许多"替代了"所有"）。

真理或可证明性的陈述,并且认为,像在数学中一样,它们或是自明的或可通过逻辑加以证明。因此在这种情形下,据说理性可以证明道德规则的有效性。

可以看出,在上述不同的陈述中,"理性"概念,同时还有"普遍性"概念,其意义并不总保持不变。如果自然法理论的阐释者把各自学说中暗含的不同陈述加以分类,知道并不总能够从一种陈述过渡到另一种陈述,那么他们的论证就会丧失掉其长期以来一直具有的说服力。比如,认为理性设定了自然法,它不但能够获得关于自然法的知识,而且还能够证明自然法的有效性,因此自然法是理性的——这种观点就是混淆了理性的要求、关于理性的事实命题和合理性的真理的确定性之间的区别。同样,因为所有的人都是理性的,如果不犯错误的话可以发现对所有人都有约束作用而且必然为真的同样的道德规则,因此自然法是普遍的——这种说法混淆了普遍性的不同意义。

与前一种批评相关,还有另外一种批评意见,这就是说:如果这些理论家对各自学说中暗含的不同类型的陈述之间的区别进行过清楚区分,那么他们就不会用同样的确证方式证明每一类型的陈述。他们可能就会发现,他们大部分的陈述实际上都是可疑的。可以把人是理性的作为一个事实来接受,但是人们一定要合乎理性以成为一个真正的人,这与其说是一个不争的事实,不如说是来自亚里士多德"固定的本性"观念的推论命题。[①] 理性能否发现道德价值是另一个开放的问题,道德规则可以证明同样也是,而可以把道德规则理解为像逻辑证明一样是必然的,就更是一个开放的问题了。

我们可以在我们区分的四种陈述类型的基础上,对洛克在早期论文中表述的自然法理论加以讨论。他的主要学说围绕我们列表中的第二和第三种陈述类型,同时关注(a)认识论问题:我们如何认识自然法的认识论问题,和(b)道德问题:自然法的约束力。关于第一和第四类型的陈述,洛克的评论简短而且缺少变化,是他未经深思熟虑的观

---

① 参看 M. 麦克唐纳德,"自然权利",《阿拉伯社会年表》(*Proc, Ar. Soc.*)1946—1947 年度第 234 页以及后面的内容。

点,表现出他思想中教条的一面。不过,在他大部分的论文中都对传统自然法理论中未予澄清的概念进行了细致的辨析。而且,虽然他讨论的几个论题可能与他年轻时常加入其中的牛津学派讨论的问题相同,但他论文中的几乎每一段落无不显示出洛克自己特有的风格。需要特别提及的是,第一篇论文被用作了整个论文系列的导论:仅偶尔提到证明自然法存在的论据,而且是以相当基本的方式来讨论的。不过在著作的主体部分,洛克重新具体讨论了这一问题。

1. 尽管接受人有理性这一观点,洛克还是十分小心地在作为心灵的推理能力的理性和"正当的理性"之间作出区分,前者通过从已知事物到未知事物的论证发现真理,后者指的是能成为知识对象和行为规则的一系列道德原则。虽然推论能力像感觉能力一样是人生来即有的能力,"正当的理性"却并不是这样的。而且进入心灵的道德原则也不是来自人类理性的创造或命令,而只是由理性发现和阐明的。因此,当洛克断言人类"被慷慨地赋予了心灵、理智和理性"的时候,他归于人类的仅仅是论辩的能力,他并没有说人类从一出生就随身带有一套理性真理或行为规则,或人类能变出这类真理或规则。他同样也没有像古代和中世纪自然法的众多支持者那样明确断定,人类因分有宇宙的理性本性或神圣理智,因此是理性的。

因此,目前为止,洛克的起点很简单:它有赖于人能推理这样的事实陈述。有些人没有推理能力,有些人有推理能力但从不运用这一能力,这些当然都是事实。洛克承认这一事实,他提到了白痴和儿童,认为他们从本性上而论缺乏知性;他也提到了那些因粗心或感情用事或耽于享乐或习而不察的人们,认为他们未正确运用自己的理性。或许有人会想,洛克是如何从其前提推论出一个道德义务理论的。他的下一步骤就是要证明,人类不但有理性而且有义务运用自己的理性,也就是说,作为推论能力的理性是人类的本质特征,而人类的特有功能就是运用这一能力。在第一篇论文中,洛克抬出亚里士多德的权威加强自己的论证,但紧接着洛克告诉我们说,是理性自身证明了理性的真理性。这样,存在争议的问题,即理性是不是人类的本质属性,就决定于理性自身。而且,仅从关于人类本质属性的事实判断,就可以推出道德命题,即人有责任依照这一本性而生活。人对本性的服从是双重的:它喻示了理性的实际运用以及对理性的发现的严格服从,因此从人有责任运用理性到他服从理性的责任,其中有一个隐含的推理。

2. 根据洛克的学说,由于理性自身未提供基本观念因此理性不是知识的来源,这样我们就需要一些材料以作为理性推理的起点。在洛克看来,知识有三种来源,即刻印或天赋的知识、传统或口耳相传的知识、知觉或感觉的知识。(洛克省略了超自然的和神的启示的知识,因为他的探讨局限于知识的自然起源)在第三篇论文中,他给出了5个理由,说明自然没有在人类心灵中写下道德或思辨的原则。这5个理由是:天赋观念论是不可证明的假设;总的来说,人类之间没有关于道德规则的一致意见,而且即使一致意见存在,也可以用早期教育的影响加以解释;文盲和疯子不知道道德为何物;科学公理,比如非矛盾律,不是天赋的而是经验概括的结论。类似的观点出现于《人类理解论》的卷1,这里不作深入评论。洛克观点的实质在于,尽管(正如他第二篇论文的某些段落显示出来的那样)他并不想彻底拒斥天赋知识,但他看不出把天赋知识当作道德真理的一个来源的充足理由。[①]

洛克在第二篇论文的某一章节讨论了传统的或二手的知识。传统知识在洛克这里得到的待遇一点也不比天赋知识更好。曾经有过一段时期,他似乎想要写一篇专门讨论口耳相传的知识的哲学论文,对这一自从希罗多德时代以来一直被视为历史信息来源之一的知识种类加以考察。我认为这是他的光荣。但是,虽然洛克承认父母和老师可以传授真实的知识和道德,他还是否认这种传递的事实自身是其真理性的证据。在第五篇论文中,他以同样方式反对真理可从普遍同

---

① 不过应该注意,在他第一篇论文的两个段落和第二篇论文的一个段落中,洛克把道德规则说成是天赋的。而且,在他第一篇论文初稿的一长段里(这里胡克的影响十分明显),他认为有一些全人类一致同意的道德原则,而这种人类的普遍同意表明自然写在人类心灵中的法则是存在的。在第三篇论文中,他严厉批评了天赋观念论;这时他改变了对普遍同意的看法:在第五篇论文中他对普遍同意的看法与第一篇初稿长段中的看法正好相反,于是他删去了那一段落。

意中推导出来的观点。尽管承认一个人和另一个人的意见巧合可能
预示了意见的真理性,他还是小心翼翼地避免把这种巧合等同于意见
的真理性。如果认为洛克在这一点上只是避免了一个明显的错误,那
对洛克就是不公平的。比如对亚当·斯密来说,这一错误就不那么显
而易见,而他也果真未能作出区分。[①] 这里我们可以注意,如果在论述
中,特别是在论普遍同意的过程中,洛克不厌其烦地叙述不同国家的
风俗习惯——有希腊、罗马这样的文明国家,也有哈顿塔特(Hottentot)
和印度这样的未开化国家,他的目的是想表明,虽然这些风俗与他正
在讨论的道德的标准规则根本不同,但这些风俗以外的其他风俗基本
上符合道德的标准规则。他从历史中寻求例证的做法可以视为法律
比较研究的开端。事情有可能是,他从格老秀斯的一段话中领会到了
历史探究的方法。[②] 至于在第五篇论文中提到的国家法律,在洛克看
来,它是由基于契约的人们之间的所有形式的普遍同意所组成,不管
这种契约是心照不宣的还是明确表述出来的,法律以普遍受益为基
础,而非来自自然法的强加。只要记住这些就足够了。和霍布斯、普
芬多夫不同,洛克在万民法(jus gentium)和自然法(lex naturae)之间
作出了区分,而且他作出的区分比苏亚雷斯和格老秀斯的更严格。

现在我们转向尚未考察过的知识的第三种来源,即感性知觉。感
性知觉无关信念而是对事实的当下把握。理性正是通过感性材料的
支持推知关于未知事物的知识的。在第四篇论文中,洛克演示通过何
种步骤理性可以从感觉把握到的真理出发,获得关于自然法的知识。

首先,我们的感觉告诉我们对象,它们的状态和特征——这些最
初都是运动粒子的某种排定。接着我们从星体的运动、季节的更替、
一切有生命物从生长到发育再到衰亡的循环往复中发现规则性。通
过沉思在世界中发现的秩序和美,理性推导出一位最强大、睿智的创

---

① 参看 A. N. 普赖奥尔(A. N. Prior),《逻辑和伦理学的基础》,1949 年,第 66—67 页。
② 参看《和平法与战争法》的"前言"第 46 页:"历史对我们的研究题目有两方面的帮助:它
提供了例证和判断。如果选择合适的时间、合适的民族,历史例证将会事半功倍;因此
我们宁愿选择古希腊、罗马的事例,而不愿选择其他时代其他民族的例子。判断也绝不
是无足轻重的,尤其当判断与判断彼此一致的时候更是如此……"

造者的存在。除来自自然的论证以外,洛克同时还利用了人类自身的存在和不完善加以论证。由于(a)人类不能把自己的存在归于任何比他更缺乏完善的无生命物或有生命的存在,同时由于(b)他不可能自己创造自己——因为任何事物都不可能是其自因(上帝是个例外),同时也因为人类自身是不完善的(例如,不享有永恒的生命,而如果他是自己的创造者,那么他必定赋予自己以永恒的生命),因此必然可以推出,存在一种创造了人类且人类服从于他的至高的权力。

这里应该注意,洛克之所以从上帝存在的诸种证明中选出了设计者证明和人类学证明,恰恰是由于这两种证明都是从感觉经验得来的,除了理性的推论以外,它们不需要其他支持。他承认其他两种证明即良知的证明和本体论证明的说服力,但是他评论说,这两种证明的权威不是只依赖于理性和感觉,而是实际上先天地预设了我们难以接受的概念。在1690年的《人类理解论》卷4第10章中,他采取了一种非常近似的态度。在那里,他用"我们自己的存在和宇宙的可感部分"(第7段)来论证。尽管他的人类学证明在两个地方和笛卡儿的是相同的,但与笛卡儿截然不同的是,洛克对形而上学证明表示怀疑,并强调设计者证明的重要性,而笛卡儿由于否认终极原因没有考虑设计者证明。

证明完人类可通过运用他的自然官能(即感觉和理性)获得上帝的知识以后,洛克的下一步骤是对人类本性提供一个目的论的解释。他解释说,由于上帝强大而睿智,他出于某种目的设计了世界,并按其本性为每一事物制定了明确的规则或生存模式。由于只有人类被赋予了理性和所有工作所必须的能力,显然上帝创造人为的是让他实现上帝的目的,上帝希望人按照理性而生活。除对自身的责任以外,人类被设计要行使的专门职能是敬拜上帝,沉思上帝的作为,并和其他人一起在社会中生活。从下面的事实可以看出这些职能具有法则的性质:它们显示出任何以及所有由理性和感觉经验所确立的法则的两个要求,这就是(a)存在一位法则的制定者,即某种人类应该服从的至高的权力,和(b)存在法则制定者启示出来的意志。看来正是出于下列理由,洛克称被如此认识的法则为自然法:a.自然法知识是通过人的自然官能即感觉和理性而获得的,理性和感觉的共同运行构成了洛克所称的自然之光,换言之,自然法是上帝以自然方式颁布的法律,也就是说,自然法不是通过启示而知的成文法;b.自然法与宇宙的自然构成尤其是与人性相一致;c.自然法的要求对所有人都是同样的,而且与自然现象的法则相同而与各个政府的法规不同,自然法不会因时因地而变化。在第六篇和第七篇论文中,洛克对自然法在何种程度上对人有约束力作出了更详细的说明,我们将在下一节对他的这一观点进行讨论。目前为止处理的问题是认识论的问题。已经证明,理性和感觉经验一道揭示了自然法的存在,同时也揭示了自然法的命令。在洛克看来,如果设想所有人必须服从的自然法是存在的,但他们对自然法的内容却一无所知,这种设想是十分荒谬的。

3.要想理解洛克用自然法的约束力表示的是什么,最好的方法是牢记他认为存在于上帝、自然法和人性之间的关系。首先,自然法,连同上帝的启示,是上帝意志的表达。其次,上帝创造了人类并赋予他理性能力。第三,自然法与人性相伴,或换言之,上帝的意志与他的创造作为一致。因此,一方面,存在因来自至高意志的命令(洛克称之为全部义务的形式原因)而具有约束力的道德义务。另一方面,存在因来自人性(我们可以称之为义务的实质原因)而具有约束力的自然义务。虽然两种类型的义务得来的方式不同,但它们在本质上却是相同的,并且都形成自然的法则。我们先来考察道德义务。

洛克从这一假设开始:就我们必须服从另一存在而言,我们负有一种义务。一个至上者对我们享有的权力可以是双重的,我们或者出于道德的原因或者出于物理的原因而必定服从他的命令,洛克借用桑德森主教的一套棘手的术语提出了这一区分。区分在于:如果人类的存在和作为依赖于至上者的意志,那么他必定要服从这一意志的权威。这样义务的终极根据在上帝那里,在创造者对于他的创造物的自然权利。从某人通过施舍的权利而对另外一人享有的权威中同样可以得出义务,上帝削减君主的权力就是这样的例子;从契约的权利也可以得到义务。自始至终我们都在关注道德义务,而道德义务来自这样的认识:服从上帝的意志是正确的,义务因这样的认识而对良知有约束作用。如果有人忽略了他的职责,他自己的良知就会向他宣布,他应该受到惩罚。另一方面,一个人如果被强迫屈从于另一个人的意志,比如独裁者或劫匪的意志,他应该服从。在这里,强制或对惩罚的恐惧,独立地生成了一种义务:如果以人们对自己幸福的关注取代对压迫者的屈从,那么就不会有人的权利遭受侵犯,而且实际上,这也会取得良知的首肯。在这个例子中,某人凌驾于另一个人的权威是不公正的,对这种权威的服从只能出于外力的强迫。

根据洛克在第六篇论文中的叙述可以看出,他认为自然法是从上帝的意志而来的一套命令,而且自然法也因此而是公义的和具有约束力的。在关于法则的本质①的影响深远的经院哲学问题上,洛克采取的是以所谓"唯意志主义"理论为代表的唯名论立场,也就是说,他采纳了一种立法的伦理学。不过我们会发现,他的立场有所变化,而且向唯实论中的"理智主义"理论倾斜。根据"理智主义"理论,法则的基础在于正确理性的命令,在于事物的本质属性,因此独立于意志。就像我前面说过的那样,在这个问题上洛克受到卡尔佛威尔的影响,试图在两种理论中间保持平衡。两个人的观念可能都是来自格老秀斯,但来自苏亚雷斯的可能性更大,因为苏亚雷斯曾经对经院哲学在这一问题上的所有意见做过详细评论。但是,也存在着这样一种可能性:作为上帝绝对意志表达的唯意志主义的法则观念是他们两人从新教那里得来的,因为卡尔佛威尔和洛克两人都生于信仰加尔文主义的家庭。唯名论者把唯意志主义理论传给了改教主义者,并在加尔文的神学中扮演了重要的角色。

在证明完自然法因是上帝意志的宣示而对人类具有约束作用以后,洛克继续解释说,人的理性本性不但告诉他何为职责,而且同时确立了他的职责为何具有约束的原因。在第七篇论文中,洛克认为,自然法的约束与人类相始终,所有的人都应该服从自然法,因为"它牢牢

---

① 对争论的原则的介绍,参见 1938 年 O. 吉尔克(O. Gierke),《中世纪政治理论》(麦特兰译),第 172—173 页注释 256。

地地扎根于人性的土壤中"。在这里,自然法和人性被看作互相依赖的关系。据说存在于二者之间的"和谐"(convenientia)来自于这样的一个事实:人的理性本性总是相同的,理性自身"宣布"了一个固定、永恒的道德规则。现在洛克着手定义义务的基础的方法是这样的:他从人的理性本性中引出自然法,继而从上帝的智慧和遍布于宇宙的永恒的秩序得出人的理性。在最后的分析中洛克再次用上帝来解释自然法的约束力,不是在上帝想要自然法成为人类生活的规则或在上帝的意志是义务的形式原因的意义上,而是在上帝的无限智慧孕育了"事物的确定的本质特征"(这一特征历久不变并遵循明确的运行规则)以及上帝使人的职责与人的天生结构相一致的意义上来解释的。不过,看得出,这一观点的神学预设似乎不是洛克在这里的主要关注点。通过唯意志主义的法则观念,洛克表明他把上帝看作道德的终极来源。现在他试图进行的是给出一个替换的解释并找到伦理学的纯粹合理性基础。他考虑让道德规则独立于任何命令或外在原因而继续有效,不但因为人能通过自己的理性发现道德规则,还因为道德规则的起源和证明依赖于人的理性本性。道德价值不是因为别的而只是因适合人的本性而生成,洛克以此为法则提供了自然的基础,并使人类理性成为独立的义务来源。

洛克理论的这一部分来自 H. 格老秀斯的假设:即使上帝不存在,自然法也会依然有效。[①] 格老秀斯的这一观点不是用来反对伦理学中的神学假设,而是为了反对唯意志主义的法则理论;他以此来提醒人们注意,法则自身具有约束力,因为它们具有内在的必然性,可以在理性中发现。[②]

---

① 《战争法与和平法》"前言"第 11 段。

② 出现于格老秀斯和洛克论证中的这一陈述以及 convenientia(和谐)这一术语源于伽布瑞尔·瓦斯魁兹(《托马斯·阿奎那〈神学大全〉评论》卷 1,2 以及 150,第 3 章)。苏亚雷斯概括和解释了瓦斯魁兹的观点(《论立法和立法者》,1613 年,卷 2 第 5 章第 1—4 节,以及第 6 章第 75 页以及后面的内容)。格老秀斯极有可能是从苏亚雷斯这里获得这一观点和术语的。洛克的灵感应该直接来自卡尔佛威尔。后者比较详细地讨论了人性和法则之间的和谐观念以及"如果上帝不存在"的经院哲学论点,卡尔佛威尔在一定程度上接受自然义务的观念(《自然之光对话》,布朗编辑,1857 年,第 6 章第 71—77 页)。

理性主义道德义务观点的困难是显而易见的。理性或许可以宣布何种类型的行为与人的本性相符因而在某种意义上是必然的。但它没有因此明示或证明一个完成此行为的道德义务。瓦斯魁兹（Vasquez）和格老秀斯两个人都承认，如果把自然法定义为正确理性的命令，那么它只表示一件行为在道德上是否必然。而且苏亚雷斯[①]还指出，在这种意义上，自然法具有指导性的规则性质，但不是严格意义上的法则，即具有强制力的法则。在霍布斯的理论中，这一困难的解决方式是把自然法还原为"人们的保守手段"，即还原为一套"权宜"规则或和平条款，规则或条款来自理性的"建议"，[②]能"引导"[③]人们规避战争。对霍布斯来说，这些规则是合法的、不变的，因为"从来都不可能战争保全生命，而和平破坏生命"。[④] 但是它们自身却不是法则，因为"法则是根据权利加之于他人的话语"；[⑤]只有当来自上帝之口，或国家的命令时，[⑥]它们才能称得上是法则。

对洛克来说，霍布斯的法则学说和他对人性的解说是不可接受的。在第六篇论文的开头和第八篇论文通篇，他论证说，不能把自我保存或自我利益认作自然法的基础。另一方面，洛克也从未强调过格老秀斯、普芬多夫和剑桥柏拉图主义者认为社会性本能作为人类理性本性最本质的部分，是自然法的起源的观点。[⑦] 洛克没有像理查德·坎伯兰[⑧]那样，认为自然法的约束力来自人的社会性或有理性存在者的共同利益，他反复申明，人类社会依赖于政府、正义、契约的执行等等诸如此类，依赖于自然法。如果自然法没有约束力，那么人与人之

---

① 《论立法和立法者》1613 年，卷 1 第 5 章，15，第 18 页。
② 《利维坦》卷 1 第 13 章（帕森·史密斯编辑，第 98 页）。
③ 前述著作，卷 2 第 31 章（第 274 页）。
④ 前述著作，卷 1 第 15 章（第 121 页）。
⑤ 同上，（第 123 页）。
⑥ 前述著作，卷 2 第 26 章（第 205 页）。
⑦ 格老秀斯没有像普芬多夫那样认为社会本能是自然法的惟一来源。萨谬尔·拉奇尔指出（《论自然法》，1676 年，第 1 节，28），在这一点上，罗伯特·沙拉克（1660 年）未能正确解读格老秀斯。
⑧ 《论立法和立法者》，1672 年。

间将不会有伙伴关系，也不会有忠诚，所以自然法必定有约束力。洛克认为这样的论证不过是经验的论证。

那么洛克如何回答这一问题呢:人性中究竟是什么赋予了自然法以约束力? 我们将会看到,洛克用数学术语作了解答。

4. 在第七篇论文中介绍完自然法和人的理性本性之间的"和谐"观念以后,洛克接着说:"从人性中必然可以得出,如果他是一个人,他应该热爱和敬拜上帝,同时完成其他适合其本性的事务,即遵守自然法;事实上,在我看来,上述推理就像从三角形的本性中可以推出三角之和等于二直角一样确定无疑。"接着,在同一篇论文中,洛克为如何从人的本性中必然推出人的职责提出了另一个例证,从这个例证来看,他似乎认为道德真理是自明的;因为他把获得道德真理的方式比作人在阳光下如果利用眼睛必然知道日夜更替、看到不同颜色间的差异、知道直线和曲线的差异的方式。当然,此处以及在刚才引述的段落中他急于阐明的是,只要人正确运用他的精神官能,也就是说注意并思考他所感知到的东西,他就能获得确定的知识,这种知识既可以是关于数学的知识也可以是关于道德的知识。数学知识是从图形和数这样的可感知的、显而易见的事物开始推理;[1]道德知识则是从人作为理性被造物这一观念开始推理。按照洛克的看法,正如根据三角形和直角的观念可以证明三角形的三角和等于二直角,根据人的观念中可以证明他有一定的职责,即要敬上帝、守公义、尊重他人的财产、和他人共同生活,等等。因此根据自明的命题或根据定义,可以得出必然的结论,获得确定的知识。

这里,在他的早期自然法学说中,我们遇到了洛克第一个著名的观点:数学和道德是对应的,因为二者都可证明。[2] 在洛克写作论文的

---

① 参看洛克在第二篇论文末尾对一种反对意见的回应。

② 在1681年6月26日的笔记段落,以及在《人类理解论》卷4第3章第18节中,我们发现了用来论证伦理学的可证明性的同样例子(金勋爵,《生平》,第120—122页;阿隆和吉波,《洛克〈人类理解论〉的早期草稿》,第116—118页;帕斯莫教授《拉尔夫·卡德沃斯》,1951年,第92—93页)论证说,在1681年的笔记以及在他成熟时期的理性主义伦理学学说中,洛克可能受到了卡德沃斯《宇宙的真实理智体系》的影响,认为道(转下页)

时候,已经有一些同代人表达过作为证明科学的伦理学的观念,而且也很难说这一信念是不是来自格老秀斯、斯宾诺莎、卡尔佛威尔或霍布斯对他的启发。关于三角形的命题当然是个陈旧的例子;托马斯·阿奎那证明自然法的普遍有效性[83]时用到过它,笛卡儿在《第五篇沉思》中[84]谈到本体论证明时也用它来例证上帝的存在可以像数学的必然真理那样得到证明。这里没有必要重复康德对笛卡儿的证明的反驳,也没必要谈论贝克莱对洛克的可证明的伦理科学的批评。道德观念可能像数学观念一样互相联系,而道德判断可被当作演绎判断,这样就可以认为道德观念或道德判断之间的关系具有必然性。指明这一点已经足够了。否定诸如"知恩图报"这样的道德命题会像否认数学命题一样自相矛盾。但不能由此推出,道德规则被认为具有约束力的原因和几何证明具有有效性的原因属同一类型。即使伦理学中命题的真理性像在数学中那样,可通过基本公理或定义在形式上得到证明,从而使命题的反命题在证明的意义上自相矛盾,道德义务的必然性依然有别于逻辑必然性,就像逻辑必然性不同于因果必然性一样。

洛克坚持道德的必然性和数学的必然性之间的类比关系,是因为洛克想要证明,如果运用得当,关于道德义务的命题可以从人性的观念中分析地或通过演绎推理的规则推导出来。看起来洛克似乎担心,如果不能证明伦理学基于上帝的意志,或不能证明伦理学可以得到数学式的证明,自然法就只能以象征式的法律(lex indicativa)的面目而出现,不能约束人服从道德规则。但是既然洛克已经接受了唯意志主义的法则理论,并借此给出了自然法的诫命何以具有约束力的原因,那么洛克怎么可能还怀有这样的怀疑呢?事情似乎是,出于某种原因,

(接上页)德是永恒不变的。他承认,洛克的灵感来源可能是理查德·坎伯兰论自然法的著作(1672年),而不是卡德沃斯的著作,也有可能(第96页)洛克和卡德沃斯从同一来源中得出了自己的观点。由于在洛克自然法论文中已经可以看到洛克伦理理论中特有的拐弯抹角的表述特征(即柏拉图式的伦理学和立法伦理学的联合),可以说帕斯莫先生提出的问题已经找到了一个令人满意的解答。

[83] 《神学大全》卷1、卷2第94题第4篇论文。
[84] 《全集》,哈尔戴因和罗斯编辑,卷1,181。

洛克对唯意志主义理论并不完全满意:或许他认为唯意志主义学说太片面,而且伴随着意志概念,这一理论同时也在道德中引入了任意性因素。因此他形成了这样的看法——自然法除了是上帝的意志还是与理性本性相一致的一套规则,自然法之所以具有约束力不仅因为它是上帝意志的表达,而且还因为领会自然法的内容和理性本性之间的一致性和直觉重言式命题的真理或证明几何定理是一样的。在洛克看来,关于自然法和它的约束力的两种说法必定是相容的。对他来说,证实道德原则是从人性中演绎出来的并不就是否认它们是上帝的命令。①

不过,通过为自然法的约束力提供进一步的理由,洛克也削弱了他的唯意志主义的理论力量。我们现在讨论的段落中的一些短语的措辞意味深长。洛克两次提到,是"理性自身""宣布"了自然法,而且在第一篇论文中,在适度强调"至高立法者的尊严"的时候,他反对用理性的命令而不是神圣意志的法令来称呼自然法。这一反对清楚地指向格老秀斯,而在第一篇论文中定义自然法的时候,洛克紧紧追随格老秀斯的定义,②同时想要根据唯意志主义理论发展这一定义。但是即使在那里,洛克也处在格老秀斯的巨大影响之下,认为神圣意志的法令将会"显示符合和违背理性本性的是什么,并恰恰出于这一原因而发布命令或禁令"。因此来自上帝意志的命令本身是由理性本性所决定的,也就是说,是由道德上正确的东西所决定的。除此以外,洛克经常坚持的是,上帝凌驾于人类的权威不但是强大的而且也是正当的,服从于任何法则的最终基础与其说是法则制定者的意志,不如说是"对何为正当的合理把握"。从这一观点进而可以推论,正当和错误独立于上帝的意志,而说一个出于上帝的命令的行为是正当的或善的,这也不是同语反复。而且,在洛克解释他的唯意志主义理论的大部分篇幅里面,他认为如果道德规则不被认识,就不可能具有约束力,

---

① 本雅明·维奇科特被普遍认为是剑桥柏拉图学派的创始人,他的著作直到 1683 年去世之后才出版。维奇科特似乎持有类似的看法,因为他在《格言集》(第 76 条)中写道,"反对理性就是反对上帝:理性要求你做的事和上帝安排你去做的事,这是同一回事。"

② 《战争法与和平法》卷 1 第 1 章第 10 节第 1 段。

而上帝的意志以及自然法只有借助自然之光才能认识。在其他地方，尤其是在第七篇论文的行文中，他告诉我们，自然之光所认识到的是自然法和人的理性本性之间的和谐一致。从这儿似乎可以得出，对道德义务的认识关乎自然关系的体系而非关乎至高的法律制定者的意志。最后，洛克的自然法是不变的看法暗示，自然法的约束力不会侵蚀上帝的命令。在洛克眼中，自然法是事物本性中如此重要的部分，如果想要废除它，上帝不得不首先毁灭人类。

洛克学说中的这几个方面与任何唯意志主义理论的框架都很难协调。但是由于它们在论文中并不占据突出位置，而且看来似乎成功地被他学说的主体部分所同化，它们造成的困难于是变得不太容易被察觉。只有通过对照洛克之后的英国道德学家们的学说，我们才能发现，一种唯意志主义理论与洛克理论的真正冲突可以达到何种程度；实际上，如果接受这几个方面，则唯意志主义必须被放弃。存在独立于上帝意志的必然的道德真理，它们与事物的可理解的本性相一致——这是卡德沃斯"永恒不变道德"学说和萨谬尔·克拉克"永久符合"信念的基础性假设。① 这两位哲学家都是伦理理性主义和法律理智主义理论的捍卫者；而且尽管他们的观点主要针对霍布斯式的伦理自然主义，但对作为上帝意志表达的唯意志主义的法则观念同样十分适用。乔治·拉斯特（George Rust）② 以及后来的卡德沃斯③ 用一个短语总结这些人的理论："万物依其本性如其所是，与意志无涉。"在批评卡德沃斯的人中有笛卡儿，他提出的观点之一是，"因为上帝想要让三角形的三个角必然等于二直角，所以它才是真的且是必然的。"④ 卡德沃斯对此的回应是"如果所有事物的本性和实质都确实

---

① 17世纪，苏亚雷斯在和瓦斯魁兹的争论中预示了这一自然法理论的发展方向，在《论立法和立法者》（卷2第5章，2和4，第76页）一书中，苏亚雷斯有一段有趣的论述。

② 《论真理》（1682年）第18节。

③ 《论永恒不变的道德》（1731年）卷1第2章第1段第14页（塞尔柏—柏格，《英国道德学家》第813段）。同时可参看理查德·普来斯，《道德首要问题评论》，第1章第3节，第50页（拉法尔编辑，1948年）。

④ 《答复对〈沉思录〉的第六类反对意见》第6段（《全集》，哈尔戴因和罗斯编辑，卷2，248）。

依赖于本质上具有随意性的上帝的意志,那就不会有科学或证明这一类事."①在巴特勒主教那里,尽管他在《布道集》里的伦理理论依赖于与人的真实本性相一致的德性的观念,他在《类比》中的伦理学却部分地依赖于这样的论断:"在事物的本性中,存在行为正当或错误的本来标准,它独立于所有的意志,并且决定上帝的意志……".② 巴特勒把这一论断的真理性与三角和等于二直角相比较。这样,我们其实可以把洛克关于唯意志主义法则理论的第二种观点看作半成型的新学说,③这一学说在17、18世纪英国伦理著作中得到了更充分的发展。洛克写作自然法论文时,他心中想的无疑是卡尔威佛尔,因为正是后者提出了一套混有柏拉图伦理学方法的唯意志主义法则理论。如果没有卡尔威佛尔的影响,洛克在论文中可能依然坚持纯粹的唯意志主义理论,就像在早期论政府官员时一样。

本节最后,我要重述一下前面讨论中提出的要点,然后补充两点评论。我们已经说明,尽管洛克做出过一些有价值的区分,但他未能在自然法理论的四个主要方面做出区分。他先是承认人是理性的,进而认为人的理性借助感觉经验可以发现道德真理,而且如果运用得当,所有的人都可以发现同一种道德真理,即自然法。从这里出发,他进而认为,这样发现的真理就是约束全人类的神圣的命令,而神圣的命令的有效性可以得到证明,甚至可以像几何证明那样得到必然的证明。由此可见,洛克解释自然法的存在、显现、约束力以及有效性所使用的论证步骤都在同一层面上,似乎它们全部都与合理性的同一种意义相关,而事实、知识的种类、信条和逻辑真理之间没有什么差异。

论文中洛克的主要学说关乎两个问题——即,认识论问题:我们如何认识自然法;和道德问题:自然法如何以及在何种程度上具有约

① 前述著作,卷1第3章第6段第33页(塞尔柏—柏格,《英国道德学家》第827段)。
② 第11部分第3段第25节(格来德斯通版的巴特勒《全集》(1890年)卷1,368)。同时参看第1部分第6章第16节注释(卷1,151—152)。
③ 这一观点在《人类理解论》的一些段落中有所流露,尤其在这一段中更为集中,"上帝自身不能选择何者为善;全能者的自由不妨碍他被最佳选择所决定。"(卷2,第21章第50节,在第一版中这段话在第31节)

束性。首先,他关于如何认识自然法的思想可以如此加以概括:在判定经验主义和所谓的天赋知识之前,他应该先阐明,证明关于自然法的判断是要参照经验事实,还是自明的真理,或者演绎的方法。洛克回避了这一问题。他让自然法是否是知识的合适对象的问题依赖于对人的自然能力的正确运用,即依赖于人是否能运用感觉材料进行正确的推理;但是人的感觉和理性不管如何有效,都无法充当判定何物可以认知的标准。这种判定应该来自理性的论证,而不是来自人被赋予感官和思考能力这一事实。比起为自然法概念提供逻辑分析来,他更急于证明新的经验哲学,[①]这可能就是洛克采取这种态度的原因。

其次,关于洛克对自然法如何以及在何种程度上具有约束性的考察,可以这样概括:即使存在可作为知识的适当对象并可被证明的道德原则,它也绝不会像洛克所想象的那样显而易见。洛克认为道德原则是公理性的,可以为全部道德责任提供普遍的标准,而且,道德原则的公理性和数学的公理性意义是一样的。在这里,洛克的首要目的与其说是研究自然法观念本身的价值,不如说是为了证明当时流行的几何方法的普遍适用性,或换言之,是为了确定道德义务和政治服从的绝对基础。实际上,他研究自然法的目的是为了奠定道德哲学的基础。正因如此,他为英国伦理学传统作了有价值的贡献,他的工作不同于17、18 世纪欧陆作家对自然法的法学角度的、更具批判性的解释。有趣的是,在他伦理学理论的进一步发展过程中,保留了仅以前提形式出现的自然法观念,把它当作一种存而不论的信念。他的这一理论与他更成熟的某些学说难以协调。不过这些我们将在下一节中来讨论。

---

① 福克斯·波恩说过(前述著作卷 2,89 以及后面的内容),不应低估"经验哲学的第一位英国教师"霍布斯对洛克的影响。洛克的友人波义耳在经验主义的方向上也启发了洛克。此外,在众多有经验主义倾向的教士中,约翰·皮尔森(参看《法令阐释》,1659 年,第 32 页)对洛克也有影响。1660 年 10 月 23 日陶尔森致洛克的来信附言上提到洛克激赏皮尔森的著作。阿隆教授(《约翰·洛克》第 33 页以及后面的部分)正确地强调指出,伽桑迪对洛克的影响是否可追溯至 60 年代早期是可疑的。洛克在 1664—1666 年的笔记中(洛克手稿 f. 27)摘引了伽桑迪《佩ұ 斯克生平》中的句子,但是 1667 年的笔记中才第一次出现从伽桑迪的《物理学》中摘引的句子(洛克手稿 f. 14),这时已经是自然法论文完成以后的事了。

7　自然法论文与后来著作的关系

这一节里我们要把洛克的这些论文和 1690 年的《人类理解论》做一番比较,尤其是要和 1671 年完成的《人类理解论》的两篇草稿进行比较。[①] 这一年里,洛克的五六位朋友经常来到他的住处聚谈。洛克当时住在安东尼·阿什利·库柏在伦敦的寓所中的一个房间,库柏于 1672 年被授予第一世沙夫茨伯利伯爵之位。阿什利爵士本人可能也是聚谈的成员之一,另外的人中可能有托马斯·佛闵(Thomas Firmin)和阿什利爵士的牧师纳森尼尔·哈吉斯(Nathaniel Hodges),从报告中[②]我们知道,大卫·托马斯和詹姆斯·泰瑞尔也参加聚谈。泰瑞尔在他自己收藏的《人类理解论》边页记录了自己出席的情况。这本书现在保存于大英博物馆。洛克告诉我们,[③]开始的时候这些人讨论的话题是与知性研究"很不搭界的问题",知性研究来自更大范围的讨论,1690 年的《人类理解论》就是这些讨论的结果。对此,泰瑞尔的说法更具体,"对话是从道德的原则和启示的宗教开始的"。既然现在我们对 1671 年以前洛克的学术活动了解得更多,泰瑞尔的暗示因此显得比较清楚。我设想,开始的时候洛克和朋友们之间的讨论是关于作为道德基础的自然法,以及它与自然宗教和启示宗教的关系。洛克在这一问题上的初步想法可以充作方便的起点;参加聚谈的其他成员,可能是阿什利爵士本人提交一篇短论文,[④]开头写的是:"自然之光

---

① 这两篇初稿中较早的一篇是 1936 年由阿隆和吉波两人编辑的,一般称之为草稿 A。较晚的一篇是 1931 年由 B.兰德出版的,一般称之为草稿 B。洛克在《人类理解论》中的想法的更早一些的版本是公共记录处中收藏的沙夫茨伯利文件中的资料。P.拉斯来特已经开始关注这部分资料(《心灵》,1952 年 1 月号,第 89—92 页)。

② 参看福克斯·波恩,《约翰·洛克的一生》卷 1,248 注释 2。

③ 《人类理解论》,"致读者"(福斯特编辑,卷 1,9)。

④ 参看 P.拉斯来特,"洛克和沙夫茨伯利伯爵一世",《心灵》,1952 年 1 月号第 91—92 页。

是创造人时在灵魂中设立的理性,最初是由上帝后来是由基督设立的。"但是这时,就像洛克告诉我们的那样,在讨论如何认识自然法的过程中出现了困难。这一问题在洛克的论文中起着非常重要的作用,但是洛克对这一问题的解答引发怀疑和迷惑。于是他决定重新开始,并在严格的认识论基础上讨论如何解决这一问题,即探讨人类知识的起源和范围。洛克本人承担了这一新的工作,在接下来的聚会上洛克宣读了"一些草率、粗略的想法",之后在 1671 年的夏天和秋天,洛克继续他对这一问题的探究,并写出我们现在见到的《人类理解论》的这两份草稿。

由于有关道德原则和启示宗教的最初问题被暂时搁置,我们不能指望在两篇草稿中找到很多相关讨论。不过,两篇论文中都提到过这一问题,这让我们颇感兴趣,因为这表明洛克依然记着他开始时的主要观念。谈到不由我们创造的道德观念或行为的规则时,他的话是这样的:[①]"如果不是首先被告知存在一个拥有奖惩的权力和意志的法则制定者,接着被告知法则制定者如何宣布其意志和法则,那么我们就无从获得关于我们行为的这些规则的确定知识。因为我们不具有这些确定的知识,所以等我们在适当的地方谈论上帝、自然法和启示之前,现在我只能猜想这些规则。"现在我们知道,写下这些句子时,洛克不是因为没有什么明确的想法而拖延考虑他提到的这些问题。相反,与当时可能放在书桌抽屉里的自然法论文相比,他在这一问题上的想法太过详细,无法插在关于纯粹认识论问题的小指南性作品中。显然,他的意图是在更大规模上继续他的考察,以便引进自然法论文中的相关材料。这些想法能插入的"适当的地方"只能是讨论道德观念的地方。事实上,似乎是他从前赋予自然法学说的重要性激励他在草稿中讨论道德问题。道德关系对他来说是"最需要考虑的问题",而且在把道德关系确定为人的行为和某些规则之间的一致或不一致时,他心里想到的可能是在自然法论文中他用以描述自然法和人性之间关

---

① 草稿 A 第 26 段第 39 页和草稿 B 第 160 段第 303 页几乎完全相同。引文中我把洛克的拼写和标点都按现代习惯做了修改。

系的"权宜"(convenientia)观念。

　　这些就是我们试图首先确立的要点——即(a)洛克早期的自然法学说是后来催生了《人类理解论》1671 年草稿的那些讨论的起点,(b)他的自然法学说在草稿本身的一个段落中有所反映,以及(c)他打算在以后讨论道德观念的性质时用到自然法学说。

　　当然,洛克的自然法论文和《人类理解论》草稿之间存在更紧密的关系,而且在某种意义上我们似乎有理由把前者看作《人类理解论》的最早的草稿。我们先来看草稿 A。草稿 A 开篇是对感觉的细致分析。感觉是洛克在自然法论文中区分出来的三种认识方式之一,并且是获得自然法知识的惟一充分的方式。在自然法论文中已经证明天赋观念论是错误的,在草稿 A 中就没有详细讨论。在自然法论文中已被证明为错误的第三种认识方式"传统",在草稿 A 中被排除在外;不过它曾在诸如"他人的报告"、"历史学家的术语"等一些短语中偶尔出现过,特别是讨论概率和信仰的时候,[①]在此处和自然法论文中论传统一节中都提到了相信恺撒存在的理由。[②] 在这里洛克同时还简短提到了人类普遍同意的问题,[③]而在自然法论文中他曾对此长篇大论;在草稿 A 中,洛克从严格的认识论观点看问题,因此像对待传统问题一样,洛克对普遍同意问题也不再感兴趣。不过,在解释偏见产生的原因时,[④]洛克从自然法论文中[⑤]几乎原封不动地移植了一段长篇论述,说的是通过教育灌输给儿童的原则的威力——这段论述在最初的文本中是用来解释人们为什么会相信他们喜欢的观念是天赋的观念、是自然法。草稿中洛克区分出来的人们借以获得善恶观念的一个规则,[⑥]同

---

① 第 33 段和第 42 段。在《人类理解论》(卷 4;卷 15,4—6;卷 16,7—8、10—11;卷 18,3—4、15—17)中对全部题目重新进行了充分讨论。

② 自然法论文第二篇,f.26 页。

③ 第 34 段;以及第 25 段。

④ 草稿 A 第 42 段,第 63—64 页。

⑤ 论文第三篇,对开本第 42—45 页。

⑥ 草稿 A 第 25 段;草稿 B 第 157 段;在《人类理解论》中,这变成了名气或流行的法则,卷 2;卷 28,10—12。

样最早出现于自然法论文中。① 而且,洛克广为人知的学说——我们的知识不会超出心灵通过对简单观念进行比较、联结、放大和提纯而确立的认识,在自然法论文中已经提出来了。② 这一学说适用于他的如下观念:准则、同一命题、道德观念以及关于上帝、精神等类似事物的推理最终都是来自感觉经验。在草稿 A③ 中洛克对纯粹感觉主义学说采取的慎重态度,与自然法论文第二篇和第四篇④中对理性的演绎力量的强调相对应,这是两部著作中特别令人感兴趣的地方。

现在来看草稿 B。就草稿 A 所说的大部分内容同样可用于草稿 B,但是另外有一些让人特别感兴趣的地方。在草稿 A 中,从自然法论文中移植过来的论点零零散散地分布在整篇论文中,而在草稿 B 中则主要集中在第一部分(第 1—16 段)。洛克用这些论点来对付天赋知识。草稿 B 中的这一部分后来被用作《人类理解论》卷 1 的部分。不过,草稿 B 中的第一部分与《人类理解论》卷 1 的不同之处恰恰在于它与自然法论文不一致的那些方面:它在讨论思辨原则以前先讨论了实践原则,而对思辨原则的讨论比在《人类理解论》中的讨论要简短得多,但也不像早期论文中那么简短。

这里有草稿 B 和自然法论文相像的一些细节。草稿 B 一开头就强调了人类知性的重要性,并将知性与眼睛做了一个对比;⑤可以认为这相应于自然法论文中洛克对自然之光的强调以及在自然之光和射入眼睛的日光之间的类比。⑥ 在另外一段,⑦洛克用被感觉的窗户所点亮的黑屋子的直喻来例证知性的性质;这个直喻在自然法论文中同

---

① 论文第二篇,f.35。
② 论文第二篇,f.24;论文第四篇,对开本第 48—52 页。
③ 第 43 段。
④ 在自然法论文和草稿 A 之间有更多对应之处。比如,关于无知的原因,草稿 A 第 39 段与第二篇论文的对开本第 33—35 页对应;关于聪明和愚笨的差异可能来自身体的缺陷,草稿 A 第 41 段与第三篇论文,f.45 对应;关于我们睁开眼睛以后认识的确定性,草稿 A 第 31 段,第 54 页与第 7 篇论文,f.101 页末尾相对应。
⑤ 知性和眼睛之间的对比是洛克爱用的一个比较,在《人类理解论》的"致读者"(弗雷泽编辑,卷 1,8)、"导言"(第 1 段)和卷 4 第 13 章第 1 段中都曾使用过。
⑥ 论文第二篇,f.37;论文第四篇,f.47。
⑦ 草稿 B 第 31 段,第 84 页。

样也有对应部分。① 洛克在两部著作中都提到了感觉为所有由理智建立起来并被拔高到云端的崇高的思想提供了基础。② 由于人们之间见解的诸种差异而怀疑是否存在真理或真理的知识，③这种怀疑同样也曾出现在自然法论文中，④在那里洛克对是否存在自然法或自然法能否被认识表示怀疑。草稿 B 开头第 4 段中对天赋观念的批判，让熟悉自然法论文的读者感到似曾相识。洛克的观点是(1)天赋观念学说仅仅是一个到现在仍未得到证实的断言，(2)不能用人们的普遍同意来证明天赋观念论，同样也不能用人们对于他们认为自明的原则的往往意见一致这一事实来证明天赋观念论，(3)实际上根本就不存在所谓的普遍同意，(4)真实的观念只能通过小心运用人的官能而获得，(5)思辨的原则因乍一听到就立刻赞同而被普遍认为是天赋的，但思辨原则不是自明的，(6)所谓天赋原则极少出现于儿童、白痴、野蛮人和文盲那里，而按照天赋观念的理论，本来在这些人的心灵中最容易发现它们。草稿 B 中所有这些学说的实质性内容都取自自然法论文中的第二、第三和第五篇。

草稿 B 不同于自然法论文的地方在于里面有更多的论证，并且以一种全新的次序安排它们，论证涉及的领域也更广阔。因为尽管在自然法论文中洛克仅限于论证自然法确实存在，但它们不是天赋的，不能从人们的普遍同意中得出，但在草稿 B 中他则致力于全面批评天赋的知识。至于洛克在两部著作中的例证，应该说在自然法论文中更为丰富，也更加清晰，比如在谈到印度人不看重自我保存的地方。⑤ 另一方面，自然法第五篇论文中⑥简单提到的萨尔达纳湾住民和巴西民族的信念，不止一次地出现在草稿 B 和《人类理解论》中。更具重要价值的是洛克在自然法论文中和在草稿 B 中讨论上帝存在的两处论述之

---

① 论文第四篇，f.49。
② 草稿 B 第 21 段，第 69 页；比较论文第四篇论文，f.50。
③ 草稿 B 第 2 段，第 17—18 页。
④ 例如，在第二篇，对开本第 29—30 页。
⑤ 论文第五篇，对开本第 74—76 页；与草稿 B 第 6 段对比。
⑥ f.76。

间的关系。第四篇论文中,他运用了上帝存在的人类学证明和设计者证明,他认为这两个证明都是以感觉为基础的;他同样也提到了良知证明和笛卡儿的上帝观念证明,他对这两种证明都不满意。在草稿 B 中,不怎么具有哲学意味的证明,即设计者证明和良知证明,根本提都没提。不过人类学证明被再次借用,而且对其进行了扩展,以把宇宙论证明包括进去;对笛卡儿从上帝观念证明上帝存在进行了充分讨论,但洛克明确拒绝了这一证明。①

现在我们可以得出结论。在一定程度上,洛克 1671 年《人类理解论》的雏形草稿都来自他早年的自然法论文。的确,在两篇草稿中,洛克想对知识的范围和限度进行一番认识论探讨,草稿中有大量全新的讨论,涵盖了从经验主义的原则到观念的性质和起源,再到关于原因和结果、实体、空间、时间、数、无限性等词语的意义的广阔领域。虽然在草稿中洛克与他过去对于道德和宗教的原则的兴趣分道扬镳,但他在思考自然法时的一些灵感和材料可以十分便利地装在新的框架里。自然法论文的第二篇和第五篇处理的正是认识论问题;这时他对那几篇处理道德和神学问题的论文失去了兴趣。他从自然法论文中移植到草稿中的主题分别是经验主义的原则,驳斥天赋观念论的论证,关于普遍同意、定义、道德关系以及上帝存在的看法。虽然草稿中用到的例证常常与自然法论文中的例证相同,但它们用来证明的观念却往往不同,因此在出现的次序和强调的重点上就存在着差异。因此,我认为,就他后期的著作来说,洛克自然法论文的重要性恰好在于这一事实:1671 年《人类理解论》两篇草稿复制了自然法论文中的认识论学说,而这两篇草稿是他关于人类知性的成熟学说的胚芽。至于洛克论自然法的早期学说,我们发现,只有涉及行为和规则之间关系的那些方面被用在了草稿中,而其中大部分有关形而上学和神学的论述没有再进入他的视野。1672 年随着理查德·坎伯兰论自然法著作的出版,洛克可能从此真的放弃了出版他自己这一方面著作的想法。

---

① 第 94 段,第 203—208 页;第 140 段,第 281—283 页。草稿 A 中也有相应的段落(第 2 段,第 9—10 页;第 16 段,第 30—31 页),但未充分展开。

现在我们继续考察洛克理论的发展历程。1671年以后,洛克的主要兴趣是更详细地解释他对知性的看法。从已经出版的他旅法期间(1675—1679年)的笔记可以看到他是如何通过研究笛卡儿[①]和罗耶学派(Port-Royal)思想家们的学说,[②]来锲而不舍地进行这项研究的。他的笔记显示,某些时候,他重新转向了对上帝存在和自然法的思考,同时他也把考察人们关于上帝、创造、启示、责任的"意见或传统"作为自己研究工作的一部分。[③] 1681年和1682年的笔记中也有一些段落谈到通过自然理性获得关于上帝的知识,并且多次提到卡德沃斯在《宇宙的真实理智体系》(1678年)中提出的上帝存在的证明。[④] 大约正是在这段时期,洛克继续推进《人类理解论》的准备工作。我们现在在该书第4卷第10章中看到的关于上帝存在的观点的实质性内容这时已基本完成,因为1683年1月,身在荷兰的沙夫茨伯利伯爵在临终之前谈到了这一章。[⑤]

根据1681年未出版的洛克笔记,[⑥]这一年6月,他的注意力重新转向自然法观念。他购买了普芬多夫的著作和胡克1666年版的《教会政治的法律》;[⑦]他对1676年版胡克《全集·教会政治的法律·卷1》的开头部分做了许多摘抄。[⑧] 最长最有趣的摘抄来自第3段[⑨],胡克在这里显出对立法的伦理学和"扩展规则意义"的偏好,他采取了托马斯主义的定义,认为法则是"规范行为的任何种类的规则或规定"。

---

① 细节参见查洛特·怀俄(Charlotte S. Ware),《笛卡儿对约翰·洛克的影响》,《国际哲学汇编》,1950年4月号。

② 参看1676年7月29日的笔记(阿隆编辑,第81—82页),在那里洛克讨论了皮埃尔·尼科尔的《道德的本质》,此处同样可以看到帕斯卡在无神论方面对洛克的影响。

③ 请分别参看1676年7月29日笔记(阿隆编辑,第81—81页),以及1677年9月4日笔记(第92—93页)。

④ 分别参看1681年4月3日笔记(第114—116页),以及1681年2月18日笔记(第118页)。

⑤ 1706年7月25日托马斯·柴瑞(Thomas Cherry)致托马斯·赫恩(T. Hearne)的信,欧乌瑞(Ouvry)编辑,转引自福克斯·波恩,前述著作卷1,469。

⑥ 洛克手稿,f.5。

⑦ 第62、66、67页。

⑧ 第69、73—86页。

⑨ 第74—75页。

看得出,那一阶段对胡克观点的思考进一步弱化了洛克的唯意志主义法则理论。它还帮助洛克建立起这样一种观点:虽然人们通过把自己的行为和规则相对照而获得其道德观念,但这一规则可以是三重的,即神法(自然法是神圣法则的一个分支)、民法、舆论法(the law of reputation or fashion)。① 这里令人倍感兴趣的是,在引述完《教会政治的法律》卷 1 第 9 段之后(这段说的是人对自己本性法则的遵从就是公义,违反就是罪恶),洛克在笔记上写下了自己的评论:②遵守一国的法律称为"公民职责"(officium civile),触犯刑法称为"犯罪"(crimen)或"作奸犯科"(delictum);遵守在每一国家都被认为是自然法所要求的规则称为"德行"(virtus),其反面是"罪恶"(vitium);遵守或忽视无论什么地方都相信并颂扬的法则称为"光荣"(laus)或"耻辱"(vituperium);一个社会的法律既不禁止也不命令的称为"许可"(licitum);所有其他法律既不禁止也不命令的称为"中立"(indifferent)。③这些评论加上从胡克处引述的句子一起构成了洛克在《人类理解论》中区分三种规则或法则的基础。正是通过这三种规则,人们可以比照自己的行为,判断他们的行为是否属于罪恶(sins)、罪行(crimes)或邪恶(vices)。我们一定要记住,在 1671 年《人类理解论》两篇草稿中,洛克只区分了两种规则,也就是神圣的法则和一个国家里流行的法则。1681 年 6 月 26 日,研读胡克的时候,洛克在笔记中同样记下了对伦理学可证明性的信念,④这与他在自然法第七篇论文中的阐述和在《人类理解论》中的重述都很相似。⑤ 1681 年,洛克重新燃起对自然法和道德原则的兴趣的一个原因可能是那一年萨谬尔·帕克论自然法著作

---

① 《人类理解论》卷 2;第 28 章,7。

② 1681 年笔记第 86 页条目。高夫先生(《约翰·洛克的政治哲学》,1950 年,第 22 页注释2)以为这是洛克的自然法观点,但实际上这是洛克从胡克著作中(《全集》,1676 年,第82—83 页)摘抄下来的。

③ 1681 年 6 月 28 日笔记,第 86—87 页(拼写和标点为英译者所加);参看 1677 年 9 月 4 日洛克笔记中类似的评论(阿隆编辑,第 93 页)。

④ 阿隆出版,第 116 页。在 1671 年草稿中没有任何与此对应的阐述。

⑤ 卷 4,第 3 章,18。

的出版。[①] 帕克在著作中沿着坎伯兰在 1672 年著作中的思路提出了可证明的伦理学科学的观念。洛克对帕克和自己著作中的相似之处自然感到十分惊讶,[②]而两部著作之间的不同之处肯定激起了他的兴趣。1681 年自然法吸引洛克注意的另一个可能原因是:这一年的大部分时间洛克住在友人泰瑞尔在牛津的居所,泰瑞尔那时出版了一部反驳菲尔默(Filmer)神圣权利论的著作《论家长不是君主》。泰瑞尔的整部著作基于自然法理论,并提到格老秀斯、塞尔顿和普芬多夫。我们知道,1681—1683 年间,洛克和泰瑞尔一起完成了一篇捍卫不服从理论的长文,[③]我们推断,通过泰瑞尔的著作以及两个朋友之间的讨论,1681 年洛克对自然法的兴趣由此被激发了起来。

1683 年 9 月至 1689 年 2 月间,洛克在流亡荷兰期间,似乎没有继续推进自然法研究,他只在一本备忘录[④]中写下了阅读普芬多夫和他一些友人共同完成的一部著作的评论摘引。不过,在荷兰的岁月是《人类理解论》思想形成的最重要时期。从一项证据可以看出那些年的思想方向以何种特有的决定性的方式影响了他关于自然法的早期理论。我们现在就来看看这一材料。

拉夫雷斯收藏中有一篇论文题目是"论伦理原则"(*Of Ethick in General*),[⑤]附在另一篇论把科学分为物理学、伦理学和逻辑学的文章[⑥]后面。洛克在后一篇论文上注明,他想把此篇论文用作《人类理解

---

① 《自然法和基督宗教神圣权威的证明》。

② 帕克反对 *inscriptio* 或天赋观念论,认为自然法的知识来自理性和感觉经验(第 1 章,第 2 段,第 6—7 页);他相信"制定一部法律或确立一种义务所必须的全部要素是(1)法则制定者向他所有有服从能力的臣民宣布其意志,(2)通过奖惩使臣民服从这一规则。"("前言",19—20,第 1 部分,第 1 段,第 4 页;以及第 4 段,第 23—24 页)

③ 洛克手稿 c.34;金勋爵的《生平》(1858 年)收录了摘引,第 346—358 页。

④ 洛克手稿 c.33,对开本第 29—30 页;洛克笔记条目的日期是 1686/1687 年 1 月 22 日。评论收入 1686 年 9 月的《通用及历史索引》(*Bibliotheque universelle et historique*),卷 3,第 485—497 页。

⑤ 洛克手稿 c.28,对开本第 146—152 页;收入金勋爵《生平》第 308—313 页。高夫先生(《约翰·洛克的政治哲学》,1950 年,第 7 页,注释 2)在评论本篇论文时,将其与洛克 1661 年笔记中的另一篇论文相混淆。这篇论文收入金勋爵《生平》第 292—293 页,福克斯·波恩也将其收入自己的著作中(前述著作,卷 1 第 162—164 页)。

⑥ 洛克手稿 c.28,对开本第 155—156 页。

论》卷 4 第 20 章;而 1690 年版的《人类理解论》卷 4 第 20 章,也就是本卷的最后一章处理的的确是"论科学的分类",其处理方式也是此前论文中计划使用的方式。① 从洛克在"论伦理原则"上注有的记号来看,他打算把这篇论文放在论科学分类的论文之后,充当《人类理解论》卷 4 的第 21 章。从洛克标注两篇论文的方式来看,②显然它们是洛克在荷兰的最后一年写成的,这一阶段他为了最后排定第一版《人类理解论》的章节次序而不断对完成的章节进行重新归类。既已确定了伦理论文的写作目的、背景和时间,现在我们可以来看令我们感兴趣的到底是什么。

这篇论文对洛克的道德思想进行了充分的论述。实际上,《人类理解论》结尾处正应该有这样的论述,因为洛克关于伦理的阐述散见于通篇著作中,其中大部分不相一致。而且,第 20 章中勾划的科学三分法只有其中的两项即自然哲学(natural philosophy)和符号学(doctrine of signs)在洛克著作中得到了充分论述,而第三项即伦理学只轻轻带过。在论文的第三部分,洛克认为,道德作为"人类的大事和重要关注,值得我们最认真的研究",而且道德是"哲学家而非教士和律师的专属领地;是对仍研究自然法的人们的发现的平实的论证"。在第 10 节中洛克继续谈到善恶规则的适当的、真正的基础。第 11 节和第 12 节在谈到法则制定者的意志和自然法作为认识这些道德规则的前提时,他再次重述了刚才我们在谈到 1671 年两篇草稿中引述的话,③并再次表示要在"合适的章节"讨论这些问题。虽然在草稿中再没有讨论过这些问题,但在伦理学论文的第 12 节却提到:"因此,为把道德建立在适当的基础上,我们必须首先证明一种法则,而法则总是设定一个法则制定者:一个具有发布命令的权威和权利的制定者,一

---

① 自 1700 年《人类理解论》第 4 版以后,书中插入了"论热情"一章(卷 4,19。中译本译为"狂热"。——中译者注),这样一来,卷 4 就变成了 21 章,而论科学分类的章节就成了第 21 章。

② 最初计划把论科学分类的章节用作第 23 章,论伦理学的章节用作第 24 章,后来计划把前一篇用作第 21 章,再后来又用作第 20 章;后面一篇的次序也顺次发生相应的变化,即 21 章、22 章和 21 章。

③ 第 62 页,上端。草稿 A,第 26 段,第 39 页;草稿 B 第 160 段,第 303 页。

个有赏罚的权柄的制定者。"这一统治者自然是上帝,而"上帝的存在已经得到了证明"(即在《人类理解论》卷 4 第 5 章),洛克接着说,"下一步要证明的是,存在某些规则或命令,它们是上帝的意志,所有的人都要使他们的行为服从这些规则,而且这一意志必须为所有的人所知晓。"最后一句话激发起了读者继续阅读的期望,但论文却在这里戛然而止。看来情况是这样的,直到《人类理解论》第一版出版以前不久,洛克的计划是在这篇伦理学论文中对自然法论文中的主题进行比较细致地讨论,而且可能还想把自然法论文中的部分内容汇入《人类理解论》的最后章节。现在我们面对的问题是,为什么洛克没有继续这篇伦理学论文,而且未将其收入《人类理解论》,使得《人类理解论》最后只能以科学分类的章节匆匆结尾。

伦理学论文本身可以为这个问题提供一种答案,在处理其他可能答案以前,我们先来看这个答案。

论文第 7 节和第 8 节里面有以快乐主义术语表述的几种道德定义。按照洛克的观点,道德的善恶因与人的意志发生关系的对象中所具有的产生快乐或痛苦的趋向而得名。[1] 洛克学说中这一快乐主义因素没有出现在 1671 年两篇草稿中。快乐主义因素可能是他旅法期间与伽桑迪主义者通信的结果,它们首次出现于 1676 年笔记的速写条目中,[2] 后来成了《人类理解论》中论快乐和痛苦的章节。[3] 在接受快乐主义理论以前,洛克认为道德善因"行为的正当而得名,而行为的正当是人的行为符合某些规则。"[4] 在成为快乐主义者以后,他尝试把道德善恶想象为因遵守或破坏上帝制定的法律而得到的报偿或惩罚,即快乐或痛苦,以此协调快乐主义和他早期的学说。[5] 实际上,随着洛克

---

① 第 8 节。阿隆教授(《约翰·洛克》,1937 年,第 261 页)似乎认为,洛克这里提到的是上帝的意志("与上帝的意志发生关系的对象中所具有的产生快乐或痛苦的趋向"),但不可能是洛克的原意,因为通观第 7、第 8 节,洛克所谓"一个聪明自由的行为者"指的是人,而不是上帝。

② 在本书中,这些条目首次出版。

③ 卷 2,20。

④ 草稿 A,第 4 段,第 11 页。

⑤ 《伦理学原则》,第 8—9 节;《人类理解论》卷 2,第 28 章第 5 节。

快乐主义理论的发展，他越来越强调作为上帝意志的命令的赏罚。在论自然法论文中他记下了但没有强调上帝的法则和人的服从之间的关联。① 在自然法论文中他的观点是，神圣的法则给良知设立了一项义务，"因此人不是因惧怕惩罚而是因对何为正确的理性把握而负有义务"。② 另一方面，对普芬多夫、坎伯兰和帕克来说，与遵守或忽视道德律令相联的神的赏罚是道德的有效性的必要条件。或许洛克正是在他们的影响下才从早期的自然法立场转向了快乐主义理论。

当然，洛克伦理思想中的两条小线索不那么容易调和起来。相信终极的道德原则或自然法是一种学说，而坚持"作为相对的术语，善和恶并不指向事物本性中的任何东西，而只指示着它在产生快乐或痛苦的倾向中与其对立面的关系"③则是另一种学说。这两种学说即使不是完成不相容的，也势必在持有它们的人的心灵中造成摇摆和模糊。从第8节中的一段④可以看出，两种学说可以导致公开的冲突。在这一段中，洛克表达了对快乐主义的同情，但后来删去了这一段落，显然是因为这时他想在论文的结尾处讨论自然法。这一段中最初的和最主要的部分是这样的：

> 一个人当他自己需要钱的时候，为什么还要归还别人的钱？当一个人需要配偶的时候为什么他要远离邻人的妻室？或许是因为一种行为选择中含有道德正直和善，而其对立面中含有道德堕落或病态。当我们思考道德正直的时候，发现它不过是对上帝的自然法的服从。如果没有真正的快乐紧随道德正直的行为之后而来，或道德正直的行为没有避免更大的痛苦，则所谓道德正直就没有任何意义，而道德善也没有指导我们行为的理由。

---

① 自然法论文第五篇，f. 76；第六篇，f. 85。
② 自然法论文第六篇，对开本第85—86页。
③ 《伦理学原则》，第7节。
④ 这一段出现在第8节第2和第3个句子中间（第311页），紧接在"没有给他带来痛苦"之后。金勋爵没有出版这一段落。

我认为,这一段充分暴露了洛克的快乐主义理论和他所信仰的绝对的道德原则体系之间的内在困难。[①] 由于他想在理论中两者都要,于是他一方面在善的性质理论中避免强的快乐主义论调,另一方面在处理自然法和"道德的适当基础"时表现得有所保留。因此在伦理学论文中像在《人类理解论》中一样,他几乎没有讨论自然法学说。此外,《人类理解论》出版三年以后,当他不再受自然法学说的干扰的时候,洛克在一本备忘录上[②]写下了自己这时的想法。这一想法与伦理学论文并无不同,由于此前没有出版过,我通篇引述如下:

> 道德正直观念的混乱和赋予它道德善之名,使人在意志及意志的决定问题上无所适从。[③] 一个人从行为中获得的或期望从中获得的快乐本身就是能够推动意志的善。但是行为的道德正直仅仅就其自身考虑既不是善或恶,也不足以推动意志,而如果它们作为快乐或痛苦则或者与行为相伴,或者是行为的后果,这一点从上帝以奖赏和惩罚对应作为意志恰当动机的道德正直和道德堕落可以得到清楚地证明。而如果道德正直自身就是善的而道德堕落自身就是恶的,那么上帝这样的作为就是不必要的了。J. L.[④]

随着快乐主义逐渐成为他伦理学说中的明确成分,洛克早期的自然法思想和道德义务学说,特别是他在自然法第八篇论文中采取的反对功利主义的方针,很难在成熟时期的著作中继续下去。我们已经知道,1687年至1692年间,詹姆斯·泰瑞尔一再催促洛克出版他的论文集,但洛克却没有回应。

当然,还有其他一些原因,使洛克很难提起对自然法的兴趣。这

---

① 《人类理解论》中对这一困难的妥协性解决,参见论"能力"一章(卷2,第21章第68—72节)。
② 洛克手稿 c.28,对开本第114页,日期为1693年。
③ 在前面引述的草稿A的第4段第11页中,洛克自己也犯了这样的错误。
④ 在同一部手稿中,洛克在"Ethics"条目下写下了类似的想法,见对开本第113页。

些原因就在《人类理解论》自身的方案中,现在我们来考察这些原因。

我们从卷 3 开始谈起。洛克在卷 3 讨论了词语的性质。除掉开头的句子以外,①《人类理解论》中这一部分看不出任何自然法论文中的观念的痕迹,但是毫无疑问,在洛克长篇大论地讨论道德的时候,他在卷 3 中提出的问题不断困扰着他。在本卷的最后三章,洛克讨论了词语的"不完善"和"滥用",并提出补救的方法,他强调了界定词语特别是道德领域的词语的确切意义的必要性。② 他宣称,"在解释法则时,不管是神的法则还是人的法则,都没有目的";③因此,"在讨论宗教、法则和道德时,……存在极大的困难。"④

洛克考察的结果是双重的。a. 由于语言的不完善,在《圣经》中记载的上帝的意志是可疑的和不确定的,人们必须依赖理性之光和自然宗教的命令,因为从中可以直接、准确地得出他们所需要的关于上帝的一切知识。⑤ 他们关注的是"如实地认识事物,做他们应该做的事,而不是把生命浪费在谈论这些事情上。"⑥因此,虽然一方面"知识的源泉,即事物自身"从不会被败坏,不管怎样错误地运用语言。⑦ 但是知识自身和对事物的研究却永远为语言的困难所环绕,不能获得真正的进展。这样,洛克讨论的结论似乎是,他和别人不应该费尽心机论证自然法和道德的问题,因为"如果作为知识工具的语言的不完善得到更多关注,那么一大批吵吵嚷嚷的争论将会自行平息"。⑧

b. 同时,洛克认为,世界上的大部分争论都不过是语词的争论,

---

① 对比自然法第四篇论文中论述语言作为社会的纽带的段落,f. 61。

② 这里洛克的讨论的主要目的是强调道德思辨中固有的语言的困难。从他经常使用短语"尤其是在道德事物上"可以看出他的这一目的。除了 A. 皮才尔(A. Petzall)在《约翰·洛克〈人类理解论〉中的伦理学和认识论》提及过以外,这一点似乎从未被人注意到。

③ 卷 3,第 9 章第 9 节(弗雷泽编辑,卷 2,109)。

④ 卷 3,第 9 章第 22 节(弗雷泽编辑,卷 2,120);同时参看卷 3,第 10 章,第 12—13 节(弗雷泽编辑,卷 2,109)。

⑤ 卷 3,第 9 章第 23 节(弗雷泽编辑,卷 2,120—121)。

⑥ 卷 3,第 10 章第 13 节(弗雷泽编辑,卷 2,131);同时参看洛克的《人类理解论》"导言",第 5—7 段。

⑦ 卷 3,第 11 章第 5 节(弗雷泽编辑,卷 2,149)。

⑧ 卷 3,第 9 章第 21 节(弗雷泽编辑,卷 2,119—120)。

如果其中的术语得到澄清,这些争论就会停止;①而且,根据洛克,由于有充分的理由相信,道德语词可以得到明确界定,他"大胆地设想道德可以证明,就像数学一样。"②这里我们没必要再次讨论洛克伦理理论中他所偏爱的这一题目。当他在《人类理解论》中处理道德基础问题的时候,他学说中的这一部分没有获得任何推进——我们只要记住这一点就足够了。洛克在涉及两种伦理思想时表现出来的沉默显示,对他来说,两种思想是相互依存的。在卷 4 中,二者的关系是这样的:由于语言的不完善,所以必须遵守自然法;道德的可证明的确定性是纠正滥用道德的结果。在卷 4 中,洛克重述了对伦理学的可证明性的辩护,③熟悉自然法论文的读者对洛克这些观点不会肯定感到陌生。在《人类理解论》和洛克其他成熟时期的著作中都缺乏对自然法理论的详细分析,有理由推测,这与洛克不知道如何充分解释道德的可证明特征成正比关联。正如他从未成功地完成后一项工作,1692 年和 1696 年,虽有友人威廉·莫利纽克斯的不断鼓励,洛克还是未能应泰瑞尔的一再要求将其自然法论文付梓出版。众所周知,我们已经提出的论题的反命题同样是可能的;而且我们也可以说,洛克无法证明自然法可以充当道德行为的规则,无法将自然法确立为可证明的伦理科学的主要前提,这是他未能以数学方式处理伦理学的原因。从"论伦理原则"一文最后的未完成部分可看出他这一方针的失败。在这一部分,洛克提出要"把道德建立在适当的基础上",并着手证明自然法的存在。尽管他可能比较倾向于后一种解释方案,但两种解释理论中哪一种正确仍然有待论证。如果我们接受后一种解释方式,并把洛克在《人类理解论》中很少解释自然法看作他关于道德原则可证明性的未展开理论的原因而非结果,我们还是要分别解释洛克为什么在《人类理解论》中没有更充分地讨论自然法理论——即他对快乐主义的日益

---

① 卷 3,第 11 章第 7 节(弗雷泽编辑,卷 2,151)。

② 卷 3,第 11 章第 15—16 节(弗雷泽编辑,卷 2,156—157)。

③ 卷 4,第 3 章(弗雷泽编辑,卷 2,208)。在《人类理解论》的这一节连同第 3 段,洛克认为道德能够证明(卷 1,第 2 章第 1 节),这里使用的例证,即关于三角形的三个角的命题,和他自然法第七篇中(论述自然法的约束力具有普遍性)的例证是同一个。

增长的信念和对语言的怀疑。

不过,还有另外一个因素阻止了洛克在《人类理解论》中探讨道德的绝对标准。在卷1和卷2中,洛克确实经常用到这样的表述,例如"道德的真实基础"、"上帝所确立的正当和错误的不变的规则"、"应作为德性和邪恶的规则的自然法的真正界限"。纵观《人类理解论》的这些部分——它们显然是写作时最早完成的部分,洛克依然坚持他在自然法论文中提出的实质性的观念,并把"理性之光"或"上帝的蜡烛"当作认识神圣的法则制定者和永恒的道德的手段。不过,他在《人类理解论》中从未曾专门分析、甚至讨论过这些概念;相反,它们是洛克学说的前设。在卷2第28章中,洛克区分了三种规则或法则,根据这三种法则,人们可以判断行为的道德价值。这里,洛克只简单地提到神圣的法则是其中之一,而对另外两种法则即民法和流行的法则却详细论述。但在《人类理解论》两篇早期草稿和《论伦理原则》中,他正是在同样的语境中向读者许诺,将在别的什么地方对上帝和自然法进行更为充分的论述。我们已经看到,伦理学论文只部分实现了这一许诺,而两篇草稿根本没有实现许诺;在《人类理解论》中甚至提都没有提到这一许诺。在《人类理解论》中,洛克的目的是证明这一问题:人类实际上是如何被他们自己的道德观念所造就,却全然不问他们据以判断其行为对错以形成其道德观念的规则本身之正误。这一计划是《人类理解论》的新方案中的一部分:它反映了洛克的"历史的、平实的方法",是他为"探索观念的起源和性质"而非事物本身的终极性质而自愿担负的工作。其价值在于尝试界定道德评价的不同种类,而不是把道德看作绝对真理标准的具体化。

《人类理解论》出版以后不多久,对洛克在书中这一部分如此处理道德问题的方式的误解和批评也随之而来。泰瑞尔在致洛克的几封信中指出了其中一些困难,[①]在信中泰瑞尔还借机再次促请洛克出版

---

① 洛克手稿 c. 22;来信日期分别为 1690 年 6 月 30 日、1690 年 7 月 27 日、1690 年 8 月 30 日。我认为没必要在这里转述泰瑞尔信中的相关段落,因为从 1690 年 8 月 4 日洛克致泰瑞尔的复信中可以看到来信内容。参看金勋爵的《生平》,第 198—201 页。

自然法论文,以澄清他的观点,洗刷霍布斯主义的嫌疑。洛克在复信中强调了三点,其中最后一点让我们很感兴趣。他解释说,他所说的神圣的法则既指自然法又指上帝启示的法则;道德证明有其局限;①批评者之所以给他带来不安是因为他们误解了他在《人类理解论》中的设想。"除了我的目的以外,你们还反对我所有的方法,这样我就不知道你们还让我如何来探讨神圣的法则,如何演示神的法则怎样和何时颁示给人类,如何通过来世的赏罚证明神的法则的力量。"②"我未曾想过探讨真实道德的基础⋯⋯我的工作只是展示人类从何处获得道德观念,这些道德观念是什么。"③

不过,洛克对批评者的反对还是很在意:在《人类理解论》第2版(1694年),他在处理神圣的法则的章节加了两个附录,④其中一个强调神的法则"是道德正直的惟一真实的试金石。"针对詹姆斯·洛德(James Lowde)在其著作《人性论对话》(1694年)前言中提出的批评,洛克采取了相似的态度。他驳斥洛德指控他在《人类理解论》这一章中的意图是"颠倒善恶",⑤"在他引述的这一处,我只是描绘了别人实际上把什么称为善,把什么称为恶。"洛克相信,如果洛德想到该章另一段中的话和本书其他章节的话,他本应该知道作者是如何理解"正当和错误的永恒不变的性质",他把什么称为善或恶,知道作者把自然法当作"人们应该据以判断其行为的道德正直和重要性的不变规则,而善恶也因此规则被判定。"托马斯·伯奈特(T. Burnet)在《〈人类理解论〉评论》(1697年)中,表示想知道"当洛克想要给道德一个证明的时候,他在什么基础上建立了自然法。"他讽刺道,对洛克来说"善恶的区分是通过我们的眼睛、耳朵或鼻孔而做出的。"洛克用含含糊糊的语言回应了他的第一点批评,用轻蔑的语言

---

① 同时参看洛克的《人类理解论》"导言"第5段末尾部分。

② 金勋爵,《生平》,第201页。

③ 同上,第201页。

④ 卷2,第28章第8节;同时参看卷1第2章第18节,此处洛克谈到"上帝规定的法则"是"德性的真正的、惟一的标准"。

⑤ 《人类理解论·致读者》(弗雷泽编辑,卷1,17—19)。

回应了他的第二点批评。①

我们对这整个争论的原因和性质可作如此概括。洛克在《人类理解论》通篇都表现为一个自然法的忠实拥护者,在反驳批评者对其伦理学说的新颖之处提出的指责时,他反复强调他对永恒、客观的道德的信念。但是他既没有发展自然法理论的细节也没有解释他的道德信念的基础。或许,对他来说,自然法只是作为一个理想的法则或思想的前设,无法进行进一步的解释。他的可证明的道德科学的观点不够清楚,不足以提供这样的解释。此外,他的快乐主义和语言哲学也使他难以给出一种充分的自然法解释。而且,在《人类理解论》中,他在伦理学问题上的主要目的是考察道德关系的观念,即人们在实际生活中据以判定其行为的道德规则的范围和种类。对于这样的考察意图来说,上帝的启示法则和自然法不会比其他种类的法则占据更高的地位,神的认可所赋予法则的力量也不会比民法和名声的法则所具有的力量更大。在《人类理解论》的计划方案中,洛克的意图不是探讨道德的绝对普遍的基础,而是想探讨在人心中流动的道德观念,以及个人良知的几种起源。

就《人类理解论》中的全部新学说和洛克处理道德问题的新方针而言,他放弃出版论自然法的早期著作,也没有把他青年时期的道德学说全部吸纳进成熟时期的著作中,这一点也不令人感到奇怪。正如我们早先已经说过的那样,在 1671 年的两篇草稿中收有自然法论文中的许多材料;这些材料后来又被他收录于 1690 年的《人类理解论》中。有趣的是,在《人类理解论》的某些段落,洛克显然是直接挪用了自然法论文的相关段落,而没有经过两篇草稿的中间转换。例如,在《人类理解论》卷 1 第 3 章第 8 页他对萨尔达纳湾住民的提法和第五篇论文中的说法相似,②而和草稿 B 的说法不相似,③因为行文中在说

① "对评论的回应",附在洛克致斯第灵弗里特第二封信上(《全集》,801,卷 4,187—188)。同时参看诺亚·帕特(Noah Porter)的"洛克著作边页"(载于《新英格兰人和耶鲁评论》,1887 年 7 月号),以及弗雷泽从上文的摘录(弗雷泽编辑,《人类理解论》,卷 1,71,注释 1)。
② f.76。
③ 第 4 段,第 22 页。

到这些住民之前,洛克评论认为不存在没有制定者的法则,正是这一点使我们知道他是直接搬用了自然法论文的段落。而且,《人类理解论》从自然法论文借用的一些句子是崭新的,也就是说,这些句子根本没有在1671年的草稿中出现过。从这一事实似乎可以看出,尽管洛克单独出版自然法论文的想法已经消失,但挖掘利用其中有价值的材料的工作却依然继续。甚至在1690年以后,在为新版《人类理解论》增加的章节和段落中,他依然继续从自然法论文中大量引用以前未曾使用过的论据。这里没有必要再次列举他引用的每一细节,但下面几点值得一提。

《人类理解论》中洛克对自然法论文的引用多集中在卷1,而被引用最多的是论文第五篇,即论述普遍同意的一篇。这些论证连同有关正义、虔诚、贞洁、多神教以及人对道德规则的违反等许多例证,事实上都可以很方便地用作反对天赋知识论的证据。强调这一事实不等于说洛克把论证从一个文本搬到另一个文本就是合理的,或他在两种语境中所用的论据都是恰当的。相反,可以说《人类理解论》卷1中他的学说的合理性很大程度上受到他早期不成熟观念的破坏。自然法论文第五篇中少有的比较有趣、有价值的论证①出现在《人类理解论》卷4第20章第8段,后来重又出现在1700年第4版"论激情"一章。②正如弗雷泽正确指出的,③在这一章中,洛克似乎是要反对共和国中过度的宗派信念。在洛克早年,宗派信念曾令他烦恼。在洛克写作自然法论文之前数年,亨利·摩尔④曾警告读者当心宗派信念。有趣的是,洛克把自然法论文中的一个论点直接用于这一章,而写作这篇论文之前不久,他刚刚因贵格派的狂热和虚伪而怒火满胸。在这一章以及卷4后半部分的其他章节,可以再次听到卡尔佛威尔思想的回声。⑤这

---

① 对开本第79—80页。

② 卷4,第19章第10节。

③ 在弗雷泽编辑的《人类理解论》卷2,431,注释2;第432页,注释1。

④ 在《胜利的激情》,1656年;同时参看《神的伟大奥秘释义》,1660年,卷3,第4章第5段。

⑤ 约翰·凯恩斯在J.布朗版的卡尔佛威尔《对话》(1857年,第54页)中注意到洛克《人类理解论》卷4第19章第4节和《对话》第16章第222页一段非常相似。

里讨论的是自然法论文中没有处理过的信仰和理性问题,其基本的处理方式来自卡尔佛威尔的《自然之光对话》。在《人类理解论》中论"信仰和理性"以及"论概然性"和"论同意的各种等级"的章节中,洛克关于证据和传统的一些观点可以追溯到他在自然法论文第二篇和第五篇中表达过的观念。《人类理解论》中关于快乐和痛苦观念的最终原因的观点①在两篇草稿中没有提到,但在自然法论文中却提到过。就这一观点洛克解释说,如果上帝不曾以他无限的智慧和善把快乐的感觉和人类思想的某些对象连接在一起,把痛苦的感觉和另外一些思想对象连接在一起,那么虽然人类具有知性和意志的官能,他还是无法运用其知性,推动其意志。不过,洛克在该书另一部分②对这一观点的快乐主义发挥在自然法论文中没有对应部分;他是在 1676 年笔记的速写条目中首次谈到这一问题的。

如果转向洛克的《政府论两篇》,把它们和自然法论文进行对比,我们会得出同样的结论。

《政府论两篇》和《人类理解论》同一年出版,而且,我们将会发现,它们都对自然法论文进行了发掘和利用。首先我们要注意的一点是,虽然自然法观念是洛克政治理论的基本概念,但在《政府论两篇》和成熟时期其他著作中都没有给予充分讨论。在《政府论两篇》第二篇的一个段落,③他明确拒绝考察自然法的细节,尽管他仍然相信存在这样的法则。对于他这篇论文的目的来说,引进作为上帝意志和正当与错误的标准的自然法的观念已足够了。

从下面的几个例子中可以看出,洛克在《政府论两篇》尤其是在第二篇中一些关于自然法和其他题目的评论,其最初版本来自自然法论文中的段落。

洛克认为,"自然状态和战争状态之间具有明显的区别","自然法管理自然状态,自然法约束每一个人……自然法要实现的是和平和人

---

① 卷 2,第 7 章第 3—6 节。

② 卷 2,第 20 章。

③ 第 12 段。

类的保存。"①

自然法对洛克来说就是不成文的理性之法,只能在人类的心灵中才可发现;②由于只能通过理性认识自然法,而儿童和白痴没有理性能力,因此不能认为儿童和白痴也受自然法的约束。③ 这样一来,根据洛克的观点,如果一个人在自然状态中向另一个人许诺,则他们必须接受诺言的约束,"因为真实和守信是因人之为人而不是因人之为社会成员而成为义务的。"④

洛克同时还认为,上帝创造人的目的之一是,"将他置于必然性、方便和爱好的强大义务之下,以迫使他进入社会,同时给他配备知性和语言以继续和享受社会生活。"⑤他关于自然状态的处境的学说中一个引人注目的方面是,"自然法的义务在社会中也没有终止","各个国家的地方性法规中的一大部分只有当它们建立于自然法的基础上时才会是正确的。"⑥

洛克同时还认为,每个人私有财产的数量正是先于任何成文法而根据自然法确定和获得的。⑦ 他相信,虽然上帝向人类赠予了土地和土地上的果实供人类共享,⑧但是自然法为每个人划定了使用和保有的界限,而且由于在此界限之内一个人的"权利和便利携手共存",所以基本不会为财产发生争执。⑨ 虽然在自然法论文中洛克尚没有形成劳动是财产权的起源理论,但从这里的脚注的意思中可以清楚看到,

---

① 《政府论》第二篇中的这些段落(第 6、7、19 段)应该和自然法论文第五篇(对开本第 63—64 页)、第八篇(对开本第 114—115 页)进行对比。

② 《政府论》第二篇第 136 段,可与自然法论文第一篇进行对比,f. 18。

③ 《政府论》第二篇第 57、60 段,可与自然法论文第七篇进行对比,f. 18。

④ 《政府论》第二篇第 14 段,可与自然法论文第七篇(对开本第 98、102 页,)和第一篇(f. 20)对比。

⑤ 《政府论》第二篇第 77 段,可与自然法论文第四篇(对开本第 60—61 页)相比较。

⑥ 《政府论》第二篇第 135 段和 12 段,可与自然法论文第一篇(对开本第 18—19 页)、第六篇(对开本第 89—90 页)、第七篇(f. 102)以及第八篇(对开本第 115—116 页)作对比。

⑦ 《政府论》第二篇第 30 段,可与论文第八篇(对开本第 107—108 页)对比。

⑧ 《政府论》第二篇第 26 段以及其他各处,可与论文第八篇(对开本第 112—113 页)对比。

⑨ 《政府论》第二篇第 31、36、51 段,可与论文第八篇(对开本第 107—108 页),第 114—115 页)相比较。

《政府论两篇》第二篇中财产理论的几个假设来自自然法论文第八篇。实际上,在其他成熟时期的著作中,洛克很少提到这一篇论文的内容。

《政府论两篇》和自然法论文之间另外一些不那么重要的对应部分可以在如下的内容中发现:对自然权利、施舍的权利和契约的权利的区分,①在讨论君主和暴君的区别的时候,②以及论述人在进入社会时如果忍受政府绝对权力的不平等将会是愚蠢的这一部分。③

通过上面的叙述,我们了解了洛克在 1690 年他的两部主要哲学著作中对自己以前论文的引述情况。从我们的探讨中可以得出两个主要结论:

(1)由于种种原因,在后来的著作中,洛克对自然法论文中所阐述的自然法学说从未进行过细致地反思,尽管自然法学说是他后来几种成熟理论的重要前提。(2)洛克自然法论文中的大量论点、观念和例证都成了后来 1671 年两部草稿、1690 年《人类理解论》的初版以及后来的再版、《政府论两篇》的材料来源。因此,在将近 40 年的时段里,自然法论文为洛克建立自己的哲学提供了题目和灵感。

现在我们简要谈一谈这一结论的自然推论。我们知道,洛克已经出版的著作中有些陈述很让读者感到迷惑或不满。自然法论文的重现于世或许可以表明,其中的部分陈述来自他早年的思想,而如果联系最初的语境,这些陈述就能够得到解释,而且甚至可能被证明为合理的。

---

① 洛克在《政府论两篇》全书和第六篇论文(f.85)中都作了这一区分。
② 《政府论》第一篇第 81 段;《政府论》第二篇第 200 段,可与论文第六篇对比(f.86、90)。
③ 《政府论》第二篇第 93 段,可与论文第一篇对比,f.19。

8 自然法论文对后来思想者的影响：
伽布瑞尔·陶尔森和詹姆斯·泰瑞尔

在 250 年的时间里,洛克的自然法论文尘封于拉夫雷斯收藏,既得不到整理也得不到研究,因此也就无从引发兴趣产生影响。洛克生前,只有他的两位友人伽布瑞尔·陶尔森和詹姆斯·泰瑞尔了解这部论文的情况;从本节中收集的证据来看,两个人中的一人在自己的著作中利用了这部论文。

1676 年,洛克完成这些论文之后的 12 年,陶尔森出版了一部著作,名为《十诫释义:关于英国教会教义问答手册,以几种关于上帝的自然法和成文法的一般对话为前提》。第一篇对话围绕"自然法",陶尔森想要讨论下面几个问题,即(1)"为什么说存在自然法",(2)"自然法的一般内容是什么",(3)"由自然法而来的义务是什么",(4)"在添加于摩西和基督的法则之上以后,自然法的知识有什么用"。这篇对话中,除了《圣经》以外,陶尔森引述的惟一权威是胡克。从陶尔森致洛克的信中[①]我们已经得知,60 年代早期,这对朋友正在就自然法进行一场漫长的讨论。现在我们禁不住要问,陶尔森第一篇对话中的观点究竟是他自己的还是洛克的,或许也可能是两个朋友早期讨论的共同结论。

在回答对话中第一个问题时,陶尔森从两种考虑中推出了自然法的存在,即(a)有一位神,以他的智慧和权利,必然赋予他的创造物以适合其本性并符合神的设计的法则,并且(b)所有的人都认为应该听从自己良知的呼唤——这一事实只能根据所有的人都熟知善恶的自然规则这一假设来解释。这里陶尔森论证的思路绝大部分与洛克在

---

① 洛克手稿 c.22。

自然法论文第一篇中的论证思路是相同的。

从陶尔森致洛克的信中来看,上面叙述的第一种考虑是陶尔森首先提出而洛克也同意的,而第二个论证即良知的论证也是陶尔森提出的。由于陶尔森在信中建议洛克不必费神在这两个考虑之外再搜寻其他证明自然法存在的证据,那么洛克第一篇论文中另外的论据应该归于洛克自己的发明。至于说到良知论证,有确定的理由相信,是陶尔森而非洛克率先将其引入了讨论并把它完整表述了出来。因为首先,洛克对论证的表述不如陶尔森的清楚。其次,陶尔森(洛克也一样,尽管没有像陶尔森一样强调)论证说,良知不去区分善恶,它只依据它视为永恒的善恶规则判断行为。直到许多年以后,洛克才在《人类理解论》特别是在回复托马斯·伯奈特对《人类理解论》的《评论》(1697年)的复信页边空白处才开始强调了这一观点。①

陶尔森对话中讨论的第二个问题是关于自然法的内容。像洛克一样,他选择用先天的方式考察这一问题,而且也分别把人类对上帝、对邻人、对自身的职责定义为对上帝的崇拜和服从、给予每个人他自己的东西、自我保存。这里陶尔森的处理比洛克的更细致、更紧凑,而洛克在自然法论文中的处理则草率、零散得多。我们由此可以推测,陶尔森在书中这一部分的解释即使不是他自己独立研究的成果,也应该是他和洛克共同讨论的结果,因此,对此论证他必定享有部分知识产权。

接下来陶尔森讨论了自然法的有效性。像洛克一样,他也认为只要人类延续,自然法的有效性就一定存在。在谈到某些似乎暗示着自然法的效力会因上帝的命令而消失的事例时,他提到了传统作家们常常引用的两个例子,即以色列人随身携带着埃及人的财产奔赴巴勒斯坦,和亚伯拉罕用自己无辜的儿子献祭。洛克在第七篇论文中只用到了其中一个例子,他的论点是,在这一事例中法则没有真的发生变化,这和陶尔森的观点是一样的,都是来自某种传统的说法。在解释人类

———————————————

① 《人类理解论》卷1,第2章第8节和注释1(弗雷泽版,卷1,71)。

为什么不顾自然法的永久有效性和确定性而常常违反或曲解这一法则时,陶尔森排出了次序分明的一队理由,其中排头的两个理由也可以在洛克论文中找到,虽然在洛克那里不是排列在一起,而是分别提出的。陶尔森从米奴西斯·费利克斯(Minucius Felix)引述的短语"facile credimus quae volumus"(我们容易相信我们所愿望的事)在洛克自然法论文中没有出现,但却出现在《人类理解论》中。[①] 从这些例子中我们再次得出结论,陶尔森在这对朋友的讨论中发挥的积极作用十分可观,在出版自己的自然法著作时,他完全不必对洛克的自然法论文感到愧歉。

陶尔森在对话中最后探讨的是自然法和摩西律法以及自然法和福音的关系。这一探讨完全由陶尔森独自完成,因为在洛克自然法的任何一篇论文中都没有与此对应的内容。在尝试证明主要由于自然法命令的合理性,它不会被摩西的法则和基督的法则所取代时,陶尔森表现出一种洛克同样具备的不拘教条的自由态度。他们两人这种态度可能来自威奇科特和卡尔佛威尔。在讨论的结尾处,陶尔森把自然法称为"主的蜡烛",这也是洛克在《人类理解论》中用到过的隐喻,[②]但在自然法论文中没有用到过。在自然法论文中,可能是因为受了卡尔佛威尔著作题目的影响,洛克更愿意用"自然之光"这一短语,而且只用它来指称理性。

所以,我们的总的印象是,陶尔森《对话》中的观点有一部分是他自己的,有一部分来自传统资源,他的著作并不一定参考了洛克的自然法论文。由于《对话》中的论点和洛克论文中观点的相似性,它们一定来自两位朋友早年间的一系列讨论,而陶尔森显然在讨论中处于主导地位。我倾向于认为,这些讨论的方案后来成了陶尔森《十诫释义》中第一篇对话的四个纲要。《对话》在某种程度上反映了陶尔森在讨论中所提出的见解,而洛克的见解则可以很方便地从自然法论文中那

---

① 卷4,第20章第12节;在1676/1677年2月8日笔记中(f.42)也有这一引文(阿隆编辑,第84页)。

② 卷4,第3章第20节;"导言",第5段。这一短语的起源,参看《格言》20,第27页。

些与陶尔森《对话》不存在对应内容的部分去找。

现在我们来考察泰瑞尔的一部著作。这部著作出版于 1692 年,书名是《自然法简论:根据坎伯兰博士在论自然法的拉丁文论文中制定的原则和方法》。泰瑞尔在这部著作中的主要任务是追随坎伯兰批驳霍布斯,以自然法的主要目的即寻求和建立理性存在物的共同善来解释自然法的约束力量。泰瑞尔在 1681 年的著作《家长不是君主》第一章批驳菲尔默时就曾强调过后一项工作的急迫性。

早在洛克撰写自然法论文以前,在牛津期间泰瑞尔和洛克已经熟识。他们终生保持友谊,泰瑞尔也了解洛克的自然法论文。他和洛克断断续续地讨论过论文中的主题,还曾多次催促洛克发表这些论文,第一次是 1687 年洛克完成自然法论文手稿以后,第二次是 1690 年《人类理解论》出版以后,第三次是 1692 年他自己的著作《自然法简论》出版以后。泰瑞尔在这部著作的许多地方都承认受到《人类理解论》的影响,并转述其中的句子。不过,我们的印象是,他受到的洛克的影响不仅限于《人类理解论》。他关于自然法的一些主要论证在《人类理解论》中没有对应部分,但与自然法论文中的论证却非常相似,毫无疑问,它们一定来自自然法论文。泰瑞尔在《自然法简论》中没有提到自然法论文,而且在一些他的论证和洛克论证十分相似的地方,他甚至暗示说是他首先提出这些论证。这里我们可能面对着一个抄袭的案例,疑点明显,有必要深入探查。

在用作著作导论的"致读者前言"中,泰瑞尔解释说,有一种观点反对像格老秀斯和塞尔顿那样用后天的方式证明自然法,即从传统和人们的普遍同意出发证明自然法。像洛克和陶尔森一样,泰瑞尔宁愿选择先天的方式,通过探究事物和人类的本性来证明自然法的确定性。他确信通过这种探究,可以证明自然法的约束力源自上帝的意志和权威,于是他便着手演示如何从上帝引出自然法。在这里,他拒绝采用柏拉图主义者通过设定上帝在人类灵魂中刻印下的某些道德善恶的天赋观念来证明自然法的神圣起源的方法。在拒斥这一设定时,泰瑞尔让读者参考洛克的《人类理解论》,而且他计划把自己的探索建立在感觉知识的基础上。无疑,参考《人类理解论》可以满足批判天赋观念论的需要,但泰瑞尔这里真正关注的应该是如何证明自然法不是天赋法则,这正是自然法论文第二和第三篇着重处理的问题,而《人类理解论》只简要提到了这些论证。① 与此类似,在"致读者前言"结尾处,当总结他坚持"自然法具有所有使它如此的必备要素"的理由时,泰瑞尔再次借用了自然法论文②而不是《人类理解论》中的观点。第 5 章③给我们留下同样的印象,在这一章中泰瑞尔陈述了一些反对自然法的意见,并对这些反对意见给予了回应,这里他再次重述对用传统证明自然法的怀疑。

目前为止我们提到的几个例子都不足以解答刚才的怀疑,下面的这个例子才是真正决定性的。这个例子在第 3 章第 8 段,④此处泰瑞尔讨论的是义务问题。坎伯兰在《对法之本性的哲学研究》⑤中引述了查士丁尼《法典》中的义务定义,⑥而泰瑞尔的著作很大程度上是对坎伯兰著作的释义,尽管如此,泰瑞尔却没有采纳坎伯兰的定义,而几乎原封不动地引入了洛克在论文第六篇⑦中的与坎伯兰稍有不同的定义,而且还把本篇论文中的几段话⑧字对字地翻译一遍以后插入本章中。为便于参考,我把泰瑞尔在第 8 段中的话全文引述如下:

> 为进一步澄清这一问题,我先对义务这一语词作出解释。《民法》(Civilians)是这样来定义义务的:"Obligatio est vinculum Juris, quo quis astringitur debitum persolvere."也就是说,义务是法则的约束,每个人需要据此付出他的份额:这一定义包涵了所有类型的义务,如果单词 *Jus* 或法则指的是我们想要界定其义

---

① 卷 1,第 2 章第 13 节(弗雷泽版,卷 1,78)。

② 参看自然法论文第四篇,f.52,以及第六篇,f.88。

③ 第 208—210 页,可与论文第二篇相对比,对开本第 33—34 页。

④ 第 116 页。

⑤ 第 5 章第 11 段第 205 页;第 27 段第 239 页。

⑥ 卷 3,主题 13。

⑦ f.83。

⑧ 参看对开本第 83—85 页。

务的法则的话。这个定义中的 *vinculum Juris* 指的是自然法的约束,根据自然法每个人都应该偿付他的自然份额,即履行每个人因其理性本性而对创造主上帝负有的职责,或领受他因违背、忽略上帝之命而降给他的惩罚。因此在所有法则中都有两重约束或义务;其中积极的义务是履行职责;消极的义务是领受惩罚,如果故意忽略义务的话:我们将逐个讨论这两种义务。

早些时候我在本篇导言中已经做过说明,这段话中的论点是洛克从桑德森主教那里借过来的。① 无疑,泰瑞尔肯定是从洛克的第六篇论文中转述过来的,而不是从桑德森的《讲座》中引用的,因为泰瑞尔的版本在几乎每一个细节上都与洛克的更为接近,而不是与桑德森的接近。此外,本章第 9 段开头的句子几乎也是第六篇论文中另外一段文字的逐字翻译。

洛克自然法论文中的这一部分如何在不存在泰瑞尔主观故意的情况下被冠以泰瑞尔之名而出版,对此只能有一种解释。洛克在基督学院 1680 年②的财物清单中列有一本论自然法的笔记,可能就是写有本书收录的自然法系列论文、我们命名为手稿 B 的那本。在洛克旅居荷兰(1683—1689)期间,洛克在基督学院的大部分财产、书籍、手稿都存放在泰瑞尔牛津附近的住所中。17 世纪 90 年代初,泰瑞尔把它们交还给了洛克。如果(这事不是不可能)这本笔记也在泰瑞尔保管的财物中,那么从交到他手上一直到他的著作出版,当中共有 9 年之久。在这 9 年的时间里,泰瑞尔有足够的时间和充足的理由阅读这本笔记,为以后参考方便他还可能做了笔记。无论如何,我们总可以推测,凭着他和洛克保持终生的友谊,洛克允许泰瑞尔阅读这本笔记,泰瑞尔于是从中获得了与他一直关注的问题有关的信息。当他着手写作自己论自然法的著作时,他可能已经不能清楚地区分出他采撷来的各种观点的出处,于是索性把长时间以来搜集的笔记写进自己的文本,

---

① 《论誓言的义务》(*De Juramenti Obligatione*),卷 1,11—12。
② 洛克手稿 c. 25,对开本第 30—31 页。

其中就有从洛克自然法论文中记下来的笔记。下面的事实可能证明泰瑞尔在准备写作的最后这一阶段真的已经忘了这些段落的真正来源。1692 年,即他的《自然法简论》出版之年,他再次催促洛克出版他的自然法论文。

　　除了上面提到的这些,我再也找不出洛克的自然法论文对后来者的思想产生直接影响的任何证据。

9 拉丁文文本

这一节里我将给出有关洛克自然法论文和精神哲学学监告别演说的拉丁文文本的一些细节,然后对本书的成书方式加以说明。

导言第 2 节里我们已经说过,拉丁文文本保存在拉夫雷斯收藏中的三份不同手稿中。其中我们标定为手稿 A 的最早的一份出自洛克本人的手笔,但这份文稿既未完成也未加修饰;另一份我们标定为手稿 C 的最晚出的手稿是手稿 B 的复本,其中满是错误而且也没有做过修改;三份当中只有手稿 B 是完全的,上面有洛克细致修改的标记。本书中的论文文本就来自保存最为完好的手稿 B。

手稿 B 出自抄写员之手,但经过洛克亲手修改和补充。看来抄写员是根据手稿 A(这是洛克自己手写版的论文草稿)誊写的,在誊写过程中,粗鄙无文的抄写员犯了许多错误,其中一些甚至逃过了洛克的修改。手稿 B 中的部分内容可能是洛克口授抄写员听写的,因为文本中的许多错误似乎应该归咎于听错了①而不是写错了。手稿 B 中凡是洛克修改的地方,不论是改正还是增补,都是实质性的——这种情况下洛克就在左手边的页码或左边的空白处书写。我在脚注中指出了这一事实。

手稿 A 和手稿 B 两相对比有助于解决手稿 B 中的困难,但是由于手稿 A 没有收入前三篇论文,这种对比就只限于余下的几篇论文和告别演说了,对于前三篇论文中的语词错误和不明之处,我们都在脚注中予以注明。脚注中同时也把手稿 A 和手稿 B 的重大差别标注了出来,但是词序或短语次序不在此列,除非意思受到了影响。

读者会发现,洛克的拉丁语文本不是没有瑕疵的。他经常随意处

---

① 例如,把 *quibuscum* 听成了 *quibuscam*,把 *dictat* 听成了 *dictet*。

理语法和句法,尤其对语气的使用常常与从句不一致。他还常常在句子中间改变句子结构。不过除了一些明显因为他没有注意而犯错误的地方以外,其他的地方我都原样照搬。我没有保留洛克常用的一些缩写,①而是将它们翻译成了通常的拼法。

凡是手稿 B 中和语法规则相符的地方,我都尽力精确复录其行文。② 不过,对怪异的和明显不正确的拼写都稍作调整,使其符合规则,③并且,出现于不同地方的同一个单词如果拼写不一致,也把它们统一起来。④手稿 A 和手稿 B 中拼写不同的地方,⑤选择洛克本人在手稿 A 中的拼写。至于字母大写,我遵从现代用法,比如在每一主句的开头用大写字母。洛克有时在句中用大写字母表示重要的单词(比如,Philosophia),对此我只照录了一两次。除在表达普遍性的"deity"(神)或非基督教的上帝以外,我通篇用大写字母拼写 Deus。

本书中的标点既未采用手稿 A 也没有采用手稿 B 的标点。手稿 B 中的标点多而且杂乱,对读者误导多于帮忙。手稿 A 中的标点太少,而且这里很难分辨出逗号、分号和句号。为清楚起见,我经常要在手稿 A 中加上洛克忘加的标点,而在手稿 B 中删掉抄写员妄加的标点。因此,在本书中的句子长度有时与两篇手稿中句子的长度有所不同:大部分情况下,读者会发现句子缩短了许多。

本书中的段落划分与手稿 B 基本相同,只在很少一些地方稍有不同。比如在论文第五篇中,洛克的大量论点和例证可以方便地继续分类。段落外面括起来的括号保留原样没有改变。明显属于插入语的从句我用破折号标注了出来。洛克删掉的论文第一篇中的两个段落

---

① 例如,aia(anima),maa(materia),naa(natura),ois(omnis),hoiu(hominum),n:(enim),qd(quod),ee(esse),pt(potest),ō(non)。

② 例如,我保留了文艺复兴时期手稿和印刷中经常出现的 *foemina*,没有代之以 *femina*。

③ 例如,把 *sydus* 改为 *sidus*,把 *pyrata* 改为 *pirata*,把 *acuratius* 改为 *accuratius*,把 *liberimus* 改为 *liberrimus*,把 *ceremonia* 改为 *cerimonia*。

④ 因此,手稿 B 中只保留了 *cum*,而 *quum* 统一以 *cum* 代替;同样,本书保留了 *impossibilis* 而不是 *inpossibilis*,保留了 faelix 而不是 felix。*Se ipse* 拼写为两个单词,而不是用一个单词拼写出来。

⑤ 例如,手稿 A 中的 praeservatio 和手稿 B 中的 preservatio。

和论文第五篇中的一个段落，因为对读者可能会有启发，所以放在了注释中。但洛克删掉的其他单词和句子没有特别注释出来。本书把明显是洛克从其他作者处引用的句子用斜体标注了出来，由于洛克很少注出他转引的著作的题目，所以脚注中会给出一些原著作的细节。同样地，对于那些我辨认为引用的段落，即使洛克没有标出，只要可能，我也在脚注中提供必要的解释。

这样，拉丁语文本的脚注实际上服务于多种目的。首先，通过脚注中提供的参考，可以弄清洛克的引文的来源，不管是隐蔽的引文，还是明显的引文。其次，脚注中给出了各种阅读文献。第三，通过脚注对文本中的模糊的语法、单词和句子进行批判性地处理。第四，在脚注中收录了洛克删掉但读者可能会感兴趣的全部段落，而且指出了哪些是洛克的实质性的修改和增补。最后，我给论文第二、第四和第六篇加上了题目和一些评论。洛克曾经考虑过这些题目，但最终没有写上去。需要指出的是，在论文手稿中，洛克自己没有加任何脚注。

最初，手稿 B 没有标记页码。对开本的页码是牛津图书馆 1942 年买下拉夫雷斯收藏后标注的。本书将以圆括号括起这些页码数字插入文本中。如果某一页在某个单词中间结束，我就在这一单词后标上下一对开页的页码数字。

10　英文翻译

对自然法论文和告别演说的英文翻译也要交代几句。

英文翻译尽量逐字译出,我的目标是不但要复制内容而且要反映原文的总体风格。对于这一工作,我有一个两者必居其一的选择,即或者采用现代的习语和术语,或者沿用洛克在已经出版的著作中使用的语言——实际上如果他当初决定用英文来写的话,这种语言应该就是他在自然法论文中使用的语言。论文中的大部分章节,我选择采用现代习语,但当洛克在自然法论文中的论证和《人类理解论》中的论证技术性质相同的时候,我觉得采用他自己的表达方式更为明智。

有时候,主要是因为手稿中糟糕的标点,阅读拉丁语文本变得十分困难,这自然就带来了翻译的问题。在译文脚注中我已经说明了这些问题,但这里我还是要提一下论文第五篇中令人有些迷惑但同时也很重要的一个段落(对开本第79—80页)。此处我已经尽力在忠实于文本的前提下给出了一个前后一致的翻译。在洛克的告别演说中,我发现有大量隐喻难以解释,偶尔还有一些文字游戏,这些我都尽自己所能把它们反映在了译文中。凡是在洛克有复杂的长篇论证的地方,我都重新划分了段落或在每一段开头标出数字,以澄清其论证的结构。我希望本书所提供的分析的概述能有助于澄清洛克的整个论文系列,《导读性的注释》中的告别演说纲要也是出于同样的考虑。

我给译文加上了脚注。译文脚注的性质和拉丁文脚注的性质不同。在译文脚注中,我没有给出洛克引文的细节,而是给出了那些对他产生影响的思想来源,以及在其他作家的著作或在洛克本人已经出版的著作中那些和文中意思相似的段落。脚注同时也标注出了那些隐蔽的参考文献,给出了交叉的参考文献,讨论了译文和主题涉及的各种观点。我同时也在脚注中给出了洛克本人删去的三个段落的译文。虽然自然法论文和《人类理解论》特别是《人类理解论·卷1》之间存在许多对应之处,但我只在那些我认为有启发性的地方提供了参考注释,而且,在全书中,我特意把脚注的数字标注得很小。

分析的概述

第一篇

有指定给我们的道德规则或自然法则吗？

当然有

根据某种神圣存在掌管全世界的假设——由于我们看到自然和生物世界受神圣法则的管理,因此这是一个可通过"设计者论证"加以证明的事实——人类的生活一定受制于行为的某种固定规则。这些规则就是自然法,而自然法不论是作为斯多亚学派所命名的"道德善",或作为"正当理由",还是作为"按自然而生活的规则",都一方面区别于自然权利,另一方面不应被称作理性的命令:因为(a)它是发布命令和禁令的神的意志的法规,并且(b)它由上帝置于人类心灵因此理性只能发现和诠释它。可通过 5 种论证证明自然法的存在:

(1)第一种论证来自亚里士多德《尼各马可伦理学》中的两段话(卷 1,1098a 7 和卷 5,1134 b 18)。在这里,亚里士多德认为,"人的活动是灵魂的遵循或包含着逻各斯的实现活动","自然的公正对任何人都有效力"。① 有人可能会反对说,如果如此定义自然法,那就不会有这样的法则存在,因为大部分人就像生活中根本任何理性基础也没有任何全人类共同承认的法则一样地生活。对这一反对意见的回应有二,分别是:

a. 有因漠然、懒散(或忙碌)、生来败坏或被习惯所败坏而忽略自然法的人,但从这一事实不能得出法则不存在或未曾颁布。自然法并不为任一人和每一人所知,而只为那些更理性、更具觉察力的人所知。

b. 如果甚至颇具理性的人们对自然法都不能意见一致,这只能说明一种可另作解释的法则事实上一定存在。

(2)第2种论证是人类良知的论证。当全部其他法则不在的时候,良知会对人类的行为作出判断,由此可见,存在着某种约束人类行为的法则。

(3)第3种论证来自经验观察。宇宙中所有的事物都受法则的支配(提到、援引了希波克拉底、圣托马斯·阿奎那、胡克),因此人也一定受到适合其本性的指导原则的约束。上帝是为了让人去运用理性才赋予他以理性,是为了让人服从法则才让他能迅速领会法则。

(4)第4种论证来自人类社会。人类社会依赖于(a)一种国家的构成和一个政府形式,以及(b)契约的实现,即依赖于独立于人类意志的义务。如果没有自然法,人类社会的这两个基础就会轰然倒塌,这样也就不会有人受他自己的或别人的成文法则的约束。

(5)第5种论证说的是,如果没有自然法,也就不会有德性的荣誉和恶行的卑劣;这样,人除了随心所欲、追逐实利或寻欢作乐就无事可做了。

---

① 译文来自廖申白《尼各马可伦理学》中译本第 20 页和第 149 页。英文原文的直译分别为"人的独有功能是按照理性原则行使心灵的官能,"和"公正的自然规则在任何地方都有同等的有效性"。——中译者注

第二篇

能借助自然之光认识自然法吗？

是的

如果人类能正确运用他们的自然官能，他们就可以通过自然之光获得自然法的知识。这一篇论文对此观点作出了解释。

知识有三个来源，分别是"刻写"、"传统"和"感觉"。超自然和神的启示不适合本篇的讨论，因为它们不属于人的自然天赋；"理性"的名字也没有列在其中，因为这里的讨论关注的是知识的第一原则和来源，即知识的最初观念进入心灵的方式，而理性没有参与揭示或确立知识的最初观念；最初观念或是通过"刻写"的方式烙印在心灵中，或是从第二手知识而来，或是通过感觉而来。

（1）"刻写"：自然法是否如某些人所说的那样刻写在或天赋于每一个人，这是另外一篇（论文第三篇）要讨论的问题。本篇只要证明如下的命题就足够了：如果人正确运用其天生的官能，那么不待其他的帮助，他就能获得自然法的知识。

（2）"传统"：虽然自然法的律令可以并且实际上也经常通过传统而传承、通过父母和教师的教诲而接受，但传统本身并非认识自然法的基本、确定的方式。因为 a.传统之间差异百出，而任何想通过考察找出其中最值得相信的传统的努力，其结果都是颠覆传统的整个权威；b.传统意味着相信而不是认识；传统更多依赖于对权威的信仰而不依赖于事实证据；c.传统的始作俑者并不比对传统一无所知的人更有资格认识自然法，因为他也必须或是在自己心灵的印记上或是通过基于感觉经验的论证来认识自然法，而这些认识方式为一切人所共有。

（3）"感觉"：感性—知觉是自然法知识惟一真实的来源。理性从通过感觉感知到的事物出发上升到作为所有这些事物的创造者的"神"的观念,以及自然的普遍法则的观念。由此可见,在上帝和人的成文法以外,还存在有自然法,这一法则可通过自然之光加以认识,而自然之光就是以感觉经验为前提的内在推理过程。

有一种反对意见认为,由于许多人不知道自然法或对自然法持有不同看法,所以不能通过自然之光认识自然法。对此意见可这样回答:不是所有的人都能在日常生活或科学研究中正确运用他们的精神官能;因为虽然人人都有获得正确行为的知识和数学知识的能力,但只有一小部分人用理性指导自己的生活或成为好的数学家。

(在这篇论文结尾处,洛克加上了另一个题目:"自然法能否通过传统为我们所知? 不能")

第三篇

自然法刻写在人的心灵了吗？

没有

用 5 个论证可证明，自然法不是生来即有，新生的灵魂是一块白板，其中的内容来自后来的观察和推理，也就是说：

（1）笛卡儿的天赋观念学说只是一种断言，目前为止还未被证实。

（2）人类心灵中不可能有自然法的天然印记，因为自然法并未得到普遍遵守，甚至并未获得普遍承认。如果认为这一法则本来是由自然铭刻在人类心灵中，但因为亚当夏娃的堕落，又被部分或全部抹去，那么这种观点将面临如下的困难：a. 首先假设堕落以后自然法的部分律令依然刻写在人类心灵中，那么留下了的这些律令或者在所有人的心灵中都相同，从而每个人都承认它们（但这绝非事实），或者它们因人而异，这样我们就很难相信自然（在其他方面，自然的作品是如此一致）是这些不同律令的原因；由于自然法的律令具有种种差异，我们也不可能获得明确的自然法知识。b. 其次假设堕落以后自然法的律令全然没有留存在人类的心灵中，这样的话，除非通过刻写以外的其他方式来认识它，否则自然法就是空的。

（3）没有教化的原始人以自己为师，而且按自然而生活，他们似乎最应该知道自然法，但实际上并不知道自然法。由此看来自然法似乎没有写在人类的心灵中。相反地，在更开化的人群中却的确存在着被当作自然法且被认为是天赋的明确的道德观念，这些观念的起源可用早期教育的影响来解释。

（4）愚蠢不智的民族没有自然法的知识。如果自然法知识是天赋的，那么这一法则应该在他们的心灵中立刻打上印记，因为自然法不受人的身体结构的影响。

（5）如果接受天赋观念学说，则除了实践的原则以外，同样也应该在心灵中发现被刻印下的思辨的原则。但是，每个人都赞同，科学的第一原理非矛盾律不是天赋的而是经验概括的结论。

第四篇

理性能通过感觉经验获得自然法知识吗？

能

本章通过感性—知觉和理性定义自然之光。这两种官能互相依赖，感觉为理性提供具体对象的观念，理性把这些材料组合成新的观念。在数学和道德科学中，在关于心灵和物体的思考中，理性总能从通过感觉而知道的事物推出未知的事物，基于感觉所感知的某些真理，理性可以获得有关自然法的知识。

获得任一和每一法则的知识所必需的两个前提是：①承认法则的制定者，和②承认存在法则制定者所启示给我们的某种意志，以及承认法则制定者要求我们服从这一意志。对这两个前提的认识需要感觉经验和理性相互配合。

（1）感觉使我们认识物体和物体的属性，认识运动，认识星体运行和四季更替的令人惊叹的规则性。

理性进而深入探究所有这些美妙、有序的现象的起源，从中推导出一个强大、智慧的创造了天地和人类的神的存在。人类当然不可能是由不如他们完善的非生命的事物或动物创造出来的，也不可能是由他自己创造出来的，因为除了上帝，没有任何东西是自因；此外，如果人是自己的创造者，那么人不仅会赋予自己以存在，而且必定会赋予自己以不朽。因此，作为我们的创造者，上帝对我们享有强大正当的权威，他能决定我们是幸福还是不幸。还有其他上帝存在的证明，例如良知的证明和（笛卡儿的）上帝观念证明，这些证明具有同等的确定性，但不是仅从感觉经验和理性中得出的（事实上，后一个证明中用到了"刻写"观念）。因为实际上所有的人都可运用他们的感觉和理性，所以其实依其本性，人人都可独立地发现上帝。

（2）从作为造物主的上帝信念可以进而推出，世界是为了某种神圣的目的而被创造出来的，上帝希望人类以其天赋的行为能力完成某种作为。人类的职责分别是：敬拜上帝；利用其天然官能沉思上帝的作为，参与并维护社会生活。没有专门的必要去提醒人们，他对自身以及上帝和邻人负有责任。

（在本篇论文结尾处洛克也加上了另外一个题目："能否通过人的自然本能认识自然法？不能"。在手稿 A 中，题目中的主题是："心灵中的强烈信念能证明自然法的存在吗?"）

第五篇
自然法能够从人的普遍同意中认识吗？
不 能

"民众的声音即上帝的声音"是一句错误的格言。历史表明，人们的普遍同意拥戴过最不虔诚的行径，因此不能作为理性和自然之法令的来源。

"普遍同意"有各种意义，分别是：

（1）客观的同意，基于 a. 心照不宣的约定，即由人们的共同利益促成的同意，比如使者自由往来、自由贸易等等，或基于 b. 公开表达的约定，比如边界的勘定、进口禁令等等。由于都不是来自自然原则，两种形式的普遍同意都不能证明自然法。实际上，产生使者安全往来约定的环境恰与自然法相反，因为自然法要求人们和平相处。不过，如果自然状态中人与人彼此为敌，从自然法中同样找不出使者应该比普通人更安全的理由。这只是一条心照不宣的约定而已。当然，在这一例子中，侵犯使者的罪行比伤害任意一个普通人的更恶劣；因为它除了是一桩错误以外，还破坏了一项约定。

所有基于约定的普遍同意都应该称作"国家的法则"，它不是自然法所命令的，而是共同的便利所需要的。

（2）自然的同意，它基于自然本能，可再分为两种：

a. 道德行为中的自然同意。这一形式的普遍同意即表现于人群中的大多数的态度和行为中的同意不能证明自然法，因为多数情况下人们的行为构成了一种恶劣的生活，即无法则的生活。

b. 意见中的自然同意，即人类最深处的道德信念中的普遍同意，这是良知的裁断。这里面有两种情况。

（i）历史和现实中的许多例子表明，不存在有关道德意见的普遍同意。人们在善恶问题上意见分歧,而公共的权威和习俗出于宗教的利益或为了荣誉可能会赞同一项可耻的道德规范。因此,在古代,劫掠和盗窃常被当作光荣的行为,而且对多数国家来说,善恶取决于武力和压迫。对于人类正义观念的看法,同样也适用于他们的贞洁、孝敬、自我保存等观念。(从古代作家和旅行家的报道中撷取的例证。)甚至在第一原则这样的问题上,人们也难以取得一致意见。比如对于自然法和道德学说中两个必要的设定——上帝的存在和性质、灵魂的不朽,至今也没有一致的意见。有举国皆为无神论者或多神论者的国度,因此不可能有令人满意的职责观念。求助于更文明的民族或哲学家也无济于事,因为他们同样意见分歧,而且常常赞同不道德的行径,天主教会同样如此。

(ii) 人们之间即使在道德上存在某些普遍同意的意见,这种普遍同意也不能用来证明这些意见就是自然法。因为自然法只能由理性从自然的第一原则推导出来,自然法不关信念或约定。而且,在与自然法毫无关联的事物上可有普遍同意,不能仅仅因为人群中大多数人的同意就确立一项义务。

c. 第一原则中的自然同意,即自明的或重言式命题。这在当前的讨论之外,而且与伦理学无关。

第六篇

人类受自然法的约束吗？

是的

拒斥认为全部自然法基于自我保存的原则。遵守自我保存是有利的，但不是美德。

为探讨自然法的约束力，必须先来解释与义务相关的一些概念。法学家的义务定义（义务是人们据以付出其应该的份额的法则约束）可应用于所有种类的义务，包括来自自然法的义务。法律义务和自然义务都源于享有凌驾于我们的权利和能力、我们因此应该服从的某种存在。

义务可分为两类：

（1）付出职责性的服从的义务，或依照道德规则（即依照一位我们是其臣民的至上者的意志）而行动的义务。最终，所有的义务都可回溯到全能的造物主上帝。

（2）惩罚的义务，因未付出职责性的服从而产生。强制和害怕惩罚强化了这种义务。

当然，人们不是由于惧怕义务自身所实施的惩罚而承担义务的。我们负有义务是因为我们承认某人根据自然权利和造物的权利（比如上帝的作为），或根据施予的权利（比如头生子和君主），或根据约定的权利而拥有凌驾于我们的权威。一个人服从海盗命令的惟一原因是受到强制或害怕惩罚，在这种情况下为了自己的安全而奔赴自由是良知所首肯的。但是对何为正当的理性理解是臣民忠诚于君主的基础，如果他不服从将侵害另一个人的权利并受到良知的谴责。

进而言之，某事物可以

（1）"有效地"约束，就像至上者的意志的作为一样。至上者的意志是一切义务的第一和形式的原因。

（2）"限定性地"约束，就像至上意志的宣告所做的那样。至上意志的宣告是规定一项义务的种类和范围的法则。

另外，某事物可以

（1）通过其内在的力量而约束。这是神的意志，可通过自然之光而认识，故称为自然法；也可通过启示而认识，故称为成文的神的法则。

（2）通过外在的力量而约束，比如君主的意志或父母根据上帝的意志而对子女享有的权威。

可通过三种论证证明自然法通过内在的力量约束人类：

（1）施加一项义务所需要的全部条件是至上者的正当的权力和他的意志的展现。自然法满足这两个条件，因为

a. 上帝的完满正义超越一切事物，并且

b. 每一个愿意运用其心灵认识自然法的人都能获得作为上帝意志的这一法则的知识。

（2）自然法像成文的神的法则一样也是上帝的意志，二者的区别仅在于揭示和领会的方式不同。由于上帝的成文法则对人类具有约束力，自然法必然也有约束力。

（3）只有自然法对人有约束力，人类的成文法才可能有约束力。在没有接受过神的启示的民族中（它们占人类民族的大多数），只能由自然法独自为他们确立政府的权威，让君主（不同于独裁者）通过权利而不是通过权力统治其臣民。

（这篇论文结尾处，洛克加上了另一个题目，"动物是否受自然法的约束？不"。）

第七篇

自然法的约束力是永恒和普遍的吗？

是 的

由于存在全然不知道法则或道德为何物的人群甚至民族，人们不禁怀疑是否真的存在自然法，或者即使存在，自然法是否真对人有约束作用。解释人群中存在的不道德的第三种方式相当荒谬：自然在人类心灵中植入了自然法并且要求人类遵守这一法则，与此同时，自然对自然法为何物却秘而不宣。

由于自然法在道德上有约束力已获证明，现在必须进而证明自然法有多大程度的约束作用。下列证据表明，自然法的约束作用是（1）永恒的，和（2）普遍的。

（1）所谓永恒，指的是任何时候人逆自然法而行都将是不合法的，因为自然法与人类共存。这不是说无论何时何地人类都遵从自然法的全部命令，因为人类不可能同时履行几项义务。这句话的意思是自然法的约束力是持续的，尽管服从于自然法的行为本身并不需要是持续的。为解释这一问题，一定要注意下列四点：

a. 某些行为，比如盗窃和谋杀，是绝对禁止的，人们任何时候都不能做这样的事。

b. 敬畏上帝、热爱父母、关怀邻人从来都是应尽的义务。

c. 在某些特殊时刻、某种具体情况下，人们有义务执行敬拜上帝的仪式，解脱他人的困境，赈济贫困的人。

d. 经常存在这样的情况：虽然某种具体的行为本身并不是命令，但与此具体行为相伴的环境却要求完成这一行为。比如，没有人负有和他的邻居交谈的义务，但一旦他选择了和邻居谈话，自然法就要求他坦诚温和地交谈。自然法的约束作用虽然是永恒的，但在这里只是条件性的,而不是绝对的。

(2)自然法的约束作用是普遍的,虽然这种普遍并不是说它的每一命令对任一和每一个人都有约束作用(因为这情况是不可能的)。所谓普遍指的是,在全世界范围内,自然法依照每个人在生活中所处的不同处境和不同人际关系赋予他明确的职责。君主的职责与普通人的职责不同;将军和士兵分别负有自己的职责:每种职位都有自己专门的职责,所在皆然。全世界的任何地方都禁止偷盗和诽谤,鼓励贞洁和忠诚,这些规范既约束君主也约束臣民,既约束父母也约束孩子。因此,自然法的约束作用到处都是相同的,只有生活的环境发生了改变。

通过对两种论点的拒斥,表明自然法并非约束每一个人:

(1)不能因为自然法不被某些人或甚至不被所有人接受而认为它不具有普遍约束作用。因为自然法深深植根于人性之中,如果要取消自然法,必须首先改变人性。由于就自然法是合理性的而言,自然法实际上和人性和谐共存;又由于作为事物永恒秩序的组成部分的人性本质上都是相同的,因此现在适合于某些理性的人的规则一定在任何时候适合于所有的人。从人性中引出的道德职责就像从三角形性质中得出三角和等于二直角一样,是必然而且不变的。

(2)不能因为自然法曾经被否定过就认为自己法不是对所有的人都有约束作用。人类不可能改变自然法,因为他们要服从于它,上帝当然也不想废除自然法,因为自然法和人性之间具有的和谐,上帝要废去自然法就不得不同时废去人类。

有后天的证据证明自然法具有普遍约束作用,即如果自然法的约束作用不存在,那么宗教、人与人之间的友谊和忠诚也都将消失。

对于自然法的约束作用可有三种怀疑,但这三种怀疑都不成立:

(1)自然法的约束作用不是永恒、普遍的,因为上帝自己的命令可以废除自然法。比如历史上希伯来人逃往巴勒斯坦的时候,上帝命令他们随身带上埃及人的财物。为回应这一问题需要说明,如果上帝命令某人拿走他人的财产,他所想要见到的一定是财产权发生改变,而不是想让人做偷窃之事。

（2）不能因为有时我们不需要承担服从父母的义务而认为自然法不总是有约束作用。这里必须要说明的是，只要父母的命令合法，子女就一定要服从，但是如果他们的命令不合法，比如与君主的命令相冲突，那么命令的约束作用就终止了。这里不是自然法不再具有约束作用了，而是事情的性质发生了变化。

（3）因为人们的态度和道德观点普遍不同而对自然法的普遍约束作用产生怀疑。可以这样来回应这一怀疑。态度和意见的多样性来自人的脆弱和人群的非理性行为，而不是因为自然法有什么变化。

儿童和白痴的情况不需要讨论，因为自然法不约束那些不懂自然法的人，没有认识自然法途径的人当然不会懂得自然法。

第八篇
每个人自身的利益是自然法的基础吗？
不是

卡尼德斯(Carneades)等人提出心理利己主义或伦理利己主义理论,用人的自然权利和自由来攻击自然法。

解释概念(1)"自然法的基础",和(2)"每个人的个人利益"。

(1) 自然法的基础指的是自然法其他的不明显的律令的标准。

(2) 每个人的个人利益,尽管远非自然法的基础,但可以维护平等的规则。事实上,自然法是每个人的个人利益的最有力保障。不过,这里要讨论的问题是,每个人依据自己道德利益所做出的判断是否就是公正和正当的标准,出于三种理由,我们做出否定的回答:

① 每个人的个人利益不可能是自然法的基础,因为人类生活的职责性行为没有一项是从个人利益中得出的。历史告诉我们,最崇高的德性在于牺牲自己成全他人。(引自卡提里安、西塞罗等人的例证)。

② 如果每个人的个人利益是首要的自然法,则这一法则必然会被破坏,因为不可能同时关注到所有人的利益。世界的自然资源不会随人口和人们欲望的增长而增长,如果某人多得,别人必定少获。因此,从每个人的自我利益是自然法的基础这一假设中可推出(a)人们有义务去做他所不能实现的事,因为一个人的职责性行为必定会阻碍其他人的职责性行为,和(b)人与人之间处在战争状态,放弃了有序的社会生活的全部益处。但如果按照自我利益的反面是自然法的基础的假设,不同人的职责不会发生矛盾(比如,君主的大方不会阻碍臣民的慷慨),它们也不会陷人于冲突。

③ 如果自我利益是自然法的基础,那么全部正义(因为没有每个

人的无可争议的所有权就没有正义)、友谊、慷慨将被废除。实际上,如果生活的职责依赖于人的欲望和自然本能,那么放弃自己的权利或施惠于人就是非法的。这样,从其推论的荒唐就可以看出前提是站不住脚的。如果因为遵守职责往往获得幸福的回报而认为自然法的基础是自我利益,那么这一看法显然是混淆了原因和结果,因为个人的利益不是自然法的基础,而是服从自然法的结果。

自然法论文集

第一篇
有指定给我们的道德规则或自然法则吗？
当然有

　　对于我们,上帝是无处不在的。不论是从当今既定的自然进程,还是从过去经常显现的神迹中,都可以确证上帝的存在。基于上述理由,我认为不会有人否认上帝的存在,只要他或承认理性地解释我们的生活的必要性,或承认确有配称为德性或罪恶的东西。神掌管着这个世界——正是由于他的命令,苍穹旋转,大地静立,群星闪烁;①正是他,甚至为狂暴的海洋划定了界限,为物种制定了萌发生长的方式和周期;也正是由于遵从他的意志,所有的生物获得了自己诞生成长的法则;在事物的整个构成中,没有什么比不承认有适合其本性的稳定有效的运行规律更加不可理喻的了。这些都是万古不易的事实,怀疑它们即为不敬。如此看来,查究是否独有人类独立于任何法则,不带

---

① 这里洛克采用了地心说理论。

任何计划、规则或生活模式降生到这个世界,是合乎情理之事。任何一位思考过全能①上帝或全人类的不变共识,其或只要思考过他自身或他的良知的人,都不大容易相信这种观点。不过在我们开始谈论法则自身以及证明法则的诸多证据之前,我觉得有必要列举出意指法则的各种名称。

首先,我们可以把法则等同于过去时代的哲学家(尤其是斯多亚哲学家)所热切寻求倾情讴歌的道德善或美德。塞涅卡曾经说过,人应该满足于这种独一的善。人们赋予这种善如此之多的尊严和荣耀,甚至获得那些为罪恶所败坏的人的承认,和那些躲避它的人的赞许。

其次,有一种正当理性的资格,每一自认为人类一员的人都有权享有,人群中的不同派别为它而激烈斗争,各自声称只有自己才是其教条的基础。这里理性指的不是组成思想序列和演绎证据的知性的功能,而是一些明确的行为原则,所有的美德以及生成道德的一切必不可少的东西都由它而来。我们认为从这些原则中正确推演出来的东西可被合理地认为是与正当理性相一致的。

数目不菲的其他名称可归入自然法一类。他们使用的自然法这一名称所表达的是:仅借助自然所赋予我们的能力人人都可发现的法则,为义务的原则所要求的必须完全服从的法则;这也是斯多亚学派经常强调的按照自然而生活的法则。

这些名称所意示的这一法则应该与自然权利区别开来:因为权利基于我们对物品的自由使用这一事实,而法则则命令或禁止某一事物的活动。②

因此,这一自然法则可描述为神的意志的法令,这些法令可通过自然之光,通过指明何者与理性的本性相符、何者不相符加以识别,因

① 字面的意思是"最好且最伟大的"。
② 比较霍布斯的《利维坦》第一卷第14章第1部分(帕格森·史密斯编辑,第99页);以及普芬多夫的《法学基本原理》,1660年,卷1定义13第3段。

为正是出于这一原因而有命令和禁令。① 有人将其称为理性的命令，在我看来，这种称呼不够确切，因为与其说理性设立并宣明了这一自然法则，不如说理性寻求并发现了它乃是由至高的权柄所确立并植入我们的心灵的。② 理性是这一法则的诠释者而非制定者，我们若让理性为它本来只能认识的法则负责，将损害至高立法者的尊严；实际上理性无法向我们颁布法则，因为它不过是我们心灵的一项功能，是我们的组成部分而已。很显然，法则的所有必要之物都来源于自然法。因为，首先，法则的形式的原因在于至高的意志。当然，它究竟以何种方式为人类所知晓将在后面的章节中予以讨论。③ 其次，它规定何者可为何者不可为，而这正是法则的功能。第三，它约束人们，因为在它之中包含有任何一项义务的所有必需要素。虽然，毫无疑问，它没有采取成文法那样的方式为人所知，但它却也是尽人皆知（对于它的目的而言，这已经足够了），因为仅借自然之光，我们就可以知晓它。

做了这么多的假设，这一自然法则的存在可通过下述证据加以证明：

第一个证据可从亚里士多德的《尼各马科伦理学》卷 1 第 7 章的一段话中引申出来。在这里亚里士多德论述说，"人的活动是灵魂的遵循或包含着逻各斯的实现活动"，④由于在之前的段落中亚里士多德已经通过好几个例子表明，每一事物都有其独有的功能，在这里他试图发现人所独有的功能是什么。因此，在考察了人和植物、动物所共有的生长、感受功能以后，最后他正确地推论说，人的独有的功能是能

---

① 对这一句话以及下面把自然法定义为理性命令（dictatum rationis）的话，参见格老秀斯的《战争法与和平法》，卷 1 第 1 章第 10 部分第 1 段。句子开始部分表达的观念重现于洛克 1661 年的札记簿（收于 1858 出版的金勋爵《生平》一书第 292 页）第 10 页一个句子的开头部分。关于法则与人类理性本性之间"相符（conformity）"或"一致（harmony, convenientia）"的观念，参照自然法论文第七篇，f. 99。

② 比较卡尔佛威尔的《自然之光对话》（1652 年）第 9 章，第 99 页（布朗编辑，1857 年）；同时可参见胡克的《教会政治的法律》卷 1 第 8 章第 3 段（科布勒版《胡克全集》，1865 年，卷 1,228）。

③ 参看自然法论文第二篇以及它后面的论文。

④ H. 拉克海姆（H. Rackham）译，1943 年，第 20 页。

够按照理性而行动。同样地,在卷5第7章,亚里士多德区分了法律的正义和自然的正义,"自然的公正对任何人都有效力"。[①] 因此,可以正确推论说,存在自然的法则,因为有一种法则处处适用。[②]

正是在这里有人反对自然法,认为根本不存在这样的法则,因为自然法无处可寻,从大多数人的生活来看,似乎根本就没有什么理性的基础,也不存在所有人都承认的任何法则。相反,人们似乎恰恰是在法则问题上最难一致。如果自然法果真可通过理性之光加以识别,为什么并非所有有理性的人都对它有所认识呢?

对此我的回答是:首先,正如在政府事务上,一个失明的人或视力不佳的人不能或很难阅读一则张贴在公共场所的法律通告,一个忙于其他事务的人无暇阅读通告,而一个游手好闲的人或一个坏人根本就无视公告牌,因而无从得知他应予承担的义务,但我们不能从这样的事实得出结论,说根本就没有法令或法令没有公布。因此我认为,就其本性而言,所有的人都天赋理性,通过理性可识自然法,但从这一观点出发并不能必然得出每一个人都知晓自然法。因为有人不愿运用理性之光而宁愿耽于昏冥。即使太阳也无法示人以道路,除非旅人主动睁开双眼,为自己的行程早作绸缪。另有一些人在罪恶中长大,很少去分别善恶是非,恶劣的生活方式随时间的流逝而凝固成型,而罪恶的习惯甚至能败坏原则。还有一些人由于自然的缺陷,心智太过迟钝,无力窥知自然的隐秘法则。在日用琐细或通识常理中,遵从理性安排的人真是难得一见。当人们或为暴虐的欲望引入歧途,或因无所用心而麻木冷漠,或因习惯而败坏,这时他们乐于顺从享乐的诱惑或听命于本能的要求,对理性的命令则充耳不闻。在全体国民中谁了解国家的法律,尽管它们曾被颁布,悬于公共场所,容易读到且易于理解?而他所了解的隐而不显的自然法则更是微乎其微了。因此,在这件事上,应该咨询的不是人群中的大多数而是那些更为理性更为敏锐

---

① H.拉克海姆译,1943年,第97页。洛克未提及亚里士多德在特殊的成文法和普遍的、依据自然的法之间做出的另一区分(《修辞学》,1373b4)。

② 参见笔记E,第282—283页。

的人。

　　其次,我的回答是,虽然甚至是相当理性的人们对于自然法是什么、自然法的真理和箴言是什么难以达成绝对一致的意见,但这并不意味着根本就不存在自然法;相反,正是由于人们对此争论不休,才表明确实存在着自然法。正如对于一个国家而言,因为法学家对法律的解释五花八门而否认法律的存在是错误的,同样地,对于道德而言,因为它时而被认为是这样时而被认为是那样而否认自然法的存在也是不恰当的。这一事实只能更肯定自然法的存在,因为所有的争论者对自然法本身都持同一意见(因为他们都知道就本性而言某些事物是恶的,某些事物是善的),他们的分歧只在于对自然法的解释不同。当然,如果我们想进一步了解知晓这一法则的方式,这一论证也就不得不更深入一步了。①

　　证明自然法存在的第二个论证可从人的良知中引申出来;②也即是说,从"没有任何做过坏事的人能免于自己的谴责"这一事实中引申出来。因此每个人加给自己的判决证明了自然法的存在。因为如果没有理性所宣告的我们必须遵从的自然法,则那些不承认有另外的法则引导或责成他们的人们的良知又是如何裁判他们的生活和行为,或豁免或宣布他们的罪责的呢?③ 既然没有法规就没有宣告。这一法规不是书写出来的,而是天生的,也就是说,是自然的。④

　　第三个论证引自这个世界的构成方式。在这个世界中,万物都有适合其本性的运行规则和存在方式。规定了万物运行的形式、方式和

_____

① 自然法论文第二篇以及其后的论文。
② 伽布瑞尔·陶尔森的一封信(在第 8—9 页转引)启发了洛克从良知中引申自然法则的论证。陶尔森在自己的著作《十诫释义》(对话 1,第 2—3 页)中比较详细地解释了论证的过程。在致洛克的信中,陶尔森写道:"我认为你有责任……简要复述你自己的反对意见。"这一句话看来提到了上述对自然法存在的第一个论证的反对意见以及洛克对此的答复。
③ 参见《罗马书·2》,14—15。
④ 参见桑德森,《论良知的义务》,1647 年,讲演 4 第 14 段;同时可参见桑德森的《论教会的安排》(*Judgment in one View for the Settlement of the Church*),1663 年,收于沃尔顿(I. Walton)的《桑德森博士生平》,1678 年,第 117—118 页。

尺度的正是法则。① 阿奎那认为，被造物中所发生的一切都是永恒法的主题，在希波克拉底之后，他认为，"万事万物，无论大小，都成就其命定的任务"，也就是说，任何事物都不能丝毫偏离为其度身定作的法则。所有的事物都不能不受法则的限定，人也不例外。相反，人有适合其本性的行为方式。创造一种近乎完美充满活力的动物，赋予他以超越其他生物的心灵、智能、理性以及所有其他适合劳作的必备之物，但却没有为其指定任何工作，或者说唯独让人准确领会法则，但又让他无所遵从，这些与造物主的智慧都是颇不相称的。

　　第四个论证取自人类社会。没有自然法则人与人之间就不会有社会交往和联合。实际上，人类社会看来依赖于两个要素：首先是明确的国家构成和政府形式，其次是契约的实现。如果这两个要素被废除掉，那么任何人类共同体都将解体，正如如果自然法被取消，这两个要素也就解体。② 实际上，如果能造成最大损害的共同体的组成部分随心所愿任意胡来，如果最高权威享有毫无控制的自由，那么政体的形式、国家的宪法以及国家利益的安全将会如何呢？由于按照自己意愿确立或重新制定法律、操控生杀大权的统治者没有而且也不可能受他们自己或其他人的成文法的约束，如果没有另外的更高的自然法则，即统治者必须服从的法则，那么人们的利益将会如何？社会的福利又将如何？难道人们联合在一个国家里仅仅是为了更易成为他人权力的猎物？如果没有自然法，统治者的处境也不会比臣民更好，因为没有自然法人民也不会接受国家法律的约束。当然，成文的民法除自然法以外并不受自己的本性和权力的约束，自然法要求民法服从最高权威，维持公共和平。因此，如果没有这一法则，则统治者可动员军队强迫群众服从，将群众置于他们无力承担的负轭之下。如果没有自然法，人类社会的其他基础，即忠诚履行契约也将土崩瓦解，因为当别

---

① 在其拉丁语著作《论政府官员》（第 6 页）中，洛克引述了胡克在《教会政治的法律》卷 1 第 2 章第 1 段（科布勒编辑，1865 年，卷 1,200）的一句话，这一段落中的这句话显然是原型。
② 参见格老秀斯的作为市政法律的曾祖母的自然或自然法概念。（《战争法与和平法》"前言"，第 16 段）

119

的地方另有更好的交易,不能期望一个人会仅仅因承诺的缘故而守约,除非守约的义务来自自然,而不是来自人类的意志。①

第五个论证是,如果没有自然法将既不会有美德也不会有罪恶,既不会有善的报偿也不会有恶的惩罚:没有法律的地方也就没有错误和罪责。② 一切事物都不得不依赖于人的意志,而且,由于没有任何东西能要求责任行为,看来除了功利或快乐的要求以外,或除了什么盲目的无法无天的冲动以外,人不会受制于任何约束。"正直的"和"美德的"将会作为没有意义的词汇而消失,或只剩下一个空洞的名称。由于没有法律颁布命令或禁令,人也不会犯错误,他将享有完全的自由,成为自己行为的全权裁判。如果他果真如此无拘无束,他将对自己的生活和健康无所用心,③但看来人对于荣誉和责任毫不懈怠,因为不论我们的德性或罪恶有什么荣誉或卑贱,都来源于自然法;善和恶的本性是永恒确定的,公共的条令或个人的意见都无法决定它们的价值。

---

① 参见普芬多夫的《法学基本原理》,1660年,卷1定义12第16段末尾部分。
② 这一警句来自霍布斯的《利维坦》,第一卷第13章(帕格森·史密斯编辑,第98页),同时可参见《罗马书》第4章15节,引自卡尔佛威尔的《自然之光对话》,第6章第77页(布朗编辑,1857年)。
③ 参见洛克1661年的札记簿中论放纵的一段话,收于金勋爵的《生平》(1858)第293页。

第二篇

能借助自然之光认识自然法吗?

是的

由于善恶的一些原则为全人类所共知,也由于不存在一个如此野蛮如此不开化的民族,以至于不知道任何德与恶的观念,不知道任何赞扬与谴责的良知意识,看来我们接下来必须探寻人类是以何种方式了解这一自然法则的。人们以普遍的同意表达对这一法则的敬意。自然法深植于人性之中,破坏了对于自然法的情感,同时也就破坏了人性自身;因为在一个人宣称自己完全自由之前,自然必然已经遭到了整体的否定。现在我们认为,我们认识自然法的方式是通过自然之光,而非其他的途径。但是当我们声称自然之光指向这一法则的时候,我们的意思不是说内在的自然之光凭其本性移植于我们心灵中,不断向我们提示着责任,引领我们一路向前。我们说的不是像刻在石碑上一样镌刻在我们心灵中的自然法,也不是一当内在之光临近(就像火炬靠近悬在黑暗中的布告牌),就能为内在之光顺利读出的自然法。相反,通过自然之光了解事物的说法,我们指的是一个人不借他人之力单凭自己正确运用自然天赋的能力就能通达的真理。

有三类知识,如果不过分讲究用词的话,我将其分别称为刻写的(inscription)①传统的(tradition)②和感觉经验的(sense-experience)。还可以加上第四类知识,即超自然的和神的启示,但这不是我们目前论证的部分。因为这里我们讨论的不是受到神灵启示的人的经验,或被天堂之光照亮的人见闻,而是一个天赋知性(understanding)、理性

---

① 即先天具有的知识。
② 即来自信息传播或教育的二手知识。

和感性知觉的人借着自然的帮助和他自己的睿智能发现什么。所有这类学识,不论其范围(无疑它们都取得了极大的进步),都不囿于其界限之内而跨越了整个世界,甚至开始深思天空,而且小心翼翼地探索精神和心灵的性质和功能,以及适用于它们的法则。我再重申一遍,所有这类学识通过上述三种途径都到达了心灵,① 而且除此以外,也不存在知识的其他的原则和基础。因为不论我们知道什么,它们或来自自然天赋在我们心灵上刻写的印记,或来自口耳相传,或来自我们的感官。

由于我已经提出要处理知识的方式,有人可能开始疑惑,为什么我没有提及理性——这重要而且看来最为主要的知识之光,尤其是自然法则常常被称为正确的理性(right reason)自身以及正确理性的命令。对此我们的解释是,这里我们讨论一切知识的第一原则及其来源,也就是基本的概念和知识要素进入我们心灵的方式。但我们认为,所有这些都非理性所能把握的:它们或是通过刻写而印制在我们心灵中,或是通过二手途径为我们所知,或是通过感觉为我们所了解。实际上没有哪种知识是通过理性这强大的论辩功能而获得的,除非已经预先设定了某种东西。众所周知,理性利用知识的这些要素以对其进行扩展和提炼,但在确立知识时却没有理性的尺寸之工。理性没有奠定基础,虽然它一次又一次树立起了一座座堂皇的大厦,一次又一次把知识的尖顶拔向天际。尽管一个人可以不假任何前提轻易确立一个三段论以发现理性的用处,但我们现在寻求的是知识的真正起源。

(1)说到刻写,有人认为,从一出生自然法即被赋予我们,并且自然将其以同样的方式赋予每一个心灵,没有人生来不具有这些天赋的关于他的责任的文字② 和记号,没有人生来思想中不具有这些道德箴

---

① 这里最后一句话的意思是清晰的,但由于句子结构的某种模糊性,我对自己的译文感到不足。我把 uns 解为副词。

② 在《人类理解论》卷 1 第 2 章第 1 节中,洛克提到"基本概念"或"文字";在卷 1 第 2 章第 27 节中,他提到"记号"和"文字"。

言和行为规则;从自我之外的其他来源寻求知识是不必要的,因为人自身即具备法典大全①而且时刻展现在他眼前,这部大全包括有构成他职责的一切要素。众所周知,这是一种简单②便捷的知识方式,如果人们知识足够丰富、天资足够聪颖,从降生起即对何为适当、何为不妥了然于心,那么人类的生活将非常幸福。如果接受了这一观点,我们的断言的真实性将牢固建立起来,即可通过自然之光了解自然法。我们将在另外的场合讨论我们的心灵中是否真的存有自然法的印记,自然法是否以描述的方式显现于人类。③ 就当前的问题来说,能证明这一点已经足够了:如果人类能够恰当运用自然赋予他的理性和天生的功能,可以在没有任何教师教导、没有任何监督者提醒的情况下,获得有关这一法则的知识。④ 不过,如果我们能证明这一法则可通过传统以外的方式获得,则足以表明它是凭着自然之光和内在原则获得的,因为,不论一个人知道什么,他必然或是通过别人或是通过自己知道它的。

(2) 接下来我们来考察传统的方式。传统的方式不同于感觉经验的方式,不是因为传统不是通过感觉进入心灵——传统是通过口耳相传而延续的,而是因为耳朵只听闻声音,而信念则包容事实。例如,假设我们相信西塞罗对恺撒的描述,那么我们相信确曾有恺撒其人,因为西塞罗认识他。现在,对于传统,我们认为它不是认识自然法的方式;我们如此认为不是因为我们要否认某些甚至几乎全部的自然法诫命是由父母、教师传授给我们的。所有这些教育者忙于培养年轻人,以德性的知识和挚爱浇灌尚显柔弱的心灵。因为,我们必须百般警惕,以免人类的灵魂耽溺于享乐,或为肉体的诱惑所俘获,或被随处可见的坏的榜样引入歧途,这样才能显现出理性更为纯粹的教训。那

---

① 参见卡尔佛威尔的《自然之光对话》,第9章第99页(布朗编辑,1857年),引自希埃罗克利斯(Hierocles)。

② 参见《人类理解论》卷1第3章第25节。

③ 《人类理解论》卷3。

④ 句子最后部分来自西塞罗对自然法的定义,《论国家》,卷3,22(拉克坦修《神规》卷4第8章第8节(Lactantius, *Inst. Div.*))。

些对教育年轻心灵稍加留意的人以及那些很早即确立德性基石并努力培养敬神爱神、服从权威、诚实守信、温和友善之情感的人都持这种观点。因为所有这些都是自然法的金科玉律，我们不否认它们可以在人与人之间传递，我们要否认的只是如下这一点：传统是了解自然法的基本的确定的方式。我们从别人谈话中的所得，因为别人坚持它们是有益的而为我们所接受，它们可以确保我们的道德正确责任明晰，但它们来源于别人的教导而绝非来源于理性。大多数人对来自传统的第二手的行为准则感到满意，他们仿照他们碰巧生活于其中的人们的态度和信念确立自己的道德，除了他们生活于其中的社会的习俗和人们的共同意见以外，他们不再另外有关于善和正当的准则。因此，他们根本就不会劳神费力从其正宗源头推演自然法，考察职责的基础建立在何种原则之上，它们是如何创建义务，以及它们的最初起源是什么，因为毕竟，他们是由信念和赞同而不是自然法引导的。但是自然法就其是法则而言，不是通过传统而为我们所知。如果我没有错误，下列论证可证明这一观点。

首先，在如此之多相互冲突的传统中确定自然法为何物是不可能的，甚至完全明确何为真何为假、何为法则何为意见、何为自然的要求何为功利的需要、何为理性的建议何为社会的教导都是困难的。由于全世界的传统如此多样，由于不仅民族与民族之间甚至在同一民族之内人们的意见明显对立且互相拆台，最后由于每个人都竭尽全力维护和传扬自己的意见，如果的确是由传统奠定我们责任的基础的话，找到这一传统或拣选这一真理也是根本不可能的，因为我们找不出任何理由将传统的权威或信任赋予稍老一代的人而不是观念与其正相反对的紧随其后的一代人；除非理性在传承的事物自身中发现差异，或借自然之光发现其中一种意见比其他意见更可接受从而采纳它而拒斥另外的意见。自然，这样的程序与信仰传统是不同的，这是对事物自身形成一种深思熟虑的意见的努力。这种做法彻底取消了传统的权威性。如此一来，存在三种可能性：为了认识传统所颁布的自然法，人们不得不运用理性和理智，则全部传统失去其权威；自然法不能由传统而知;自然法根本就不存在。由于自然法在任何地方都是同一的,而传统变化多端,或者根本就没有自然法或者自然法不能借助传统认识。

其次,如果可从传统认识自然法,则这事关涉信任(trust)而非知识,因为这依赖信息给予者的权威多于依赖事物自身的证据,而且它因此是引申的法则而非天生的即自然的法则。

第三,那些坚持通过传统认识自然法的人明显自相矛盾。任何愿意回顾的人,当他追溯传统的时候,必然要在某一点停留下来,确定某个人是这一传统的始祖,而这一始祖或是发现了铭刻于心的自然法或是从感知到的事实推理得到了自然法。这些认识方式同样可为其他人所用,而且只要每个人在其自身都具有同样的基本认识原则,那么传统就是多余的。但是如果那个身份可疑的传统的第一塑造者是受神灵启示或通过神谕而向世界发布一道法令,则以这种方式颁布的这类法令根本就不是自然法,而是成文法。

因此我们得出结论:如果有自然法(这没人否认),它不可能通过传统而认识。

(3)留待讨论的知识的最后一种方式是感性知觉,这是自然法知识的基础。不过,可不要以为自然法如此显而易见,以至于我们可轻易目视之手触之耳闻之。我们正在寻求这一法则的知识原则和起源以及它经由何种方式为人类所知,我认为一切自然法的知识基础都来自我们通过感觉而感知到的事物。从这些事物出发,人类独有的理性和论证能力上升到这些事物的创造者的概念(这类论据一点也不缺乏,比如从物质、运动以及这个世界的可见结构和次序必然推导出来的论据),最后,理性和论证能力得出确定的结论认为,某种神灵是所有这些事物的创造者。一旦得出这一结论,约束所有人的自然的普遍法则的概念也就必然出现。这一点在以后的讨论中将更为清楚。① 从上面的论述可以清楚知道,有一种可通过自然之光认识的自然法则。

_____

① 《人类理解论》卷4。

人类中不论什么获得了法则的效力,必然要仰赖上帝或自然或人为其创制者。但是不论人或上帝命令了什么,它们都是成文法。但是由于自然法则不可能通过传统而知,惟一剩下的就只能是通过自然之光为人所知了。

针对我们的结论,下列反对意见认为:如果自然法则是通过自然之光为我们所知的话,那怎么会有那么多心怀自然法则受其启发的人对此茫无所知呢?为什么那么多人对自然法的认识迥乎有别呢?如果所有的人都是通过自然之光得到自然法的知识,看来这样的事就不可能发生。

如果我们断言自然法刻写在我们的心灵中,那么这种反对意见就有几分力道。如果我们如此假设,那么可顺理成章地推出,关于自然法的思想应该处处都一样,因为写在每个人的心里并揭示给每一知性的都是同一条自然法。我们的回答是:假设我们的心智的确可以引导我们认识这一法则,但这并不意味着所有的人都必然会正确运用这一心智。图形、数字的性质和特征够明显的了,而且无疑可通过自然之光加以认识。但从这一事实并不能推出,不论是谁只要具备心智能力就能成为几何学家或通晓全部的代数知识。为了从可感知的、显而易见的事物中通过论证和推理深入其隐藏的本性,需要集中心神,慎思明辨。大地深处埋藏着丰富的金银矿藏,人类可用双手把它们挖掘出来,也可用理性发明机器。但是不能就此得出所有的人都是富豪。他们必须首先装备自己,再付出巨大的劳动才能使那些藏在地底的资源见到天日。矿藏不会主动呈现给那些闲散怠惰的人,甚至也并不是所有辛苦寻宝的人都有所获。但是如果在与日常生活实践相关的事务上我们都遇不到多少遵从理性的人,因为人们只是偶尔挖掘自我以探寻生活的条件、方式、目的,那么他们也就不怎么想了解本就众说纷纭疑窦丛生的自然法问题了。多数人都不大关注职责,与其说他们受理性的引导,不如说他们或受他人示范的引导,或受国家的传统风俗习惯的引导,或受他们相信善良明智的权威之人的引导。他们满足于从别人的行为、意见和建议中得来的未经认真考察过的二手准则,除此之外,他们不需要其他生活和行为的规则。不能因为只有很少一部分既不被恶行所腐蚀又不冷漠粗疏的人恰当地运用了自然之光,而推论说自然法不能凭自然之光而认识。

第三篇

自然法刻写在人的心灵了吗？

没有

早些时候我们已经证明,有自然法则且这一法则可借助自然之光而不是传统得到认识。对此人们自然会疑惑,这一自然之光是什么:是不是像阳光一样,用光线使我们看到整个现实,而它本身却隐藏在黑暗里,是不可知的。[①] 由于事实上如果没有那一知识的原则或烙印在灵魂的初始本性中或通过感觉由外面传递进来,人类将全然无知,看来值得花费一些力气考察这一知识的第一来源,看看新生儿的灵魂是否像未刻字的石板一样空空如也,静待观察和推理来充实之;或是否有作为职责标记的自然法则从出生起就刻印在上面。我们要探寻自然的法则是否写在人类的灵魂上的意图是想明确:心灵中是否有天赋的道德主张,由于它是刻写在心灵上的,那么心灵对它就像对待意志、知性等自身功能一样自然而熟悉;尽管它们清晰且不可改变,我们能否不通过研究或刻意的思考而认识它们。下面的论证将表明,我们心灵中不存在那种自然法的印记。

(1) 出生时人类的灵魂不是能接收各类印记但自然在上面却没有刻印任何东西[②]的白版——到目前为止这还只是一个空洞的断言,尚没有人证明它,尽管许多人为此努力。

(2) 如果自然将这一自然法则在出生时烙印在所有人的心灵上,那么为什么装备着这一法则的人们不能即刻一致同意并服从它呢?就这一法则而言,它们的差异如此广泛,这里宣布一条自然规则和正确理性,那里又宣布另外一条,同一种东西对某些人是善的,对另外一

---

① 参见《人类理解论》"导言"第1段。
② "文字"、"基本概念",参见《人类理解论》卷第1章第1节。

些人却成了恶的。有些人认可一个不同的自然法则,另外的人什么也不认可。但所有的人都看出其中有暧昧不明的部分。[①] 如果有人对此回答说(我知道已经有人这么做了)自然刻在我们心灵的法则因人类的堕落已经被部分消蚀掉或全部抹去了(那些从未听说过亚当和他堕落故事的人类中的大多数对此证据一无所知),这样的回答不仅未能引起哲学家的特别关注,而且也根本没有解决困难消除疑义。因为既然他们坚称这一原初写在人类心灵的法则被抹去了,那么他们必须在两件事中证明一个:这一自然法则或是部分丧失了,即某些自然法箴言彻底消失了,或是全部丧失了。如果仅仅是这一法则中的一部分从人类心灵中彻底抹去,那么留下来的部分或是所在皆同,或是因人而异。如果所在皆同,那么世界上所有的人能对其律令顺利达成共识,因为它们容易知晓。但我们知道这绝非事实。如果留在人类心中的自然法则因人而异互不相同,我想请问这些差异的原因何在,自然的杰作不是处处相同而且一致吗?另外,声称人类的心灵恰恰在第一原则上互不相同,这听来不显得不合情理吗?而且,如果认为自然的命令和行为原则因人而异的话,自然法和明确的道德规则是通过何种手段为人知晓的?但是如果断定这一规则被全部抹去的话,我们追寻的自然法又在何处?看来我们必须在刻写之外找到另外一种知识的途径。

(3) 如果这一自然法则刻写在人类心灵中,那么为什么儿童、文盲和那些没有制度、法律和知识但被认为是按照自然而生活的原始民族不能很好地通晓和理解这一法则呢?他们都未受可能会扭曲心灵的外来观念的污染,没有吸取可能会腐蚀、遮蔽、破坏自然律令的其他渠道来源的意见,他们服从自然以己为师。如果自然法果真写在每个人的心灵中,那一定能在他们那里原封不动地找到它。[②] 但是任何查阅新旧两个世界历史的人或环球旅行家都会轻易发现,这些人们的道

---

① 参见霍布斯的《利维坦》第 2 卷第 26 章(史密斯编辑,第 212 页)

② 比较卡尔佛威尔,《自然之光对话》第 10 章第 118—119 页。(布朗编辑,1857 年)引自克劳迪·塞尔马修斯(Salmasius)《论发式》(De Coma)。

德离美德是多么遥远，他们对于仁慈的情感是多么陌生，因为正是在那里充斥着如此之多伪装诚实、背信弃义、血腥骇人的祭祀牺牲。没有人会相信这些未开化的原始部落能最好地理解和执行自然法，因为在他们之中看不到丝毫虔敬、怜悯、忠贞、纯洁和其他美德的痕迹，相反，他们无耻地把自己的生命消耗在抢劫、偷盗、纵欲和谋杀之中。这些除了自然本身没有其他指导的人们，自然律令在他们那里受到任意道德习俗的侵蚀最少。但是如果连他们对自然法都一无所知，就像从不存在什么正当和善的原则一样，那么看来自然法确实没有写在人类的心灵中。

我本人承认，在那些通过训练和道德教导而获得优雅举止良好态度的人们中间，确实存在一些明确无疑的道德观念，但是虽然他们可能将此误认为自然法并且认为是自然书写在他们心灵中的，我却不认为它们是从自然得来的，而应该是另有源头。尽管它们可能是些自然法的箴言，但它们不是得自自然而是得自人类。我们牢牢抱持的这些关于道德正当和善的意见，其中的绝大部分是在我们年幼尚未获得道德自主或不能识别其暗示默化的时候，流入我们未加防范的心灵，由父母师长或其他与我们共同生活的人灌输给我们的。由于这些人相信，这类意见对生活秩序至关重要，或者他们自己就生长于这些意见中，他们很容易以同样的方式向年轻人灌输同样的意见，他们认为这是善和幸福生活所必不可少的意见。在这类事上，最谨慎最热心的是那些认为全部来世的希望依赖于开始阶段确立的道德基础的人。最后，因为这些意见以这种方式神不知鬼不觉地潜入我们的心灵，在我们心中悄然生根发芽，又因为这些意见借着与我们进行社会交往的人们的普遍首肯获得自己的权威，我们立刻想到我们必须得出结论，它们是由上帝和自然刻在我们心中的，除此之外我们看不到另外的来源。由于在日常的实践中我们已经牢固建立起了把这些意见当作行为规则的意识，如果我们对它们是否反映了自然法产生怀疑，那么我们将既缺乏面对未来生活的信心，又懊悔已经过去的生活。如果自然法不是我们所观察到的样子，那么必然的结论是，我们一直以来生活得一团糟而且没有理性。正是由于这一原因,我们牢牢抱定幼年时期别人灌输给我们的意见,把它们摆放在极高的位置,固执地相信它们,不允许任何人对它们评头论足。由于我们把它们宣布为原则,我们既不允许自己怀疑它们,也不和任何否认它们的人对话(因为我们相信它们是第一原则)。由上述的论证可知,人们可把许多实际上来自其他渠道的东西认作自然天赋的;不能仅仅因为我们热切地信仰什么、把它当为第一原则,它就真的成为自然书写在我们心灵中的自然法。

(4) 如果这一自然法则刻写在我们的心灵中,既然据称它被直接刻在灵魂上而很少依赖于身体器官的组织结构,那为什么愚蠢的人和不明智的人不知道它呢?[①] 但是聪明人和愚蠢的人公认的惟一区别正在这里。

(5) 如果自然法的确刻写在我们心灵中,我们必须就此推论说,和实践原则一样,思辨的原则也刻写在了心灵中。但这似乎难以证明,因为如果我们尝试寻找各门科学的第一普遍原则(即同一律),将很容易[②]发现,这一原则不是自然刻写在每一心灵的公理,也没有被任何既未曾从别人那里听闻也未曾借助个案观察和归纳推理独立加以证明的人理所当然地接受。[③] 因此,在我看来,没有任何原则,不论是实践的还是思辨的,是自然刻写在人的心灵中的。

[①] 从 cum 到 corporis,在拉丁语句子中有一模糊之处;如果与洛克《人类理解论》中一个非常相似的地方相比较,卷 1 第 1 章第 27 节(弗雷泽版,卷 1,61),从句可译为:"由于(如他们所说)那些很少依赖于身体组织结构的原则正是刻在灵魂自身。"

[②] 《人类理解论》卷 1 的整个第 1 章都用来捍卫这一说法。

[③] 参见《人类理解论》卷 4 第 7 章第 3 节。在《人类理解论》卷 4 中,洛克区分了经验概括和自明真理。约翰·穆勒和其他经验主义者接受把逻辑原则当作归纳真理或经验假设的解释。在这一段落中,洛克可能受了卡尔佛威尔在《自然之光对话》中的第 11 章第125—127 页思想的影响。

第四篇

理性能通过感觉经验获得自然法知识吗？

能

上面我们已经证明，可通过自然之光了解自然法。自然之光是我们此生惟一的向导，在种种责任的纠结中，自然之光保证我们不会误入罪恶和错误的歧途，引导我们步入出于上帝之手的德性和幸福的殿堂。但是由于这一自然之光隐藏于黑暗之中，而且似乎认识它远比遵从它更为困难，因此看来为驱散黑暗沐浴在阳光中而付出的努力是物有所值的。当然，我们不但应该像动物一样为生存而利用这一天分，而且还应该深入探寻这一天分的性质和来源。但是由于已经提到原因，这一自然之光既非来自传统又非自然刻写在我们心灵中的内在道德原则，那么它必定只能通过理性和感觉经验加以认识。因为看来只有这两种能力能教导心灵，提供有关自然之光的知识，否则那些呈现于心灵面前的事物只能退隐在黑暗中不为人知。只要这两种能力互相配合，感觉为理性提供特殊感觉对象的观念以及对话的主题；理性引导感觉，安排来自感性知觉的事物映像以形成新的事物映像，则将不会再有心灵通过反思推理竟不可理喻之暧昧隐晦、深藏不露的事物。但是如果我们拿掉其中一个，另外一个也将无用武之地。如果没有理性，即使有感觉，我们也很难达到动物所理解的自然的层面，因为猪和猿以及许多其他四足动物在感觉的敏锐性方面都远远超过人。另一方面，如果没有感觉的帮助，理性所能达到的成就也不会超出在一扇关闭的窗户后面劳作的人所能达到的程度。[①] 除非对象的观念深

---

① 比较卡尔佛威尔在《自然之光对话》第 11 章第 125—127 页（布朗编辑，1857 年）提到亚里士多德的白板(tabula rasa)学说和"感觉的窗户"之说。在 1671 年的《人类理解论》的一份草稿(兰德编辑，1931 年，第 84 页)以及在《人类理解论》(卷 2 第 10 章第 17 节)中也采用了类似的说法。

入心灵,否则就不会有推理的主题,心灵就会像一个缺砖少瓦的建筑师一样,无力构建知识的大厦。我们这里所说的理性指的不是某些一当生活中的行为与其相应,这些行为即被认为与正确理性一致这一意义上的道德原则或放置在我们心灵中的命题,因为这种类型的正确理性不过是已经知道的自然法,而非可供利用的手段。这也就是说,它是理性为了生活的方向和性格的形成而追寻探求的真理。相反,这里所说的理性指的是心灵以一种明确固定的命题次序从已知事物推知未知事物、从某一事物论证另一事物的推论能力。人类利用这一手段获得自然法知识。理性建立起来并视之为天人的这一整个知识,其所依赖的基础是感觉经验的对象,因为感觉为对话提供全部主题,并且引导对话深入心灵最深处。实际上,不论何时,每一论证都开始于已经取得的、没有疑义的知识,①没有预先给定的或感知的真理,心灵无法论述或推理。正如不论多么敏捷的四足动物如果没有立足的地方就不能跑来跑去一样。理性在数理科学中取得了惊人的发现,但所有这些发现都依赖于一条直线、一个平面、一个立方体作为其基础。当然数学设定了这些运算的对象以及其他普遍原则和公理,②它并未发现它们,也未证明它们为真。简单地说,理性在转换和审察其他形式的知识以及修饰和完善任何东西时,采纳了同样的方式。如果有什么甚至连理性都感到惊异而宣布为新发现的朦胧、庄严、尊贵的东西,如果你重新审视每一门思辨科学,你会发现没有一门不是预先设定从感觉中而来的某种事物。像身体感觉中的每一观念一样,心理感觉中的每一观念也都来自一些预先存在的材料,在道德和实践科学中理性以同样的方式运作,要求提供这一材料。但为了了解感觉经验和理性如何相互协作引导我们获得自然法知识,必须首先设定一些确定的事

---

① 比较亚里士多德的《尼各马可伦理学》卷 1 第 4 章 1095a30 以下部分。同时比较卷 6 第 3 章 1139b26 以下部分,以及卷 1 第 1—2 章 71a1 以下部分。还可参见《形而上学》A,9,992b30;洛克在《人类理解论》卷 4 第 7 章第 8 节中提到并且反对的学术规则——所有的推理都是由预知和预觉来的使得全部知识依赖于格言。

② 参见亚里士多德的《论题篇》(topics)卷 6 第 4 章 141b5 以下部分。卷 1 第 18 章前后。词汇 principium 这里的意思是"始点",这是它非常常见的意义。

实,在任何知识和法则中都是如此。首先,为了让每个人都知道他受
一个法则的约束,他必须事先知道有一个法则的创造者,即他必须服
从的某种权威力量。其次,同样有必要知道,我们所做的事中存在某
种最高权威者的意志,也就是说,法则的创造者,不论他是谁,希望我
们做这一件而不是那一件事,要求我们的行为与他的意志保持一致。
在下面的篇幅中我们将澄清感觉经验的贡献和理性的作为,以便将自
然法的知识所要求的这两个预设呈现在我们面前。

首先,由感觉经验可知,在自然界中有可感物,即确实存在固态物
体及其种种状态:轻重、冷暖、色彩及可感觉的其他特性,[1]这些都可回
溯到运动。[2] 这一可见世界具有严格的规律性,是由非凡的匠心建造
起来的。我们人类也是这一世界的一个组成部分。我们看到:行星按
固定的周期运转,江河奔流到海,年复一年,季节流转。所有我们已经
知道和即将知道的一切都来自感觉。

其次,在更仔细地思考为感觉所感知的世界的结构,沉思被观察
到的对象之美以后,[3]心灵继续追问它们的起源,探寻这一杰作的原因
和创造者,因为毫无疑问,这些都不可能得自偶然。所有这一切必定
有一个万能的、智慧的创造者,是他创造了这整个宇宙以及宇宙中尽
管有死但却并非最低级部分的我们。因为世界的其余部分,无生命物
和兽类,不可能创造出远比他们完美的人类。另一方面,人类也不可
能创造出自己。毫无疑问,我们不能把自己的起源归给自己,不仅因
为没有任何东西是其自身的原因——如果我们愿意承认上帝,这一公
理显然不能阻止我们相信,某些不依赖于他者的东西是存在的;而且
因为人不能在自己身上找到他的心灵可以想象到完美。(略去关于万
物的完善的知识以及自然中凌驾于万物的更高权威)如果人类是他自

---

① 在 1671 年的《草稿 A》(阿隆和吉波编辑,1936 年,第 8 页注释 1)中,洛克解释说"特性指
的是我心中的任何简单观念的原因。"(参见洛克在《草稿 A》最后部分第 73 页的更具体
的解释)
② 参见《人类理解论》卷 2 第 8 章第 11—12 节。
③ 这里提出的上帝存在的证明结合了运动证明和创造证明。紧接着他加上了人类学
证明。

己的创造者,能够赋予自身以存在,那么能够把自己带到自然中来的人同样能够给予自己不朽的存在。不能设想什么东西会对自己如此不友善,如此充满敌意,虽然能够赋予自己以存在,但当一段短短的生命周期结束的时候,却又不愿保存自己,而宁愿让它随风而逝;而如果没有生命,所有其他珍贵的、有用的、宜人的和幸福的事物都将转瞬成空。保存某物显然比创造它花费的力量要小,即使退一万步,也只能说所费相同,[①]不管是谁在什么时候命令某物存在,他同样能命令它们在别的时候不再存在。由此来看,在我们之上必定存在某种更有力更睿智的存在者,他可根据自己的意志把我们带到这个世界,维持我们的存在,同时也能把我们带离这个世界。因此,根据感觉的证据,理性推论认为,必定存在我们应该服从的某种至上的力量,也就是说,具有公义和权柄的上帝,可以随自己的心愿使我们升起,也可以随自己的心愿让我们跌倒,他既有力量使我们欢笑,也能以同样的力量令我们哭泣。既然上帝用他的巧手亲自创造了灵魂和身体,细致查看了两者的功能和力量以及它们的结构和性质,他能用悲伤或兴奋激励心灵,也能用痛苦或快乐搅扰身体;他同样也能把它们抬升至幸福的顶峰,也能把它们抛进悲惨的深渊。因此很显然,借助感性知觉,理性能引导我们获得有关法则制定者或某种我们必须服从的至上权力的知识。这是获得任何关于法则的知识的第一要务。我当然知道,有人试图从良知入手[②]证明一个君临世界的神的存在,也有人试图从据称每个人心中都有的上帝的观念出发证明上帝的存在,[③]两种论证的方法当然都能证明上帝存在,虽然(只要认真考虑一下,每个人都会清楚这一点)两种论证方法都没有充分利用我们的天赋功能,即没有充分利用感性知觉和理性以及由它们而来的论据。只要人类能够借助感觉和

---

① 这一人类学论证的完整版本请见笛卡儿,《沉思录3》(《笛卡儿的哲学著作》,哈尔戴因和罗斯编辑,卷1,168)。

② 从良知证明上帝的存在,参见加尔文的《法典》卷1第3章,以及亨利·摩尔的《解毒无神论》(*An Antidote against Atheisme*)(1653年)第10章第29—31页。

③ 参见笛卡儿的《沉思录5》(哈尔戴因和罗斯编辑,卷1,180及以下部分);以及亨利·摩尔的《解毒无神论》第8—9章。

理性获得某种至上的神的知识,就足以确证我们论证的真理性了。现在我暂时不论是否人人都自然具有上帝的观念,因为即使确如海外旅行家们的旅行记录所记载的,世界上确实有根本不识上帝为何物的民族,但却肯定不存在如此未开化如此远离任何文化,以至于甚至不愿意运用感觉,也不愿意运用理性和论辩的能力以胜过野兽的民族,即使这些天生的能力还未通过训练而充分完善。实际上,不论在哪里,只要人们不对运用天赋能力态度漠然,不拒绝服从自然的引领,自然为所有的人预备了在上帝的作为中发现上帝之路。因此毫无疑问,人类能够从感觉经验中推导出存在某种全能的至上者,他享有高于他们的正当性和权威,因为谁能否认粘土服从于陶工的意志,陶器成于陶工,同样也能毁于陶工呢?

其次,基于感觉的证据可知,所有事物都有其制造者,制造者必定聪明睿智威力巨大,由此可进一步推断,他不会盲无目的地创造这个世界。因为没有确定目标的工作与伟大的智慧相悖。人能感知到他有一个敏锐的心灵,配备了理性和知识,据有多方面才能,能成就任何事;他还能感知到他有一个身体,机敏灵活,听从灵魂的指挥。人们不会相信,一个最具智慧的创造者把所有这些赋予人类只是为了让他无所事事,他配备了所有这些功能的目的只在于虚耗光阴,闲散度日。因此很显然,上帝希望人们有所作为,这一点是了解任何法则知识的两个必备条件中的第二个,即上帝的意志贯穿于我们的作为,也就是说,上帝希望我们做某些事。我们应该做的事是什么可通过期望于万物的目的部分获得。因为万物既然由仁慈神圣的目的而来,由智慧完善的创造者所造就,看来上帝期望于它们的目的不是别的,而是上帝自身的荣耀,世上所有的万物都与此相关。我们同样可从人类自身的构造和功能中部分推知我们责任的原则和明确的规则。由于人类既非没有设计也非没有目的地被创造出来,他的功能看来应该就是自然期望他所行使的。这也就是说,当他在自身中发现感觉经验和理性,他感到他应该沉思上帝的作为以及在上帝的作为中所展现出来的上帝的智慧和能力,向伟大仁慈的创造者奉上赞美、称颂和荣耀。而且他感到,生活的经验和在社会中获得并维持与他人共同生活的迫切需要,以及自然的倾向,都驱使他进入社会,通过语言交流维持社会的存在,这和维持他自身的存在同等重要。[①] 但是人在内在本能的驱使下急于履行保存自身的责任,人人都关注自己在意自己,而且过分关注自己,不过我不想在此提出什么告诫。或许在别的地方我将依次讨论这三个题目:人对于上帝、邻人、和自身的责任。[②]

[①] 按照托马斯·阿奎那的说法,保存自己、了解关于上帝的真理以及在社会中生活,是自然法的主要诫条,参见《神学大全》,Ia IIae, q. 94, art. 2。

[②] 这一工作在自然法论文第七篇中部分完成。伽布瑞尔·陶尔森在《十诫释义》对话 1 第3—4 页中讨论了洛克提到的三种责任。

第五篇

自然法能够从人的普遍同意[①]中认识吗？

不能

"民众的声音即上帝的声音"。当然，一次最为惨痛的经历[②]已经告诉了我们，这一格言是多么可疑、多么荒谬，这一不详的格言向芸芸众生中投入了多少邪恶、党派之争和暴力倾向。事实上，如果我们像倾听神圣律法的召唤一样倾听这一声音，我们将很难相信果真有什么上帝存在。还有什么可恶、卑鄙、与所有的正当性和法则背道而驰的东西没有得到愚昧群氓普遍同意呢？我们听说过劫掠神庙、破坏法律、颠覆国家、失礼丧德、蛮横傲慢。如果这就是上帝的声音，它将与上帝创造和安排这个世界的第一法令正相反对。除非上帝想让万物重归无序再陷混乱，否则上帝不会以这种方式向人发号施令。因此，从人们的普遍同意中寻求理性的指令和自然的法规是无济于事的。[③]

但是可以不同的方式思考人们的普遍同意。首先，人们的普遍同意可分为成文的（positive）和自然的同意。

我们把来自契约的同意称为成文的同意。契约中可有默认的契约，即因共同利益和人们的便利而促成的契约，比如使者的自由通行、[④]自由贸易等等这类事情；也可有明确表述的契约，比如邻近国家

---

① 洛克在《人类理解论》卷1第1章谈到了普遍赞同。在整篇论文中，我选择以"普遍赞同（general consent）"而不是"consensus"来翻译拉丁语 consensus。

② 即内战及其后果。

③ 格老秀斯（《战争法与和平法》，第1卷第1章第12节），以及格老秀斯之后卡尔佛威尔（《自然之光对话》，第10章）都认为，人们的普遍同意可作为自然法存在的经验的证据。

④ 霍布斯的第15条自然法（《利维坦》第一卷第15章第119页，帕格森·史密斯编辑）是"保证所有和谈的人的安全"。同时参见格老秀斯的《战争法与和平法》卷2第18章，以及普芬多夫的《法学基本原理》卷1定义13第26段。后来在这一段落中，洛克采纳了普芬多夫的论证（同上，定义3第5段），但他的国家观和普芬多夫（同上，定义13第24段）以及霍布斯的国家观有重要区别。

之间的固定边界、某些货物的禁售或禁入令等等。由于两种形式的普遍同意都依赖于契约而非由任何自然原则而来,它们都不能证明自然法。试举一例,几乎所有国家都认可的使者享有安全通行的约定是成文的契约,但它不是自然法,因为按照自然法,所有的人都因共同利益而团结在一起成为朋友,除非(就像某些人认为的那样)自然状态是一场广泛的战争,生活于其中的人们相互敌视世代为仇。但是不论你在相互敌视和友好相待两种自然状态之间选择哪一个,如果不借助从实际需要产生的人们之间达成的默契——人们有权收回被非法剥夺的财产,自然法都不能解释为什么在外国人中使者应该比其他个人更安全、地位更高。虽然自然法禁止我们没有原因地冒犯或伤害任何个人和使者,但我得承认,如果确有我们所订立的禁止伤害使者的契约,那么侵犯使者的罪责要大于侵害一般个人:因为前者的罪责是双重的,即既做下了错事,同时破坏了约定。① 因此,虽然身处外邦的使者比之其他人更加不可侵犯,这一规则却不是来自自然法。因为自然法既未设定也不允许人们互相仇视、分裂为敌对的国家。我们称为成文契约的普遍同意在别的事务上没有适用于所有国家的普遍性。亚洲、美洲和我们欧洲远隔重洋,那里生活的人们认为他们遵循的法则和我们的不一样,对我们的道德和信念也十分陌生,在欧洲国家强烈认同的在亚洲和美洲国家却可能遭到激烈反对。因此,任何来自契约的普遍同意都不能证明自然法,它们只能称为国家法,是由共同的权宜而非自然法而制定的。

第二种是自然的同意,即不需契约而由一定的自然本能引导的同意。自然的同意可分为三种:

1. 习俗或行为中的同意,即人类行为和社会生活实践中的一致性。

2. 人们或以坚定不变的方式或以软弱易变的方式肯定的意见中的同意。

---

① 参见苏亚雷斯的《论立法和立法者》,1613 年,卷 2 第 19 章第 7 节第 128 页。

3. 第一原则中的同意。即从健康心灵获得的同意,以及理解其意蕴后任何清醒的人都不会否认其真理性的同意。①

(1)首先,关于道德事务中的普遍同意,我们认为,它们根本不能证明自然法。因为如果正当和合法的事物是由人的生活方式所决定的话,那么道德上的正直和完善也就完蛋了。如果根据多数人的所作所为制定法律,那么什么样的缺德行径是不被许可或不是必然的呢?如果我们不得不走多数人走过的路,那么还会有什么自然法不带我们涉足的不名誉行为呢?事实上,在相对文明的国家,在众所公认的明确法律约束下生长的人是多么少啊?谁能不因自己的生活方式而赞同罪恶、不以坏的榜样教唆他人?谁的经常性的错误能不包括在内呢?目前为止,每一罪恶都萌生于人群扩散于世界,并藏匿在每一事物之中。人类在以往的道德败坏中展示出如此之多的狡诈和如此之巨的罪恶,以至于后世子孙已经增无所增、补无能补。不论是谁,要想找出任何一件没有先例的罪行来都难于登天。如果有人想要根据人群中的行为标准判断道德正直,并从中引出自然法,都无异于费心费力地依据理性和傻瓜竞赛。因此,不会有人在这一人群中最不幸的约定的基础上尝试建立自然法则的。可能有人会说,自然法不是从人的行为而是从他们思维的最内在方式中推论出来的——我们必须搜寻的不是人的生活而是他们的灵魂,因为正是在心灵中刻印着自然的教导,隐藏有道德规则,以及那些人力所无法败坏的原则;由于这些原则在每个人那里都是相同的,它们的作者只能是上帝和自然。正是由于这一原因,其存在常为罪行所否认的内在法则得到人的良知的承认,同时也获得那些行为乖张的人的正确理解。现在我们来讨论我们希望能在人们的意见中发现的普遍同意问题。

---

① 省略的段落翻译如下:"在我看来,普遍同意所认可的所有这些原则或是运用了明显自相矛盾的词汇,比如这样的句子'同一事物既存在又不存在是不可能的';或是同语反复。"在这一段话中,洛克又一次借用了卡尔佛威尔在《自然之光对话》第 11 章第 127 页(布朗编辑,1857 年)中的论证。在 1690 年的《人类理解论》卷 1 中,矛盾律成了洛克后天自明真理的储备例子。洛克关于自明原则性质的另外的例子,参见《人类理解论》卷 1 第 1 章第 18 节以及卷 4 第 6 章第 4 节。

（2）首先我们要说，在人群之中关于道德没有发现广泛、普遍的同意。其次我们要说，即使世界上所有人中的确存在关于责任行为的不变的一致同意，从中也无法引出自然法，不能知道自然法的确切内容。

首先，人群中从未有过就道德正直达成的普遍同意。在谈论细节之前，我应该简短地说，每个考察世界历史、观察人间事务的人都能轻易发现，几乎没有任何罪恶、任何对自然法的违反和任何道德错误，不是既在私下里发生过，又被公共权威和习俗赞成过。没有什么卑下之事未曾得到宗教的认可，或未曾高高踞坐在德性的位置接受人们的赞美。由于他们相信凭着这样的行为，他们或是荣耀了上帝或是自己已经有几分像神了，因此我们很容易知道人们对这样的事所持的意见。这里我且不论每个国家形形色色的宗教信仰，它们之中有些仪式滑稽可笑，有些习俗和祭礼轻慢不敬，以至于其他国家的国民只闻其名已不寒而栗，认为那些民族的神圣祭典由于与自然法本身如此相悖，应该通过人身牺牲使其洁净。我再重复一遍，我对所有这些都将不置一词，因为我们必须相信，宗教为人们所知，与其说是通过自然之光，不如说是通过神的启示。但是如果我们评论每组德性和罪恶——没人怀疑这一分类是自然的实际法则，很容易看到，不存在哪一种不曾有不同意见的受到公共权威和习俗支持的德性或罪恶。因此，如果把人们的普遍同意当作道德的规则，其结果是或者根本就没有自然法或者自然法因地而异，某一事在某地为道德上的善，在另一地则变成道德上的恶，而罪恶却变成了责任。但肯定不会有人持这样的观点。因为虽然人们在通行意见的指导下，根据他们所在国家的道德实践而行（尽管这些道德实践在外国国民看来可能是错误和邪恶的），但他们并不认为自己违反了自然法，而是认为自己在遵守自然法。他们既未受到良心的谴责也未感到那种旨在惩治罪行的内在精神的鞭挞，因为他们相信他们的行为不论是什么样的，都不仅合法而且值得赞美。通过这一回顾，我们不但可以清楚推知人们的道德，而且可以了解人们如何评价他们的道德。

当我们从那些可信赖的作家那里得知整个国家都是公开的强盗和劫匪,我们对作为主要自然法则约束每一社会的人们的正义观念作何感想呢?"在古代人们那里,劫掠不是坏事而是好事",戴迪穆斯(Didymus)在他的《荷马史诗》旁注中如此写道。在奥卢斯·格流斯(Aulus Gellius)引述的阿里斯通①的话中,认为"古代埃及人在艺术创作和知识追求上聪明机敏,在他们那里,所有偷盗行为都是合法的并且免于惩罚。"格流斯自己说过,"许多著名作家证实(这一事实的证据不像埃及的离我们那么久远),在节制勇敢的斯巴达人中间,盗窃是合法且习以为常的。"罗马人通过掠夺抢劫破坏了整个世界,如果不是通过这种方式,这被尊为全世界的德性楷模的人们又是怎样为自己取得声誉、胜利、荣耀以及不朽的声名的呢?除了武力和暴行,这些被高度赞誉崇尚的德性对他们来说还意味着什么呢?这一有害的正义观仍然没有消失,即使是今天对许多国家来说,美德依然在于抢劫、欺骗、压迫、袭击以及凭武力取得尽可能多的财富:所有这些都被当作真正的光荣和将兵之才的顶峰。他们同样相信,正义正如他们设想的那样,是盲目的,是依赖刀剑的。凯托(Cato)说,"偷盗私人的窃贼锒铛入狱,偷盗公众的窃贼贵为王侯"。

在亚述,妇女们习惯裸体参加宴会,暴露给所有出席者;而在其他国家,妇女在公开场合抛头露面或被陌生人看见容貌,即使黑纱遮面,也是非法的。对此,我们如何评说端庄和贞洁呢?在有些国家,未婚女子过放荡的生活是合法的,贞洁只针对已婚妇女,女性只在婚后才节制欲望。另有一些国家,以色欲为婚床染上神圣的光环,以欲望的火焰点燃婚姻的火炬;新娘和所有出席婚礼的客人躺倒在一起,在初夜她可以拥有和米萨丽娜(Messalina)一样多的通奸者。还有一些国家,按照风俗,只有君主而不是祭司享有新娘的初夜权。根据索里奴斯(Solinus)所说,"埃塞俄比亚的伽拉曼特人(Garamantes)不知道私人婚姻,相反,所有的人都可以形成混杂的婚姻关系。"帕泼纽斯·莫

---

① 图拉真时代(the time of Trajan)罗马法学家。

拉(Pomponius Mela)也证实了这一点(他们以对体面妇女会产生冒犯的仪式来抚慰诸神之母!)。一夫多妻制也同样如此,在一地被认为是正当的,在另一地则被当作罪行;在一地为法律所要求,在另一地将被判处死刑。

设想在某一国度子女成人以后杀死他们的父母,他们凶恶甚至超过命运女神,把命不该绝的人送上绝路,不仅所有的人都注定得死,而且还预先定下一个死亡的年龄,不允许任何超过这一年龄的人慢慢衰老走向终点,每一个人都是自己父母之死的执行者,弑父杀母被当作敬神的义务。如果身处这样的国度,一个人将如何确定他对父母的责任呢?阿里安奴斯(Aelianus)说过,"撒丁岛有一种风俗,子女们认为,听任上了年纪的人继续活着是错误的,他们用棍棒打死自己年迈的父母,然后将其埋葬。"在同一处他说道,德比塞人(Derbices)[1]杀死所有超过70岁的人,还有一些部落对儿童漠不关心,他们随意处理新生儿,似乎把孩子生下来为的只是再把他们抛弃掉。另有一些民族完全抛弃孕妇,似乎怀孕是一个自然的错误,他们从邻近部落购买妻子以延续血脉。由此可见,人类不把自然甚至安放在动物灵魂中的法则当作对自己的约束,他们在残暴方面甚至超过了野兽。

在所有的自然法则中,如果把某一法则确立为最神圣的法则,全人类都因自然本能和它的益处而服从这项法则,那么这一法则应该就是人的自我保存,这是主要的和基本的自然法则。[2] 但事实上,基于某些传统的生活方式的习俗和意见的力量竟然迫使人们与自己相对抗,他们把暴力之手加于自身,以别人用于规避死亡的同样的热情去寻求死亡。有一种臣民不仅在国王活着的时候崇拜和保卫他,而且还会随国王去死。有一种奴隶在主人死后一直侍奉不离(意为殉葬。——中译者注),他们期望在一个人人平等的国度(即阴间。——中译者注)依然履行服从的责任。并不仅仅是人类中更

---

[1] 亚洲古老民族,活动范围靠近里海。

[2] 比如,圣托马斯·阿奎那的《神学大全》,Ia IIae, q. 94, art. 2,以及霍布斯的《利维坦》第1卷第14章(史密斯编辑,第99页)。

为勇敢的男性才有如此勇气,因为在印度,柔弱顺服的女性也敢于轻视死亡,她们穿越火焰和死亡之门以求与死去的丈夫会合。她们只允许婚姻的火炬熄灭于葬礼柴堆的火焰中,她们宁愿在坟墓中找到一处新的婚房而不愿在孑然一身哀悼伴侣中度过余生。对此,曼德尔斯罗(Mandelslo)在最近出版的欧里瑞斯(Olearius)游记中证明,他曾亲眼见过这种事。按他的叙述,他见到一个年轻漂亮的女子在丈夫死后,不为朋友们的说服、恳求和眼泪所动,执意殉夫。最后,在六个月的不情愿的耽搁之后,在当地行政长官的允许下,她穿戴得像是参加婚礼一样,满怀胜利之情欣然登上搭在市场中央的柴堆,欢天喜地地葬身在火焰中。

再举另外的例子就令人厌烦了。由于人们甚至在第一原则这类事上都众说纷纭,对上帝和灵魂不朽都加以怀疑,所以对于何对何错意见迥异也就不足为奇了。即使上帝和灵魂不朽不是道德命题和自然法,但如果自然法存在,它们将是必然的预设。因为不存在没有制定者的法则,而如果法则没有惩罚将毫无效力。比如,据报道,[1]巴西的一些部族和萨尔达纳湾(Saldanha)[2]的住民根本就不承认和崇拜任何神祇。但是即使没有人如此缺乏见识、如此缺乏理性和仁爱的情感,以至于心中根本没有上帝,那么多神论者的信仰在何种程度上更优一等呢?希腊人、罗马人以及整个异教徒世界关于神的意见又怎样呢?他们都曾拟想过许多神祇,而且认为众神之间有争执,就像在特洛伊战争中那样,有相互的爱慕,也有残忍、偷窃和通奸。如果他们从这种神祇的意志中得不到责任的基础,看来也没有什么可奇怪的。在这样的宗教中,每个人凭自己的喜好选出一个神来敬拜,神祇在花园中成长,每年都期待丰收之神,牛和狗获得神圣的荣誉。这样的宗教会教导什么样的生活准则呢?在这类神祇问题上的普遍同意对道德的适当基础无所贡献又有什么令人惊异之处呢?这些人不是伪装起来的无神论者又是什么呢?存在许多个神,或许多个神是可理解的,

---

① 参见《人类理解论》卷1第3章第8节(弗雷泽版,卷1第97章)。
② 位于南非西南海岸、开普敦北面的海湾。

这就像根本没有神一样是不可能的。实际上,增加神的数量意味着取消神。如果求助于更文明的民族①或具有更健全的心灵的哲人,你也不会获得任何东西。对于犹太人,所有其他民族都是异教徒,是不圣洁的;对于希腊人,所有其他民族都是野蛮人;斯巴达人刻苦自律,但赞成偷盗;罗马宗教赞成向朱庇特献上残忍的牺牲。转向哲人有什么用呢?瓦罗(Varro)创造了二百多个关于至善的观念,但对于如何获得幸福,也就是对于自然法,却没什么见解。像米洛斯的狄俄戈拉斯(Diagoras of Melos)、塞利尼的特欧多鲁斯(Theodorus of Cyrene)和普罗泰戈拉都是著名的无神论者。如果你想请教那些冒名的基督徒,对于那些用信任与异教徒(即那些不承认教皇的至上性,拒绝加入罗马教会的人们)不能共存的教义破坏人性的伟大联系的人,你能期待什么呢?他们走得如此之远以至于相信,信任或许可以与自己的同胞公民共存,但针对外国人的欺骗和狡诈是允许的。苏格拉底和凯托,最有智慧的希腊人和罗马人,是何类人呢?更不要说其他人了。他们允许别人登上他们的婚床,把妻子借给朋友,而自己也因此成为另外一个男人的欲望的煽动者。从这些事实中可以明白看出,自然法不能从人们的普遍同意中得出来。

其次我们要说,如果人群中确有一致认可普遍同意的意见,这种同意也不能证明这一意见就是一条自然法则。因为每个人当然必须从自然的第一原则而不是其他人的信念中得到自然法。而且,这种同意涉及的可能是根本无关自然法的事。例如,如果所有人都认为金比铅贵重,不能从中得出这是由自然法决定的。如果所有的人都像波斯人那样把遗体丢给野狗吃,或像希腊人那样烧掉了事,这不能证明哪一种做法是自然法加给人的约束,因为这一普遍约定绝非产生一项责任的充足理由。众所周知,普遍同意可能指向一条自然法,但是它不能证明自然法;它可能会使我更热切地相信它,但却不能为我相信这一意见就是自然法提供更多确定性。因为我根

---

① 参见格老秀斯的《战争法与和平法》第1卷第1章第12节第1段,以及卡尔佛威尔的《自然之光对话》第10章第116、118页(布朗编辑,1857)。

本无法确定这①是否真是每个人的意见。那关乎信念，而非知识。因为，1）如果我在确定这一普遍同意的事实以前在自己的心灵中已经发现了这一意见，那么知道它是普遍同意的不会向我证明我已经从自然原则中所了解的东西；而且 2）如果直到我首次确定人们普遍同意某一意见之后，我才确定它也真的是我自己心灵的意见，那么我同样可以合理地怀疑那是否真的是别人的意见；因为不能解释为什么独独我缺乏自然赋予所有其他人的东西。那些想法一致的人也不能因为他们想法一致而知道什么是善的，相反，他们是因为从自然原则中知道什么是善的而想法一致的。而且，知识肯定先于普遍同意，否则同一物将同时既为因又为果，所有人的同意将导致所有人的同意，这当然是荒谬的。②

（3）最后，对第三种普遍同意，即对第一原则的普遍同意，我没必要说太多，因为思辨的原则不属于正在讨论的主题，也不会对道德事实产生任何影响。③ 从上面所说中可以很容易知道，人们在实践原则问题上的普遍同意的性质是什么。

---

① 为明确洛克此处的论证，我把这一句中的 haec 和下一句中的 eandem 解读为"任一给定的意见（any given opinion）"。

② 洛克在《人类理解论》第 4 版（1700 年）加上的"论热情（Of Enthusiasm）"一章中发展了这一段落中的主要观念。

③ 洛克在 1671 年的两篇草稿中讨论了关于思辨原则的普遍同意问题，更充分的讨论在《人类理解论》卷 1 第 1 章。

第六篇
人类受自然法的约束吗？
是 的

由于有人认为全部自然法都来自每个人的自我保存，他们不再在任何比自我保存的爱和本能（每个人都以此珍爱自己，尽其所能寻求自己的安全和福利）更伟大的事物中寻求自然法的基础，又由于每个人在自我保护方面总是感觉自己精力充沛吃苦耐劳，因此我们有必要来探讨一下自然法的约束力量是什么和究竟有多大。因为如果这一法则的来源和起点是自爱和自我保存的话，那么德性与其说是人的责任不如说是他的权宜。这样，除非对他有用，否则没有什么东西是善的，而服从自然法将不再是自然用以约束我们的责任和义务，而只是权宜便捷。这样一来，不论什么时候，只要与我们的权利和习惯相冲突，我们都可以毫无羞愧地不顾和绕过这一法则，虽然有时这会带给我们不便。

但为了了解自然法是如何以及在何种程度上约束人的行为，必须首先给出一些有关义务的事实。法学家如此定义义务：义务是法则的约束，根据义务可要求个人提供其所应承担之事（what's due）。[①] 他们说的法则指的是公民法典。如果法则可以理解为这里正要确定其效力的特殊法则，这一定义同样也很好描述了各类义务。这样，这里所说的法则的约束指的是自然法的约束，个人正是通过它来履行自然义务，[②] 也就是说，完成一个人的本性加给他的责任，或由于已经犯下

---

① 洛克的定义与桑德森在《论许诺的义务》（1646 年）第 1 卷第 2 章（1686 年版，第 12 页）中的定义几乎完全相同。在下一句话中，洛克也参照了桑德森（前述著作第 13—14 页）。

② 这一表述是卡尔佛威尔从苏亚雷斯那里借来的。（参见《自然之光对话》，第 6 章第 77 页，布朗编辑，1857 年）

的罪行而接受惩罚。但为了弄清这一法则的约束来自何方,我们必须知道,除非一个人对我们享有权利和权力,否则没有任何人可责成或约束我们做任何事。事实上,当他命令他希望或不希望做的事时,他只是行使了他的权利。因此约束来自任何君临于我们和我们的行为之上的主人的身份和命令,就我们从属于另一个人而言,我们负有一项义务。这一约束要求我们履行义务,而这一义务是双重的:

首先,职责性的服从的义务,①即听从处于优越地位的权力的命令而需要做或不能做的事。当一个义务制定者的意志为我们所知,或这一义务已被广泛传布,如没有特殊例外我们一定能知道,那么我们需要在每件事上都服从它,这就是被称为职责性的服从的义务,也就是说,让我们的行为与加在它们身上的规则(即处于优越地位者的意志)相一致。这一义务部分来自法则制定者的神圣智慧,部分来自创造者对其创造物的权利。最终,所有义务都来自上帝,我们有义务服从上帝意志的权威,因为从上帝的意志而来的我们的存在和作为都依赖于他的意志,我们有义务服从他划定的界限;而且,我们应该做最具智慧的全知者所喜悦的事,这是合乎情理的。

其次,惩罚的义务,②是因未能履行职责性的服从而产生。凭着这些义务,那些拒绝理性的引领、拒绝承认他们在道德和正当行为方面需服从于一个至高权威的人们就可以认识到,他们受强制和惩罚的约束而必须服从这一权威,由此他们也体验了他们拒绝服从其意志的上帝的力量。这一义务的力量似乎建立在法则制定者的权威上,这样权力就可以强迫那些无视警告拒绝服从的人。当然,不是所有的义务都存在于、而且最终受制于这一压制反抗者和惩处违反者的权力,相反,

---

① 在桑德森的著作《论承诺的义务》的英文译本 *De Juramento*(1655 年,讲座 1 第 12 节第 25 页)中,debitum officii 译成"……债务,每个人都依据它受到法律条例的约束。"洛克从桑德森得到两类责任的区分。根据他的法律意志论理论,洛克以"根据上级的权威"(ex edicto superioris potestatis)替换了"根据法律的规定"(ex praecepto juris)(《论承诺的义务》,1646 年,卷 1 第 12 章)。

② 在桑德森前述著作的译本中,debitum supplicii 是这样翻译的:"……债务,如果忽视其职责,每个人都依据它在法律的约束下受到惩罚。"

义务存在于一个人凌驾于另一人之上的权威和统治,这一权威和统治有时是通过自然权利和创造的权力而来的,①就像万物都合理地从属于创造并保存它们的权威那样;有时则是通过转赠的权利而来的,就像作为万物之主的上帝把自己的部分权利让渡给某人,比如把发号施令的权利让与长子和君主那样;有时候是通过契约的权利,就像人们自愿放弃自我听命于他人的意志那样。事实上,所有的义务都规整良心、约束心灵自身,这样才能使对正当的理性理解而非对惩罚的恐惧成为我们履行义务的保证,让良知判别道德,并且当我们犯罪时,良知宣示惩罚。诗人的名言"做坏事者不能逃避自己的谴责"是千真万确的,但如果义务只来自对惩罚的恐惧,情况会大不一样。每个人都可以很容易地在自己身上确证这一说法。任何一个人,当他作为俘虏被迫受盗匪役使的时候,他能感知到某种类型的服从的基础,当他作为臣民服从于统治者的时候,他感知到的服从的基础是另一种类型;他会对自己背叛君主的行为作出一种判断,对自己违抗强盗或劫匪的行为作出另外一种判断。在后一种处境中,良知赞同他只顾及自己的幸福;但在第一种处境中,良知谴责他侵犯了他人的权利。

而且,关于义务,必须注意的是,某事物"有效地"约束,其他事物只是"最终地"约束,即通过划界约束。②当某事物是所有义务的始因,是所有义务形式上③的原因,这时该事物即上帝的意志"有效地"约束。正因为他(我们在他的意志之下)意愿某事,所以我们有义务做此事。当某事物规定我们的义务和职责的方式和尺度,宣示了又可称之为法则的那一意志,这时该事物"最终地"约束。我们因上帝的意愿而受到全能上帝的约束,但他的意志的宣示为我们的义务和服从的基础划定了界限,因为除了法则制订者以某种方式展示于人并宣布出自其意志的内容以外,我们不对任何东西负有义务。

---

① 这一表述见于加尔文的《法典》第1卷第2章第2段。
② 这一区分也是洛克从桑德森处(《论良知的义务》,1647年,卷5第5章;英文译本,1660年,第153页)借来的。
③ 参见卡尔佛威尔的《自然之光对话》中第45页和77页(布朗编辑,1857年)。

除此之外,某事物约束自己,而且通过其内在力量约束;另外的事物间接地通过外在于它们的力量约束:①

1. 约束自己而且通过内在力量约束(只能如此)指的是神的意志的约束,这可通过自然之光来了解,它就是我们正在讨论的自然法;也可通过神所启示的人或其他方式来了解,它就是成文的神圣律法。

2. 不论是君主还是父母,任何其他权威的意志都间接地通过代理的权力而约束,我们因上帝的意志而服从他们。所有其他法则制订者施加于他人的统治不论是立法权利还是要求服从的权利,都只能是从上帝那里借来的,而我们之所以有义务服从他们是因为上帝愿意和命令我们如此,这样服从他们就是顺从于上帝。事情就是这样,我们说自然法则以其内在的力量约束全人类和它自身,我们将以下述论证来证明这一点:

(1) 因为这一法则包含了所有使一项法则具有约束力的必要因素。作为这一法则的制订者的上帝意愿它成为我们道德生活的准则,而且他使这一法则广为人知,这样每个愿意为认识这一法则而付出努力的人都能理解它。其结果就是,由于施加一项责任除了颁布命令者的权威和正当的权力以外不需要另外的条件,这样没人能怀疑自然法是对人的约束。

这是因为,首先,由于上帝凌驾于万物之上,对我们具有我们所无权行使的权威和权力,并且由于我们的身体、灵魂和生命——不管我们是什么、我们有什么,甚至不管我们可能是什么②——都来自上帝而且只来自上帝,我们依照他的意志的教导而生活。上帝从虚无中创造了我们,如果他愿意,他也能让我们重回虚无:我们因此完全合乎正义地、绝对必然地从属于他。

其次,这一法则是全能的法则制定者的意志,通过自然之光和自然原则为我们所知;这一法则的知识不向任何人隐瞒,除非他迷恋蒙

---

① 这一区分见桑德森的《论良知的义务》,1647 年,卷 4 第 6 章(英文译本 1660 年,第 110—111 页)。

② 这一措辞来自圣托马斯·阿奎那的《神学大全》,Ia IIae, q. 21, art. 4, ad3um。

昧和黑暗,弃绝本性以摆脱责任。

（2）如果自然法不约束人类,成文的神圣法也不能约束人类,而且也不会有人坚持它。实际上,两种情形中义务的基础是一样的,即都是至高上帝的意志。两种法则的区别只在于颁布的方式以及我们了解它们的方式不同：通过自然之光和自然原则我们能准确把握前者,通过信仰理解后者。

（3）如果自然法不能约束人类,那么任何人类的成文法都不具有约束性。因为就大多数人而言,行政长官的法律的全部力量都来自自然法的强制力。实际上,由于大多数世人都没有关于神的启示的明确知识,除自然法以外,他们没有其他因其本性而有约束力的神圣法则的知识。因此,如果在他们之中取消自然法,也就是同时取消了全部政治共同体、所有的权威、秩序以及同伴之情。我们不会仅仅出于恐惧而服从一位君主,仅仅因为其强大（这实际上能牢固确立专制者、劫匪和强盗的权威）能强制我们而服从他；我们服从一位君主是因为良知的原因,因为他是借助权利而对我们发号施令的,也就是说,因为自然法要求我们服从君主和法律制订者或不论如何称呼的至上者。因此民事法律的约束力量依赖于自然法,与其说我们是因民事法律的力量而服从行政长官,不如说我们因自然权利而服从他。

第七篇
自然法的约束力是永恒和普遍的吗？
是的

　　人们对自然法以及责任基础的看法众说纷纭，或许，这是惟一为全人类共同认可的事实，即使人人对此不置一词，具有如此多样性的道德行为也会明确昭示这一事实。我们到处都能见到那种全然不知有法则、不识道德完善为何物的民族，也常常见到那种毫无愧意地藐视自然法的教导、不但把作奸犯科当作家常便饭而且还以此自矜的民族，他们的所作所为令那些正确思考自然、按照自然生活的人无比厌恶。在这些民族之中，偷窃是合法的、值得赞扬的，良知的枷锁不能制止抢劫者贪欲之手的暴力和伤害。对另一些民族，放荡堕落不是耻辱；在某些地方没有神庙或圣坛，在另一些地方神庙圣坛为鲜血所浸染。由于这种情形，人们有理由质疑，自然法是否真的约束全人类，它是否像人类适应多变的制度、随冲动而忽然向东忽然向西一样不平静不确定。认为自然的法令暧昧不明、对所有民族隐而不现的观点很难令人信服。容易发现，有人生来心智低下视力缺损，不知道自己应该何去何从，因此需要向导。但谁能说整个民族都生来失明，或全民族都完全不识某物，或投射在人类心灵中的光线与黑暗全然无异甚至像是以微光把人引入歧途的鬼火？说这种话不啻在侮辱自然，因为在赞美她的温柔的同时，我们正在体验她极其骇人的专制。自然要求其臣民服从法则，与此同时她却又将法则隐藏了起来，也就是说，自然要求其臣民服从他们无从了解的意志。什么样的残暴，哪怕是西西里人的残暴，[1]能比这种做法更恶劣呢？我们曾经读到，德拉寇的法律是用血

------

① 可能指的是阿格瑞根坦的暴君法来瑞斯（Phalaris，tyrant of Agrigentum）。

书写的,但即便如此它还是写出来以谕世人。自然,这万物之母,不可能如此残暴以至于她晓令人类遵循一条她未曾颁布的法律。因此看来必然是,或者在某些地方没有自然法,或者至少某些民族不受自然法的约束,只有这样自然法的约束力才不是普遍的。

尽管有这种种反对意见,我们坚持认为,自然法则的约束力是永恒普遍的。[①]

我们已经证明这一法则被给定为道德的约束,现在我们必须探讨它在何种程度上约束人们。我们认为,首先,自然法的约束力是永恒的,也就是说,对于任何一个人,任何时候违反自然法的教导都是不合法的;这里没有旧王已死新王未立的王位空置期,在这一王国中没有自由或破格的农神节假日。这一法则的约束是永恒的,它与人类相始终。[②] 当然,不能把这一持久约束力想象为人们任何时候都服从自然法提出的每一要求。这是不可能的,因为一个人没有能力同时完成不同的行为,就像人不能分身一样,他也不能同时完成几个责任。同样,我们是在自然法则不会也不可能要求一个人去做一件他没有义务去做的事的意义上说自然的约束力是永恒的。尽管行为的时间和条件常常改变,但法则的约束力从不改变。我们常常停下依照法则的行为,但我们不能做违背法则的事。生命的旅途中允许休息,但不允许迷路。必须注意下述有关自然法则的约束力的观点:

(1)有一类事是完全禁止的,对这些事,正如经院哲学家习惯说的那样,我们永远负有义务;换言之,永远不会有人不带任何愧疚地做这类事;比如,偷盗、杀人以及类似的行为均属此类。因此,巧取豪夺一个人的财富永远都是一件罪行,没人能双手沾满别人的鲜血而毫无愧意。我们有义务永远远离这类行为。

(2)有一类事自然法要求我们对其持有某种情感,比如对神的敬

---

① 参见西塞罗在《论国家》第3卷第22章(拉克坦修《神规》卷4第8章第7节和第9章(Lactantius, *Inst. Div*))中的自然法定义。

② 这一概念是教会法的一部分,可参见格兰西《教会法汇要》(*Decretum Gratiani*)第5部第1部分第1段第7行(弗里德堡编辑,1879年)。

畏、对父母的柔顺、对邻人的友爱等等这类情感。我们对于这类事物的义务也是永远的，人们不能须臾离开敬畏、柔顺等精神特质，不能转向自然法规定以外的其他事物。

（3）有一类事物要求外向的行为（outward performance），比如对神的崇拜、安慰情绪低落的邻居、帮助困境中的人、救济饥饿的人。在这类事中，我们不是连续不断地而只是在特定时间以特定方式处在某一义务之下。我们没有义务为任何一个以及每一个人提供安全和食物，也没有义务不论任何时候都提供安全和食物，仅当一个贫困的人的厄运要求我们的救济并且我们的财产能提供慈善帮助时，我们才负有义务。

（4）最后，在某种情况下虽然行为自身不为义务所要求，但当时的处境要求该行为。比如，在人与人之间通常的交往和共同生活中，谁有义务为邻居召开一次座谈和干涉别人的事务呢？当然没有任何人有此义务。每个人都能不受伤害地或发表谈话或保持沉默。但是如果有人想谈论另一个人，自然法无疑会要求谈话应该坦白友善，不能伤害他人的名誉和形象。① 在这类情形中，行为的"本质"既不善也不恶，但伴随行为的环境决定如此。在这种条件下我们不是绝对地负有什么义务，而只是有条件地②负有该义务。我们是否愿意承担该义务依赖于我们的能力以及我们的审慎抉择。显然，在所有这类情形中，法则的约束力都是永恒的；但要求于我们的义务却并不都是永恒的。在开头两部分谈到的情形下，我们负有必须服从的义务；而对于后两部分谈到的情形，我们同样有义务承担我们必须去做的事，但这些事只间断性地逐次发生，我们必须考虑时间、地点和环境，因为尽管行为已经完成，但义务却未必已经停止。

接下来我们要说的是，自然法的约束力是普遍的，这不是说自然的任何一个以及每一个法则约束任何一个以及每一个人，因为这是不可能的。这一法则的大部分内容都关注而且基于人与人之间的各种关系。君主拥有许多普通人无缘分享的特权，而臣民也因其臣民的身

---

① 参见普芬多夫的《法学基本原理》，1660年，卷2评论4第26段。
② 前述著作卷1定义13第16段。

份而承担了许多不能加于国王的职责。将军的职责在于调遣士兵,而士兵的职责则在于坚守岗位;为人父母者不需要低眉顺眼地给子女敬礼。在这些事上我们的看法简单地说就是:自然法的诚命是绝对的,它一方面包括偷盗、放荡、诽谤,另一方面包括信仰、仁爱、忠诚等等,它平等地约束世界上所有的人,不论他是国王还是臣民、是贵族还是普通人、是父母还是儿童、是野蛮人还是希腊人。没有任何人或任何民族与人类如此格格不入、如此野蛮、如此超越法则,以至于它能不受法则的约束。那些关注人类各种处境以及人与人之间的关系的自然法令以个人或公共功能所要求的程度约束人类;国王的职责是一回事,臣民的职责是另一回事。每个臣民都有义务服从他的君主,但不是每个人都有义务成为一介臣民,因为有些人生来就是国王。抚养孩子是父亲的职责,但没有人被强迫作父亲。其结果就是,自然法的约束力所在皆同,只有生活的处境是相异的。显然,臣民的职责不论是在伽拉曼特和印度还是在雅典或罗马,都是一样的。①

基于这一假设,我们说,自然法的约束力在任何时代任何地方都保持不变。如果这一法则不是约束所有的人,那么原因或是在于不是所有的人都被赋予了自然法,或是在于自然法被废止了。但这两个原因都不能成立。

不成立的原因在于,首先,我们不能认为某些人生来如此自由以至于能丝毫不受这一法则的约束,因为这不是依据处境为了当下的方便而创立的私人法或成文法;相反,它是理性自身所宣示的稳定永恒的道德规则,牢牢地植根于人类本性的土壤。因此,必须改变人类本性才能改变或废除这一法则。事实上,这两者之间有一种和谐,②现在

①　比较西塞罗在《论国家》卷 3 第 22 章中自然法的定义(拉克坦修《神规》卷 4 第 8 章第 9 节)。关于伽拉曼特人,见第 171 页。

②　法则和人的理性本性之间"和谐(harmony)"或"一致(conformity)"的观念(convenientia, congruentia)初现于古代西塞罗(《论国家》卷 3 第 22 章)和其他作者,复现于伽布瑞尔·瓦斯魁兹、苏亚雷斯和格老秀斯(《战争法与和平法》卷 1 第 1 章),以及桑德森(《论良知的义务》卷 4 第 24 章)。洛克的这一观念可能来自卡尔佛威尔的《自然之光对话》,第 6 章第 71—77 页,布朗编辑,1857 年)。

适合理性本性的，就其是理性的而言，一定永远适合，而且同样的理性
将处处宣示同样的道德规则。由于所有的人在本性上都是理性的，而
且由于在这一法则和理性自然之间存在一种和谐，这种和谐可通过自
然之光而认识，因此可以推论，所有赋有理性本性的人，即世界上所有
的人，在道德上受此法则的约束。因此，如果自然法至少约束某些人，
出于同样的道理，它显然必定也约束所有的人，因为义务的基础对所
有人来说都是同样的，而义务的基础为人们认识的方式及其本性也是
同样的。实际上，这一法则并不依赖于一种不稳定的、可变的意志，而
是依赖于事物的永恒秩序。在我看来事物的本质特征是不变的，[1]职
责必然产生，不可能不是现在这个样子。这不是因为自然或上帝（更
确切地说是上帝）不能把人创造成另外的样子。相反，原因在于，由于
人按现在这个样子被创造出来，配备有理性和其他的功能，注定按这
样的生活模式而生活，从他天生的结构中必然生成某些确定的职责，
这些职责不可能不是现在这个样子。[2] 从人的本性可以推出，如果他
是一个人，他就有义务去爱和崇拜上帝，并完成符合于理性本性的其
他事，即遵守自然法。事实上，在我看来，这一推论的必然性就像从三
角形的本性中可以推出，如果一个图形是三角形，则它的三个内角之
和等于两直角之和一样确定。尽管许多人极其无知、非常轻率，从未
注意到这两种显而易见确定无疑的真理。因此，没人能怀疑这一法则
约束全人类。从上述原则中同样可推知：

其次，这一自然责任永远不可废除；人类不能改变这一法则，[3]一
来因为他们遵从这一法则，而随个人喜好废除法则不是臣民份内之
事，二来因为上帝不愿意人们如此做。按照上帝无限永恒的智慧，他
通过使人的这些职责必然来自人的本性的方式创造了人，既然现在自

---

① 参见前述著作第 77 页在注释 4 中提到的词组 essentiae rerum sunt immutabiles。

② 最后两句话令人想起普芬多夫在《法律基本原则》(1660 年)卷 1 定义 2 第 1 段中的
论证。

③ 参见苏亚雷斯，《论立法和立法者》，1613 年，卷 2 第 14 章第 8 节第 106 页。这一主张组
成了教会法的部分内容。(参见 W. 尤尔曼的《中世纪教皇统治》，1949 年，第 2 章第
46 页)

然法与人的本性相一致，①他当然不会改变已经完成的工作，去创造一个拥有另外法则和道德规则的新人种。上帝本可以创造没有视力而且不需要视力的人类；但只要他们运用双眼视力并且想睁开双眼，只要阳光照耀，他们必然会知道日夜的更替、色彩的变化，看到直线和曲线的差别。②

证明自然法约束力的普遍性的其他论证可从经验中引申出来，也就是说，假设这一约束力终止于某一处，从中产生的不便可用来证明约束力是普遍的。如果没有自然法，也就不会有信仰、友情、忠诚等等数不清的类似的东西。不过顺便提及这一点已经足够了。现在该是简单处理有关这一问题的一些疑问的时候了。

（1）可以如下方式给出自然法的约束力不具有永恒普遍性的论证：每个人都应被允许保留他自己的财产，或者说没人能取走并保有他人的财产，尽管这是一则普遍同意的自然法，但上帝却可令这一法则的约束力失效，而这正像我们从《圣经》中所读到的，是当以色列人离开埃及奔赴巴勒斯坦的时候实实在在发生过的事。③ 对此论证，我们否认它的小前提；如果上帝命令某人不要归还他借入的东西，那么被终止的是东西本身的所有权而不是自然法的约束力；法则没有被破坏，但所有人更换了，因为前任所有人不仅失去了东西而且同时丧失了他对东西的所有权。实际上，财富属于我们，但更属于上帝：凭着他完全的意志，万物的至高的主能完全合理地把自己的财产给予任何他喜悦的人。④

（2）我们有时有义务服从父母，有时有义务不服从他们，这表明

---

① 这里参见普芬多夫的前述著作卷1定义13第14段。

② 参见《人类理解论》卷4第13章第1节和第4节。

③ 随身携带着埃及人的物品，《出埃及记》12章35节以及后面的内容。

④ 这里参照圣托马斯·阿奎那的《神学大全》，Ia IIae, q.94, art.5；以及格老秀斯的《战争法与和平法》卷1第1章第10节；威廉·阿摩斯的《论良知》，1630年，卷5第1章第8—10节第189页；爱德华·斯蒂灵弗利特的《伊兰尼库姆》（*Irenicum*），1659年第2章第1段末尾部分；杰里米·泰勒的《良心的法则》（*Ductor Dubitantium*），1660年，卷1第1章规则9。在自然法观点上曾和洛克交换看法的伽布瑞尔·陶尔森在《十诫释义》的"对话1"第3段第5页（1676年）讨论了这一观点。

自然法的约束力不是永恒的;如果父母命令我们向东,而君主命令我们向西,那么我们没有义务服从父母。在这种情况下,我们说,我们无疑有义务服从父母的命令,但只服从那些合法的命令,这一义务永远不能废除;但是如果国王命令向西,父母向东的命令就成非法的了;比如父母命令你呆在家里照顾家庭,而国王招你入伍,这时的情况就是如此。因此,自然法的约束力根本就不曾终止,而是事件的性质发生了变化。

(3) 如果有人因人们对职责的看法人见人殊、人们的习惯行为迥然有别而怀疑约束力的普遍性,应该记住,人群中的这种生活方式和观念的多样性不是因为自然法在不同民族有所变化而产生的,而是因为人类或是被根深蒂固的习惯和传统惯例所控制,或是被自己的爱好所引入歧途,从而堕入别人的道德;由于他们不运用自己的理性,而是听从欲望,因此他们只能像动物一样随大流。事实上,不睁眼看世界的人和生来失明的人一样容易犯错,虽然道路可能是坦荡的,他的目光也足够锐利。

我们不必再来解释儿童和白痴的情况。尽管自然法约束所有被赋予自然法的人,但它不约束那些未被赋予自然法的人,不能理解自然法的人就是未被赋予自然法的人。

第八篇
每个人自身的利益是自然法的基础吗？
不是

有人采用了下述论证攻击自然法："人们是在效用（utility）的基础上根据生活方式和习俗而设立法典的，在同一群人中，法典随时间而改变；根本没有什么自然法，全人类连同其他生物都是在生物本能的驱使下寻求自己的利益；同样也没有正义的自然法则这类东西，或者，如果有的话，那也不过是愚蠢的顶点，因为关注他人的福利就是对自己的伤害。"卡尼得斯（Carneades）在他的学院中曾经发表过这类论证。他的聪敏机智和言论的力量无处不至，而且几乎没什么东西不为之动摇，在他之后，有一批人热切地维护这一观点。由于这些人缺乏可藉获得荣誉与财富的德性和心灵的天赋，他们抱怨说人类受到了不公平对待，并论证说只要政治事务离开为共同善而确立的普遍、自然的利益，那么政治事务就偏离了公正。他们的思想非常离谱，甚至声称应该摆脱权威的约束，恢复自然的自由，不应由外在的法律而应由每个人的自我利益来决定每一种正当和公平。这一最有害的观点常常遭到更为理智的人们的批驳，这些人具有一些博爱的观念，并且比较关注友情。不过，为了能更准确地把握问题，我们必须首先澄清一些概念，首先，自然法的基础指的是什么，其次，每个人的私人利益指的是什么？

首先，自然法的基础指的是自然法的所有其他的、不够明确的诫命建立于其上的某种基础，从这一基础中通过某种方式可引出这些其他的、不够清晰的诫命，这些诫命的全部约束力都来自自然法的基础，因为它们与作为所有其他法则的标准和尺度的这一最初的基本的法则是一致的。

其次,当我们说每个人的个人利益不是自然法的基础的时候,我们的意思不是说人类平等的普遍法则和每个人的私利正相反对,因为严格保护每个人的私有财产是自然法,如果没有它,任何人都不能充当自己财产的主人并追求自己的个人利益。因此任何人只要平心静气地思考一下人类和人类的实践都会明白,没有什么比遵守自然法对每个人的普遍①幸福贡献更大,没有什么比遵守自然法能更有效地保护人们财产的安全。② 当然,我们否认每个人都享有根据环境选择对自己有利的行为的自由。既然没人可充当他人利益的公平正义的评判者,那么除非你让每个人都成为自己行为的法官,让他自己决定什么符合他的利益,否则你当然没有理由认为每个人自身的利益是正义和正当的标准;如果你告诉一个人他可以做有益的事,但却让另一个人享有决定何者有益何者无益的权力,那么你就是在用虚幻的效用欺骗了他。因此问题的关键在于:具体环境中的个人选定的于他自己以及于他的事务有利的行为真的与自然法相一致吗?这一行为因此不但对他是合法的而且是不可避免的吗?除了某种当下的个人利益,自然中没有任何东西有约束力吗?对此我们作出否定的回答,理由如下:

首先,某种东西如果不是与它同种性质但普遍程度稍弱的其他法则的约束力的基础,那么它不可能成为自然法或首要法则的基础。但是其他法则的约束力以效用原则为基础,因为遍览人类生活的所有责任性行为都找不到一个仅仅来自效用并因其有利而有约束力的一例。事实上,许多德性,而且德性中最好的部分,其核心都在于损失自己成全他人。正是通过这类富有美德的行为,前代的英雄以辛劳、艰险和慷慨而不是以聚敛的财富荣升天庭位列仙班。③ 他们追求的不是自己的利益而是全体国民以及全人类的利益。有人以其功绩赢得永生,有

---

① 洛克在这里用了一个词,意思是"和他人共享"。
② 参见格老秀斯的《战争法与和平法》第 16 段和第 18 段。
③ 这一短语来自圣·奥古斯丁的《上帝之城》(De Civ, Dei)卷 2 第 5 章(《拉丁教会全集》(Corp. Script. Eccl. Lat.)卷 40 第 1 章第 65 页 1,2)。

人以其研究赢得永生,有人以其生命赢得永生,但从没有人以闲散或贪婪而成就伟大或卓越。如果每个人都挂念自己关注自己的事务是自然法的首要原则,那么那些青史留名的美德事迹将会湮没无闻,而那些愚昧邪恶之举也会被统统抹去。现在被尊为人杰的同一类人将不但被视为愚蠢而且还被看作最顽劣邪恶的人。因为他们对自己和自己的事务竟然如此掉以轻心,以至于以高昂的代价、以家财和清白,去求得身后虚名;他们相信他们有责任发挥自己的能力,以大幅增加伤害和罪恶。如果我们把效用当作正当的标准,那么赫拉克勒斯就应该背上重刑犯的十字架而不是封神成仙,他也不是向妖魔鬼怪宣战而是向自然宣战。克替流斯(Curtius)①为了国家纵身投入大地裂缝以保全罗马,这一行径与其说是德性不如说是疯狂之举:他放弃了生命和清白,在舍身入坟墓的时候,他死有余辜。如果自然希望我们肩负的职责不只是无可回避而且还必须同时是怡人、有利的,如果行为不能带来益处,就不能称其为德性,那么自然毫无疑问是万物最温柔的母亲!如果德性和财富的增长成正比,这对人类真是再好不过了!我们为什么赞扬费布瑞舍斯(Fabricius)②的贫穷,以明亮的色彩描绘他的吝啬呢?他宁愿出卖他的财产和德性也不愿出卖他的国家,他愚蠢地把罗马共和国看得比自己还重,热爱她超过热爱自己。领会了自然教诲的精髓的卡提里那(Catilina)爱自己的利益胜过爱全世界的首都,只要自己有所收获,不惜将敌人的破城器架上罗马城墙!西塞罗或许可称为他的国家的创始人,③卡提里那却是自然的真正儿子,当他攻击罗马之时,应该统治世界的是他而不是保卫了罗马的西塞罗。当然,把这样的丑事和这么多罪恶强加在自然身上,一个人应该对此感到羞愧。而且(由于没有任何神圣的东西不曾受到贪欲的破坏),如果职责的基础依赖于收益,权宜便利成为正当性的标准,这不是开门揖

---

① 马库斯·科修斯(Marcus Curtius),在公元前 362 年(参见李维,卷 6 第 6 章 5)。

② C. 法布瑞修斯·鲁斯努斯(C. Fabricius Luscinus),罗马人反抗皮拉斯(Pyrrhus)的领袖,因节俭和对待皮拉斯的高贵行为而著称。参见西塞罗的《论义务》(De Off.)卷 3 第 22 章第 86 节。

③ 这一头衔是因西塞罗在公元前 63 年拯救过共和国而授予的。

盗又会是什么呢？

其次，自然的首要原则不可避免地遭到破坏，这是不可能的。如果每个人的私人利益是自然法的基础，自然法将不可避免地被破坏，因为所有人的利益同时受到关注是不可能的。事实上，全人类的遗产是同一个，它不会随人口的出生数量而增加。自然为人类提供了充足的资源。这些资源以一定的方式和一定的数量授予人类，它们不会被盲无目的地创造出来，同时也不会随人类的需要或要求而增长。衣服不是随我们而生的，人类不像乌龟，生来就有壳，身体长壳也长，人走到哪儿壳也带到哪儿。世界的界限任何时候都不会随着人们对财富的欲望或需要增长。粮食、衣服、饰品、财富等等生活中所有好东西都是为了共同使用而创造出来的。因此，如果有人为自己攫取了太多的财富，他多拿的部分就是别人减少的部分；除非损害别人，任何人都不可能增加自己的财富。这里可能会有人纠正说，如果我们把每个人的自我利益当作自然法的基础，我们的意思不是要求每个人都繁荣幸福，拥有丰富的财产，而是说每个人都有义务尽其所能地关怀自己，这样私人利益就成为正当的标准，而生命的全部职责都建立在私人利益的基础上。从这一设定首先可以推出，人有义务去做一项不可能完成的工作。因为在这样一种情形下，每个人都要为自己获取最多有用的东西；而一旦如此，其必然的后果是，其他人只剩下一点点东西可分，因为你的所得就是别人的所失。但如果我们为德性另寻基础，显然会出现一个截然相反的后果。事实上，德性自身并不冲突，也不会把人们引入冲突：它们相辅相成。公正地对待我不会影响平等地对待他人，君主的大方也不会妨碍他的臣民的慷慨。父母的道德纯洁不会腐蚀子女，凯托的节制不会减少西塞罗的简朴。生命的职责不因人而异，更不会让一个人去反对另一个人——这是从前面的设定中得到的第二个必然结论，在这一设定之下，人们依照自然法将处于战争状态；所有的社会都消失了，所有的作为社会纽带的信用也是如此。如果平等和正义都不过是效用，那为什么要信守诺言呢？靠什么来保卫社会呢？人与人的共同生活是什么？如果每个人不但可以而且必须费尽心机攫取他人据守之物,人与人的交往除了欺骗、暴力、仇恨、窃夺、谋杀等等此类的东西,还能有什么呢?

由此得出第三个论题,即如果某一原则为真,所有正义、友谊、慷慨都从生活中消失,那么这一原则不可能是自然法的基础。没有个人财产①或所有权的地方有什么正义?或者人们不但允许拥有他自己,而且他拥有的只要对他有用都属于他自己,这种地方能有什么个人财产可言?事实上,人们在这里可以看到,这一理论的支持者不是在法则的约束力而是在人的欲望和自然本能中寻求道德行为的原则和生存的规则,似乎最大多数人想要的就是道德上最佳的。因此可进一步推出,或者自然法没有约束力(但不会有人如此认为,因为这样的话将不会有任何法则),或者人的生命是如此构成的:一个人放弃自己的权利或施恩而不图报都是不合法的。事实上,如果行为的正当性来自权宜便利,并且人们有义务遵守这类道德,我不知道人们将以何种方式在不破坏这一法则的情况下,为朋友谋福利而自己承受损失,或出于纯粹的善意助朋友一臂之力。还是让别人去判断这件事的荒谬以及它多么背离理性、人性和生命的值得尊敬的行为吧。反对者可能会说,如果遵守自然法和生命的每一职责总是通向有用,如果不论我们按照自然法做了什么不过是直接或间接地创造利益,则自然法的基础是每个人自己的利益。但(他接着说)小前提的真理性是显而易见的,因为遵守这一法则带来和平、和谐的关系、友谊、免于惩罚的自由、安全、对我们财产的拥有以及——一言以蔽之——幸福。对此我们的回答是:效用不是法则的基础或职责的基础,而是服从法则的结果。行为自身产生某些利益是一回事,行为因符合法则而有用则是另一回事,如果废除法则,后面类型的行为将不具有效用:比如,遵守承诺,尽管它对自己构成障碍。实际上我们必须区分这类行为和服从行为,因为一个行为自身可能是不利的——比如,归还赊欠的东西会减少我们

---

① 这一短语出现在《人类理解论》卷 4 第 3 章第 18 节,洛克把它当作展示伦理证明的可能性的一个事例。同时可参见霍布斯的《利维坦》,第一卷第 15 章(帕格森·史密斯编辑,第 110 页)。还可参见洛克的《教育漫谈》,第 110 页。

的财产——而服从行为就其避开罪行应得的惩罚而论是有用的。但如果正当性的标准是当下的利益,则这种惩罚本是不应该的,因此也不需要避免。因此一个行为的正当性不依赖于其效用;相反,其效用是其正当性的结果。

是为所思

J. 洛克

1664 年

洛克的告别演说

作为精神哲学的学监(1664 年)

导读性的注释

这一演说作于 1664 年,是时洛克身为基督学院的精神哲学学监。他可能是在 1664 年 12 月任期结束时发表这篇演说的。出席集会的有院长、教士团成员和学院全体人员。这是洛克作为学监的告别演说,是用拉丁文做的"葬礼"演说,乃"为学监送葬"的传统仪式中的组成部分。这一未出版的演说有重大的传记价值,本卷"导言·洛克论自然法的论文"一节对其进行了充分讨论;这一演说告诉我们,洛克任学监期间曾经就自然法作过系列讲座,这些讲座可能就是本卷中收录的论文或是这些论文的扩充版。演说中两次提及他以及他的学生们对自然法的兴趣,从手稿 A 中最初的题目可以推知,在洛克的想法里这次演说和这些论文关系紧密。告别演说措辞巧妙,不乏幽默,通篇具有高度修辞技巧,其基本内容如下:

首先洛克谈到了生命的虚无,敦促人们把死亡当作解脱来加以接受。他的理由是:生命满是期待和欲望、艰难和痛苦,根本没有什么幸福可言。甚至哲学也不可能使人类获得真正的幸福,从亚里士多德的例子、斯多亚和伊璧鸠鲁的教导都可知道这一点。哲学思辨刺激人们互相攻讦，不能提供宁静。即使在黄金时代（如果真有那么个时代的话）人类在心怀恶意的农神的统治下生活也很悲惨。过去时代和现在一样难寻幸福。从前的人对于他自己和别人似乎同样可怕。如果他遇上好运气，便马上充满焦虑，也就因此总是处在幻灭之中。不过人们仍然喜爱生命，即使是最坏的生命；因此我们与其怜悯人的处境不如怜悯他沉溺于这一处境而不求自拔。更可悲的是人们无视共同的困境，不互相安慰却彼此仇视。因此，由于生命的欢欣难以负担，生活自身残暴冷酷，肉体是所有痛苦的来源，而世界是一牢笼，对人的最好的建议就是自寻了断。

在演说的第二部分，洛克向院中的每一成员致告别辞。院长管理整个学院，堪比万能的朱庇特；即使学院遭遇什么坎坷，也不会动摇院长的永久统治：朱庇特自己在奥林匹亚山上经常与农神保持联系。

副院长因其诗歌天赋被大肆赞扬。

受禄牧师们的出席体现了对洛克的偏爱，他们乐于在整个任期内支持洛克，洛克对此表示感谢。

男教师们的工作堪为楷模，他们应该得到效法而不是显然曾经受到过的批评。

和洛克一起负担管理工作的助理学监，两个人之间结下了孪生兄弟一般的友谊和感情，洛克将祝福送给他，并希望在任期最后三天时间里相处愉快。

扈棺人受到洛克的感谢，若不是他们在葬礼仪式上的精彩表现，洛克还只是一个默默无闻的人。

洛克认为，年轻学子们论辩技巧更胜过洛克本人，虽然他们试图以论辩反驳自然法，但他们却通过自己的道德证明了自然法。

洛克对学者们的勤奋、能力和风度大加赞赏，对他们来说，洛克更多的是一个顾问，而不是监督者；他谅解而不是指责他们的缺点。另外，洛克勉励他们成为好的哲学家和神学家，以自己的学识来支撑自己的事业。

　　最后,洛克对自己作为学监的能力进行了一番评价。洛克将身居高位的种种附属物放在一边,回顾了他的整个任期,并特意提到了任期临近结束时发生的一件令人遗憾的事。他惟一的安慰是依照自然法和学院的法规,度过正直的一生,而在他身后,不会有人向他泼脏水。这样他就能安然接受死亡了。

学监的告别演说(1664年)

是否有人依据本性在此生获得幸福?

不

不论是谁,如果想要把深深植根于人类心灵中的生命之爱抹去,劝说他们相信此生承担的最大罪恶就是生命自身,那肯定是这个劝说的人发疯了,要不就是他希望别人发疯。不管自然许给了我们多少幸福,她实际上提供给我们的却是少之又少,从全人类的抱怨可以清楚地看到这一点,从通常指向未来的徒劳的希望中也可以看到。怀有希望的心灵像是上了刑具架,不断被拉伸但却从未获得满足。毫无疑问,自然已经赋予我们以法则,但这些法则与其说是幸福的特权不如说是留住苦难的脚镣。实际上,自然把所有的人禁锢在此生就像禁锢在牢狱中,此生中有足够的法则和命令,但没有宁静和和平:双手疲于劳作,肩背遭受鞭挞,无人可免于艰辛或痛苦,即使那些勤奋工作的人也处在鞭影的笼罩下。这就是我们的生活处境,自然不仁,她把我们从大地中创造出来,也让我们像大地一样身上布满荆棘。如果我们身上有神圣造物的微弱火焰,通过不断闪动试图重新回到它当初诞生之地,那它带给我们的麻烦和焦虑多于光亮,它提醒我们这些血肉之躯它是多么激昂明亮,但却被无声地消耗。因此,普罗米修斯盗火不但为我们而且也为他自己所叹惋,因为我们的生活不过是从一种痛苦迁延到另一种痛苦,而修复对我们生命的伤害为的也不过是增加这种伤害,并将伤害传染给别人。自然嘲弄我们的求祈,只许给我们对幸福的渴求但没有许给我们一点点幸福。[①] 在这方面哲学也没有更温情;

---

① 在《人类理解论》卷 2 第 21 章第 32—46 节,洛克以一种更严肃的口气表达了类似的观点。

在哲学的高贵表述中,不幸的人类只是感到自己的无力和可怜。哲学贡献出了她的许多财富,但这些财富不过是辞藻而非人类的财产。就像拳头和刀剑无法医治伤口,那些关于至善的尖锐机智的话语也无法医治人类的噩运。幸福离此生如此遥远,以至于从自然的这些糟粕之外无法看到它在何方,而哲学家寻找幸福的工作也收获甚微,他们只能告诉我们幸福无处可寻。亚里士多德教导别人如何寻找幸福,但他自己的寻找却徒劳而无所获;他的心绪从未停止过烦乱困扰,直到最后投身入海才在海峡里①而不是在真实的生活中获得了一丝宁静。如果你走进画廊,你会发现斯多亚主义者以极大的努力效仿他们所谓的幸福的人。为了对命运的任何打击处之泰然,并表现出超出自然限度的行为举止,他们将人唤回到熔炉,剥夺他的所有以使他幸福;他们毁掉了那个人,最后在一棵幸福成长的树木原址,②制造了一个以浮夸华丽的辞藻装饰起来的枯木桩;他们传赠给人类的只是一种既不能使用也不能享受的幸福。伊璧鸠鲁主义者力图沿着一条全然不同的道路求得幸福;他们努力满足自己的欲望但得到和想要去除欲望的斯多亚主义同样的结果,上帝未曾出现在埃及的乐园,幸福也未曾诞生在伊璧鸠鲁的宜人的花园,尽管两者都不乏虔诚的参与者。每个学园全力以求自己宗派的至善,仿佛它是至高的神一样。由于哲学家们以极大的热情和敏锐的才智投入他们之间的争辩,包罗万象的哲学已经变得像宽广无际的海洋,其中充满了盐分③但却没有宁静。在那里可以找到许多东西,种类丰富、深不可测,足可用来怡情,但无论你停歇在何处,你都找不到稳定的依靠;波涛无垠,四面涌来,排山倒海,不安焦虑的心灵载浮载沉,饥渴不得平息,对幸福的渴望不得满足。自然如是,

---

① 普罗克皮欧斯(Procopius 的《峨特战史》(Bell, Goth)卷 4 第 66 节第 485 页,波恩编辑)记载了亚里士多德因不能解释尤比亚和比欧西俄之间的海峡中猛烈的海流和回流而自投海峡而死的传说。洛克可能是从托马斯·斯坦利的《哲学史》第 4 卷第 1655—1662 页中读到这一说法的。洛克藏有这一著作(所提到的段落在 1701 年第三版第 236 页)。同时可参见 J. 格兰威尔(J. Glanvill)的《独断的空虚》(The Vanity of Dogmatizing),1661 年,第 66 页。

② 此处洛克在使用 *faelix* 的双关语。

③ 拉丁语 *sal* 有"盐"和"才智"之意,这里洛克又使用了双关语。

哲学亦如是,从一开始它们就是狂躁不安的。当人类刚刚起源,大地几乎一片空白,而世界也正年轻,那时或许有更多儿童的喧闹,当然眼泪也不会少。众所周知,一些人对前代①赞美不已,对他们来说,除了古代,没有哪个时代比它更为美妙,更为完善;似乎祖先像在年龄上胜过我们一样在幸福上也胜过我们。有人告诉我们说过去曾有过黄金时代,但何朝何代是黄金时代恐怕只有臆想出它们来的富于幻想的心灵才知道。而且如果获得如此钟爱的黄金时代重来,先生们,请设想一下,如果年迈慵倦、心怀恶意的农神以对待子女的家长式的态度——即随时准备吞噬他的子女的态度来统治这个世界,那能是什么样的幸福状态。当然,朱庇特统治的灰铅时代更合意一些。还是让遗老们感时伤世,迷恋既往,享受前朝旧物吧:过去的岁月里没有人是幸福的,但是如果一个老人极口称颂承载自己童年的那个时代,我们也不必对他抱怨这些。因为对一个戴眼镜的人来说,远处的所有东西看起来都更大更明显,这又有什么好奇怪的呢? 不管什么,只要能使人快乐,它一定为我们所能并且属于我们。不会有人因为粗俗下流的琴塞提兹生活在一个英雄的时代,或因为他是阿基里斯和奥德赛的同代人,而认为他是个更幸福或更完善的人。当然,幸福问题过于复杂宏大,在我们短暂的生命中不可能充分领会。如果自然许给我们像奈斯特(特洛伊战争中长寿而睿智的老者。——译者注)那么长的寿数,以及附带随长寿而来的日渐衰老,这并不会让我们更幸福。谁能相信,只有当一个人丧失他自己、真实的自我离他而去,当偶尔看到自己的容颜对他是一种惊吓,而对别人则只作为一种笑料的时候,这个人会拥有幸福呢? 可以见到那些被年龄剥蚀掉人类的外观的人们,脸上像

---

① 这里洛克提到 17 世纪关于古代和现代学识的著名争论。世纪末,法国的"古代还是现代"之争达到顶点,布瓦洛站在古代一方,而伯罗被在现代一方。几乎同时,在英格兰,威廉·坦普尔爵士和查尔斯·贝尔充当了维护传统作家的角色,而威廉·沃顿和理查德·本特利则盛赞现代成就(参见斯威夫特的《书籍之战》,1697年)。在洛克 1664 年写作他的告别演说之前,法国的巴丁和笛卡儿、英国的培根和霍布斯加入支持现代的一方。争论随着真正的历史概念"发展"的出现而平息。洛克本人在晚年的《知性的行为》第 24 段(《全集》,1801 年,卷 3 第 225 节)中,认为整个问题都是毫无意义的。

罩了一张面具,仿佛自然正在操纵上演一幕戏剧,而创造诗人的自然同样也创造了令清醒旁观之人发噱的滑稽演员。如此的生命不会令任何人感到满意,而只会让人们对自己感到不满。但是如果自然果真像人们所说的那样是最温柔的母亲,而且带给她无助的孩子以丰盛的礼物,那么烦扰和杀戮有何用处?美好的事物会与焦虑、不适和恶心相伴;最宽广的水面最易生起风暴:因此在最幸运的状态中变故总是更剧烈,哀伤也更深沉。如果那些从后母般的虐待中逃离的人却因自然的溺爱而死,那么自然的温柔又将有何益呢?我宁可被吊死在绞架也不愿被窒息而死于过分热烈的拥抱。当一个人自信处境安全,没有丝毫防备地享受快乐的时候被人压死是更为残忍的事。压迫者也不会对被压者直截了当的死亡感到满意,如果他必欲先事折磨然后取其性命而后快。忍受背负如此众多苦难的生命已经足够可怜的了,而热爱如此的生命更加值得怜悯。尽管门窗大开,我们却不愿离开监牢,这说明我们不仅因自己的处境,而且因自己的欲望而可怜。实际上,此生之可悲的最令人痛楚的特征是这些可悲之处恰是为我们所乐见的。那安抚我们的疾病同时是最可怕的:当有人屈服于它的压力,他不会痛苦,别人也没有怜悯。这只能作为顶峰加到惨痛的疾病上去:也就是说,我们被欺骗且对此感到高兴。生活如此凄凉,它使快乐变质,任何人如果不是处于非理智状态甚至不可能感到片刻欢欣。人们应该诚心刻意地保护他不情愿地从自然那里被动接受的生命,并且应该全身心地尊重、珍爱不经痛苦叹息则不可获得的自然的礼物,这是多么荒谬的事啊!因此在门槛处我们像傻瓜一样逡巡叹息,但一旦进了门,却仿佛监狱中没有任何不如意事一样舞蹈庆祝,而初看似乎不堪其痛的疾病却被我们所珍视,因为我们已经习惯了它们。没有适用于所有人的安慰,遭遇同一厄运的人们命运彼此相似,但他们漫如散沙,心中的隔阂使他们互相排斥。我们仇恨而不是安慰落在同一灾难的人,我们期盼自己好运,却希望别人倒霉。当每个人都不仅承担着他自己的那份厄运,而且还承受着别人的恶意的时候,那些除幸福的害处以外对幸福一无所知的人是多么幸运啊!因此,告别生命的可悲的快乐;除了悲伤,世界不会给予我们任何值得期待之物。对生者,甚至快乐都是负担;在死者身上,泥土轻轻覆盖。水果、香草以及无论生长在地表上的何种植物,遍布大地,以养育兽类。人类和野兽生活在同一片土地上,尽管他们需要忍受着如此不适的群体,却没有丝毫将其区分开来的希望。我们像地球表面的被遗弃者一样忍耐苟活,像大门口的乞丐一样偷生。不论是珍奇还是宝藏,自然都深埋在那些隐秘偏僻的角落,必须深入地下才能探求到,追寻财富的人所付出的努力一点也不会少于追寻幸福的人的付出。当她向我们敞开怀抱,接纳那些静静地回到她胸前的人们的时候,我们才会因她的慷慨而变得富有,并对此感到满足;那时而且也只有那时她才会向我们完全敞开她的珍藏,有史以来,惟一幸福的时代是世界发现它自己的坟墓的那个时代,只有一场大洪水才能洗刷滔天罪恶,因为唯有如此才能吞没人类。丢卡利翁(普罗米修斯之子,他与妻子是宙斯惩罚人类的大洪水中惟一幸存下来的人。——中译者注),那场大劫难惟一的幸存者,当他受到流放,丧失了整个世界的时候,又遭遇了沉船之灾,只能将眼泪抛洒到大海的波浪中。因此在某些时刻,自然必须被废弃;灵魂的这些易朽的混沌的覆盖物必须被抛弃。幸福这伟大的神祇,不能留住在如此肮脏狭仄的居所。不论什么于我们有害的东西无不萌生于身体,只有已经离开世界的人不必惧怕厄运的风暴。如果你寻求终结罪恶,你必须自己停止罪恶。只要我们利用白天的光线,它只会为辛苦和艰难而召唤我们,它们也必定会熄灭希望获得休息的愿望。正是太阳带来了阴影,我们必须为一切带给我们哀痛的际遇而感谢生命,不管它是什么样的际遇。谁能对一个没有伟大灵魂且无物可征服的世界感到满意呢?对任何寻求幸福的人来说,世界之于他正譬如世界之于亚历山大:它是个牢笼,对于一个命里注定要谋求更高目标的心灵来说太狭小了。因此面临死亡时身体常常被激发起来,肢体摇动,因为它不耐烦拖延,渴望终结。实际上,临终之人痉挛性的动作并非灵魂的痛楚,而是灵魂突破束缚她的牢狱、为近在咫尺的自由而欢庆的舞蹈。

　　但是我为什么要用谈论长久期待的死亡之欢欣来拖延搪塞呢?

可以确定的是,如果不是因为在尚未向帮助我来到这个世界的人致以谢意就离开人世是最不体面的事,在这一关头我更愿意闪身进入坟墓,默默地走进那些无声幽灵的行列。事实上,尊敬的先生,[①]死亡都无法从我记忆中抹去您的体恤呵护。在其他一些事情上,不论是我自己的作为还是他人对我的作为,我都愿意让它们在我临终的时刻从记忆中随风而逝。但如果在我涉过忘川进入幽冥以后仍然高唱对您的赞扬,命运一定会原谅我;实际上,只用一生的时间仿效或颂扬您的完美是远远不够的。不过我必须在临死之前结束范围如此广阔的对话,一来气力、时间和才能不敷使用,二来也免得在我弥留之际心神不宁,误以为您的价值尚需称颂。但是我还是要表达我以及在座诸位的共同感受,这就是,只在您的治下才有人们在别的地方急切寻求却又求而不得的幸福,我们如此珍视这一幸福,以至于我们认为应该有什么东西限制您的德风所及,以免那些被安适的处境所迷惑的人误以为这是幸运者的永久居留之所。我们认为这一地方相去天堂已经不远,因为我们知道,在引导人间事务的众天体间的天堂之中,有时候也不那么适意,而且农神常常和朱庇特联合。不管发生什么,我们都对此感到欣喜:这就是说,就像刚愎自用者经常的遭遇一样,我们这些时间和力量都有限的不那么自负的人,一茬茬地出生、生活,再一茬茬地离世,只有阁下您是不朽的,您的仁慈和您的治政也会像朱庇特一样永世长存。

最尊敬的先生,[②]我把代表我职权的束棒置于您的脚下,并把它们交还给您。这沉重的束棒不适合用我们颤抖的手操控,它本应让更为强健的手来挥舞。我敢肯定,一旦您用魔棒唤醒沉睡已久的古典学术精神,唤起现在已经消逝了的学者们的精神,议事会的才华马上会重新复活。谁会不愿意展示至少能把我们祖先可敬的心灵召回这里的

---

① 这里洛克是向约翰·费尔博士(Dr. John Fell, 1625 - 1686)致意。费尔博士自 1660 年 11 月任基督学院院长,自 1675 年任牛津主教。他是前任基督学院院长萨谬尔·费尔的儿子。

② 这里洛克向雅斯伯·梅因博士(Dr. Jasper Mayne, 1604 - 1672)致意。梅因博士是基督学院的副院长、齐彻斯特(chichester)副主教、诗人和戏剧家。

技艺呢？实际上，这类魔法非常有用而且全然无害，根本不必担心法官的调查，也不必畏惧反反复复的主祷文。我们目睹了您曾经完成的更重大的事，现在没有人会怀疑你能像奥尔菲斯（Orpheus）一样驯服野兽，如果这里有野兽的话；同样也没有人怀疑你能像安菲翁（Amphion）一样移动巨石，让木材复活，因为在你魔法般的魅力之下，甚至哑巴动物都能交谈，①自然所禁止的声音，你的天才能让其解禁。

今天我得到了我以前生活的最大回报，因为您几位，曾经在我任职的开始阶段主持工作的我最崇敬的先生们，②与我分享我任期的最后时刻，以死后的哀荣弥补我生活中的艰难时刻。结束帝国和元老院的生命，摧毁那么多可敬的人的生命，这当然是只有恺撒才配得上的命运。在那样一种处境下，因拥有同等显要职位的诸君的友善情感，一种更荣耀的特权降临到我头上；您几位中每一位在私下和公开场合惠予在下的助益实在说之不尽。在这些助益中我首先要感谢把学监职位授予我。如果学监职位有什么令人不悦之处，③这可能不得不归咎于我所遭遇的生活的定数，但是当然这根本不是出于我的祈愿。众所周知，我经常想到我的双肩不胜如此的负荷，但依照你们的吩咐，尽管有违我的意愿，我尽自己所能努力担起它来。无论什么时候当我感觉不堪其累，总会有你们愿意扶助我。如此一来，尽管你们精于管理的声名如此显赫，你们支持他人的声名也毫不逊色。不管别人可能会怎样想，我确切地知道你们不会以为我贪慕权力，因为实际上只有服从你们才会有权力强迫我违背自己的意志去管理他人。但是如果别人能对此职位胜任愉快，他们一定会通过你们获得这一职位，当然不曾有人更心怀感激地接受或辞去这些职务。

再见，大名鼎鼎的大师们、博学的先生们，尽管人们此前未曾觉

---

① 这里可能是暗指梅因的戏剧技艺，或 1663/1664 年 1 月 8 日他对参加基督学院的一次演出中的本科生的演讲。在演讲中，梅因给演员以鼓励，并赞扬了他们的聪明才智，告诉他们"他非常喜欢有演艺才能的学生"（参见 A. 伍德的《生平和时代》，A. 克拉克编辑，卷 2 第 2 章）。

② 这里洛克向基督学院的受禄牧师们致意。1660 年教士团的成员名单，参见 H. L. 汤普森（H. L. Thompson）的《基督学院》1900 年，第 84—85 页。

③ 这可能指的是这一时期大学里放荡习惯的盛行。

察,你们在我任期的倒霉一年里被认为缺乏才智——不过让我们把毁誉留给别人吧,我们不适合出言无忌——但是在你们的才智储备中我发现了其他人会运用得淋漓尽致的手段,而且实际上我自己认为,我通过仿效你们中任意一位的讲话方式都能获得死后不朽的声名。

再见,最亲爱的兄弟,[①]而且,我要说,我生活和全部工作中的伙伴,我的向导和安抚者。我为你被继续留置于这种生活中充当一个全权的幸存者而向自己表示祝贺,[②]这样每个人都会知道,我离开之后,你的管理不会有多大损失,而被管理者仍将一如既往地感觉到你的存在;如果友情已经把我变成你德性上的友伴,不管我活着从这友情中获得什么益处,让我用离世一并报偿它们吧。因为我活着的时候是一个影子,命令的全部权威和力量都来自你,在我们的关系中能找到所有关于双子星的美好传说,就是说,尽管我们是兄弟两人,但只有一条命而且这条命是你的。因此,毫不奇怪的是,我们拥有同一个心灵、产生同一种见解,而且当我们不能用同样的力量去行动的时候,我们无疑是用同一种精神在行动;因为,当我无力做什么的时候,我至少应该无保留地赞同你的努力;再见了,我责任与共性情相投的朋友;愿你生活幸福,愿你在最后三天里[③]的作为使这一短短的时间成为永恒。

在和别的人们告别的时候,我必须感谢为我殷勤送葬的人们。你们自掏腰包把葬礼办得如此隆重,甚至我的遗体已经成为葬礼中最微不足道的部分。实际上燃烧的火炬和闪亮的饰品与其说在彰显死者的价值不如说是展示生者的伟大。你们慷慨地使一位声名不昭之人的火葬柴

---

① 本雅明·伍德罗夫(1638—1711),教师,年轻洛克六岁的晚辈,在威斯敏斯特学校接受教育,1656 年被选送到牛津基督学院。"从大约 1662 年起,他成为基督学院著名的教师,1663 年跟随来自斯特拉斯堡的彼德·斯塔尔(Peter Sthael)和安东尼·伍德、约翰·洛克等人一起在牛津学习化学"(D. N. B. 1 xii. 405 – 406)。从洛克这段讲话中,以及从威廉·寇克(William Coker)致洛克和伍德·罗夫的信中(牛津大学图书馆罗尔手稿 D.286,对开本第 6—7 页)都可以知道,他和洛克同为这一时期的学监,由于洛克作为道德哲学学监是资深学监,伍德罗夫一定是低级学监,或自然哲学学监。
② 根据习惯,洛克作为资深学监应该在第一学期集会以前的最后一个礼拜三发表这一告别演说;伍德罗夫作为低级学监将在下一个礼拜六做完告别演说后离职。
③ 见前注。

堆光照四方,这样虽然他的生命可能并不辉煌但至少他葬礼的火焰足以让他光芒万丈了。从平地升起的流星由于一种更为强大的作用力克服了自然的阻力一飞冲天,闪着耀眼的光芒开始降落,终于慢慢拖曳着巨大的光辉沉落到当初所来的地方,尽管穿越云层和风暴的时候离开了人们的视线。我真高兴如此降落下来,这样我离他们就更近了,我追随着那些直到此时此地我依然无法赢得其赞扬的人们的足迹。

再见了,我的士兵兄弟,①我能把你们称为我的主人吗?在如此反复地被你们征服之后,我承认你们是胜利者:在这一哲学的竞技场上,你们拥有如此卓越的自我,你们中的任何一人都有望成为亚里士多德,因为他拥有自然和人类的确切知识;或成为亚历山大,因为他有征服一切的能力。这一年我参加了你们的辩论,常常一上场就出局,哑口无言但收获颇丰。我如此经常地败在你们的论辩之下,这扩展了我的知识同时也削损了我的名誉,但这真正是你们的胜利的荣耀。如果不是你们的生活方式复活了你们的口舌从我这里夺去的法则,引发我们全部争执的那一法则②便会常常躲过我毫无结果的追寻。因此,我不禁疑惑,是你们的辩论谋杀了自然法还是你们的行为更为热切地捍卫了自然法。

最后,再见,最优秀的年轻人,③和你们共同度过的这一年里我尽力表现良好。当然,他发现自己身处一个狭窄的角落,受制于一条不公正的法律,在奖惩这类事上无权行使自己的独立判断,被受赏受罚双方的哭诉搞得焦头烂额一筹莫展。尽管可能古代传统要求用棍棒,但这既不符合我的风格也不适用于你们的行为。因为你们投入全部身心学习最有价值的东西,对于你们中的多数人来说,我与其说是你们努力工作的监督者和工头,不如说是见证人和喝彩者。失误,如果有什么失误的话,这些失误只是为我们双方提供了机会——你们赢得

---

① 洛克向文学学士们致意。
② 这一句及下一句中,洛克提到了他的自然法论文,看来,在 1664 年间,他在讲座或课堂上和他的学生们讨论过这些论文。
③ 洛克向学院的学者们致意。

了赞扬而我表达了赞扬；而且，正如小沟小坎惯常表现的那样，这些失误加速了我们穿越沼泽的步伐。所有这些事的记忆，都秘密地无声地深藏在我的心里，它们将随我一起死去并且被全部埋葬，学监的幽灵不会成为任何人的恐惧。我不记得任何冥顽不化、傲慢无礼之人，因为我愿意遗忘如此众多品德高尚之人中间微不足道的一部分。你们中绝大多数人的勤奋、厚重、博学、干练能轻易地改变剩下的那部分人的懒惰，并能让即使在阳光下都难以发现的瑕疵完全消失在一片光辉灿烂里。因此我认为你们个个气质优良、勤奋、服从。但如果有人有负罪感，那请他不要把我说的这些当作客套话，不要把我的话当作告别仪式上惯有的溢美之词；请他学着去热爱和珍视他原来不曾拥有的美德，这一美德的价值如此巨大，在它所到之处甚至使那些不具备它的人都能从中受益。如果有谁想具备这一美德，必须经常造访两个地方：人们学习辩论的会堂和学习祷告的庙宇；在这两个地方，他们能成为哲学家和神学家。[1]如果你们中的某个人将来成了学院的教师，被祷告者惊得哑口无言，应该想到提摩太，即使得到保罗的亲自支持，也不过仅仅是条哑鱼而非《福音书》[2]中说的渔夫。但是作为一个多嘴多舌的人，在临终之时还能带给你们这些不乏学识的人什么忠告呢？但当我弥留之际环顾左右，看来除了祝愿你们中的大多数继续保持而其他人向他们看齐之外，没有更好的祝福带给每一位了。

现在，最后，我向学监职位告别。这里我把所有的威胁、欺诈、苛酷排除在外；我同样放弃我的骄傲、固执和自大；因为虽然就我个人来说从未有过这些想法，但一些人认为学监固有这些毛病。尽管或许我来这里的时间太短，不能适应这一学术国度并赢得我自己的幸福，但对你们所有人和我自己来说我来得已经够久的了。既然我已经来到死亡的门口即将跨入幸福的门槛，有机会看到幸福之人的座位，也就不愿意面

---

[1]　在基督学院，基础部的前 20 名学生是"神学生"，按照惯例将成为神父。从 1665 年到 1674 年，尽管洛克没有神职，但他的名字出现在"神学生"的名单上。在 1675 年圣诞节的名单上，我们在作为"哲学生"的后 20 名学生名单中找到了他的名字。（比较 H. L. 汤普森的《基督学院》，1990 年，第 101 页）在下面的句子中洛克强调了哲学训练的重要性。

[2]　比较《马可福音》，1 章 17 节。

对过去的不幸重新激活它们。经受一次不幸已经足够了。但葬礼上的习俗应该遵守。因此,就请接受下面这些吧:我像婴儿一样柔弱、颤栗又不无痛苦地走进这一生命的阶段。像所有初来者的生命一样,我生命的早年岁月是十分快乐的,除了我们所依赖的生活条件带给我的焦虑以外,接下来的岁月也没有任何不快之处,但是最后,在我的老年阶段,当我已经接近死亡的时候,疾患和病痛不无预谋地侵袭了我:因为导致如此高烧的重要原因一直找不到。① 那是我生命的终结——与开端不相一致的终结,上帝愿意它如此:我的岁月(像小海神特立通的身体)慢慢变成一条鱼。② 不过我还是要向这一职位和地方永远告别;悲惨一次已经足够了,也就是说,活上一次也就够了。在我的命运中和我的葬礼上有一件事能安慰我,这就是按照我用来指导自己生活的自然法则和议事院的法规我能被允许去死、体面地去死。我现在乐意向利刃奉献上我无数次死里逃生的喉咙;因为绞索不在手边,③我相信在我活着或我死了的时候任何乞求宽大怜悯的行径都不会有。当然,这座殿堂庄严祥和,决不会改造成绞刑场。而且也毫无必要让一个已经走进自己的祭坛并且乐于去死的牺牲品上绞架,或用绞刑来威胁他。因此,最后,如果有谁对我的怒火仍燃烧不熄,奉献给复仇之手的牺牲就在这里,这只手不仅能完成自己复仇的愿望,也实现了我盼望安息之心和其他一切期待。如果我的生命除了它自身还冒犯了别人,我相信,死亡将会平息他们,而当我的遗体被埋葬以后,不会再有怒气依然沸腾。因为在坟墓中寻求安息的人是不会被拒绝的。所以,我气喘吁吁地追赶安宁。但愿我从此再也不会成为你们和我自己的麻烦。随着我最后的呼吸,我要吐出我所有的心事,我不会再耽搁对全部罪恶的惩治了,这单单的一句话让我感到无限满足:"我死了。"

---

① 这可能是指在洛克任职期间,当他被召集到院长和教士团面前"解释为学院的一名仆人提供掩护的事"时发生的一次意外(比较 H. L. 汤普森的《基督学院》,1900 年,第 101 页)。

② 插入语中的短语是(从拉丁文向英文)翻译时加入的,以使所指清晰。这里洛克也可能指的是鱼的标号,黄道年最后的标号。此外,也可能指的是双鱼座,第三行以上;因此:"我变成了一条哑巴狗"。

③ 即,绞刑不够体面。

哲学速记

导　言

洛克的速记

　　这一卷的最后部分由洛克 1676 年笔记的部分条目和 1677 年洛克自己关于翻译皮埃尔·尼科尔(Pierre Nicole)三卷本的《道德论文集》方法的一部笔记组成。笔记条目和笔记本身是洛克长期居留法国期间用速记完成的，迄今为止从未出版过，尽管他笔记中用普通书法写成的大部分条目曾经以印刷的形式出现过。1829 年金勋爵(Lord King)在《约翰·洛克的生平和写作生涯》中最先出版了洛克笔记摘录。1936 年 R. I. 阿隆教授和 J. 吉波先生出版了笔记中全部普通书法写成的哲学条目(包括金勋爵以前曾经出版过的一些)，附录在《洛克〈人类理解论〉的早期草稿》一书中。1953 年 J. 拉夫教授(J. Lough)在《洛克在法国的旅行(1675—1679)》一书中重新编辑了洛克用法语写成的笔记，并转录了部分速记条目。转录在本书中的速记文章主要是哲学方面的：事实上，它们包括了洛克笔记中全部的哲学速记文章，实际上也是拉夫雷斯收藏中全部的哲学速记文章。如果阿隆教授和金勋爵同样熟悉洛克的速记，他们肯定会在自己编辑的著作中收录这些笔记条目的。

　　洛克在下面的速写条目中讨论的问题在金勋爵和阿隆教授出版

的普通书法条目笔记中曾出现过,在 1671 年的两篇草稿中也曾出现过。不过,论偶像崇拜、快乐和痛苦、激情、权力、信仰、理性的速记条目涵盖了洛克在这些问题上最早期的思想,这些思想在普通书法条目和两篇草稿中没有相对应的条目。另一方面,洛克对大部分这些问题的速记讨论汇集到了——常常以一种深思熟虑的形式——《人类理解论》中;因此可以把它们看作《人类理解论》中一些部分的早期手稿。本书也转录了洛克关于阅读和翻译尼科尔的笔记,尽管它们没有什么哲学意味;洛克认为它们值得写出来,别人也可能认为它们值得阅读。

这里出版的每一笔记条目都配有一条导读性的按语和脚注,以解释洛克的速记的性质和转录速记的方法。为方便读者,复录了洛克关于尼科尔的速记笔记。

洛克在自己的笔记、账簿、医学笔记中使用了速记,偶尔在手稿空白处也使用速记。在运用速记的地方,他也插入普通书法写成的词汇和短语——这似乎表明他有时感到很难用速记方式书写某些词汇,而他对这门技术从来都不曾十分精通。他在致威廉·莫里纽克斯的一封信中说过,[1]他在成年以前没有学过速记;实际上,他最早运用速记是在写作 1664 年的论文的时候,这年他已经 32 岁。在同一封信中的另一处,也是洛克在文字中提到速记的惟一另外一处,也就是《教育漫谈》第 161 段中的一句话,洛克在莫里纽克斯[2]的启发下对速记进行了反思,但没有收入这部书的第一版(1693 年)。从信中看,洛克似乎不愿意谈论他的速记知识和技术。因此,为了弄清他作为速记作家的实践,我们必须利用可得到的每一线索。

首先让我们引述洛克在《教育漫谈》第 161 段中的话。

速记……因可用于记录快讯以帮助记忆和保密而值得学习。一个人只要学过任何形式的书写,就可以很容易地将其化为私用,再配合一些缩写语,就可应用于实际事务。里奇先生(Rich)

---

[1] 1693 年 8 月 23 日,在"亲友通信"中,(《全集》,1801 年,卷 9,325)。

[2] 比较"亲友通信"中莫里纽克斯 1693 年 8 月 12 日致洛克的信,同上,第 321 页。

熟悉语法,他的速记发明是我见过的最好的速记设计,他的速记更为容易而且简短……

这一段落中有三个重要的陈述,一个是关于速记的价值,另一个是关于改进通常速记体系的可能性,第三个说的是洛克对杰拉米·里奇(Jeremiah Rich)发明的速记体系的偏爱。前两个陈述的例证可由洛克自己的速记实践给出,因此我将直接考察里奇的速记与洛克的速记实践的关系。

在晚年写就的一段话中洛克推介里奇体系这一事实虽然可能暗示但并不一定表明洛克自己在使用速记的初期采用了这一体系。正如我马上会证明的那样,他在一生中参考了不下一种的速记体系,并且使用过其中两种。而且,里奇体系与 17 世纪同时在使用的一系列其他速记体系并无太大的差异,也由于这一原因,这里援引的段落中所提供的线索并非全部都是可靠的。不过,这也可能表明里奇体系无疑是洛克自己终生都在使用的一种体系。在洛克文章中发现的速记笔记可证明这一点。

洛克在他早年的一本从未运用速记书写的账簿①中插入一份速记字母表,我费尽心机也未能把它们识读出来。不过在他 1664—1666 年②的笔记中的字母表和一套代表辅音组合或整个单词组合的缩略语正是里奇发明的,笔记中洛克用速记书写的第一赞美诗与里奇在 1659 年的字母表宽面里的提示以及他的《速记体赞美诗》③十分相似。这本笔记中洛克本人的几处评论同样是用里奇速记写的。因此,看来洛克是在 1664 年至 1666 年间开始练习使用里奇速记法。我们甚至可以更精确地确定他初次尝试的日期,因为在 1664 年后半年他完成的手稿版的精神哲学学监④告别演说中,包含有里奇速记的许多

①　洛克手稿 f.11 和对开本第 12 页。账簿涵盖了 1649—1657 和 1661—1666 两个阶段;其中记载的可能是后一阶段的账目。

②　同上,f.27,第 14—15 页。

③　在丕普斯的《日记》(1661 年 4 月 16 日)中提及的速记书写的赞美诗,很可能是由里奇或托马斯·舍尔顿(Thomas Shelton)写的。

④　在洛克手稿 e.6 中,题目是《辅助定理》,以及我称为手稿 A 中的部分。

符号。① 这些符号洛克后来换成了用普通书法写成的拉丁文。这段时间洛克为什么会认为学习速记是明智的，其理由可能在于他想在学监任期结束后离开学院去从事实际事务——事实上，在 1665—1666 年冬天，他成了沃尔特·韦因爵士（Sir Walter Vane）的秘书并陪伴他出席布兰登堡选举。他从克里乌斯（Cleves）写给他的朋友约翰·斯特拉奇（John Strachey）的信件手稿中②——其中有宗教和政治方面的个人信息——有用里奇速记书写的一些符号，洛克在这种场合使用速记应该是出于保密的考虑。他大部分的笔记以及随后几年中的日记都有用里奇速记书写的条目，其中一本似乎速记的是拉丁文字，另有三本里面有同一个词汇的不同标号。③ 偶尔我们会遇到用奇怪的符号写就的字母，而且 1678 年洛克买了舍尔顿（Shelton）写的两本速记著作，④尽管看来不是自己使用，因为不久之后他即将三本速记方面的著作送给了他的朋友尼科尔斯·托尼纳德（Nicolas Thoynard）。⑤ 我们知道 1680 年洛克收有一本里奇速记著作，因为日期为 1680 年 12 月的洛克在基督学院财产清单上，列有"J. 里奇速记体系"。⑥

现在让我们来见识一下洛克自己的速记。如果我们把洛克使用的单个的符号标列出来，把它们和 17 世纪时发明的其他字母表对比一下，⑦会发现洛克的符号和杰里米·里奇的符号最为接近。从里奇速记体系的学习手册，⑧我们会发现洛克不仅采纳了里奇的辅音字母

---

① 比如，在对开本第 7 页。

② 金勋爵出版了三封洛克从克力乌鸟写给斯特兰驰的信件（《生活》，1858 年编辑，第 13 页），这些信件不是来自洛克的手稿，而是来自由洛克发出后又回到洛克那里的信件；这些信件手稿现保存在拉夫雷斯收藏中。

③ 比如，在 1667 年的笔记中（洛克手稿 f.15，第 1—2 页）。

④ 1679 年 6 月 27 日日记，第 107 页（大英博物馆，补遗，手稿 15642）。

⑤ 洛克 1679 年 7 月 15 日致托尼纳德的信（大英博物馆，补遗，手稿 28728）由福克斯·波恩（《约翰·洛克的生平》，1876 年，卷 1，430）和 H. 欧立昂（H. Ollion，《洛克的未刊手稿》，1912 年，第 28 页）出版。

⑥ 洛克手稿 c.25，对开本第 30—31 页。

⑦ 在大多数速记历史著作中，比如在罗克威尔（J.E. Rockwell）的《速记学说、文献和实践》（*Teaching, Literature and Practice of Shorthand*，1884）中都可找到速记字母表。

⑧ 即，不同版本的《钢笔妙手》（*The Pen's Dexterity*）。

表,而且还采纳了他的元音标记方法以及某些缩写方法。不过,当我们试着以里奇速记体系为基础改写洛克的速记时,我们遇到了一些难题,因为洛克使用的某些记号不见于里奇体系。我们猜想这些记号是洛克自己的发明,而且在大部分情况下,它们标示动词的时态。洛克速记中同样还有一些缩写不同于里奇体系,而且洛克自始至终似乎都以上面引文中提到的方式改造里奇体系。值得庆幸的是,洛克的文章中有既用速记方式书写也用常规方式书写的段落,这样一来一些译解困难也就迎刃而解了。存在问题的文字是洛克于1669年以速记方式录入笔记并以常规方式写入后来成为医学论文的笔记散页中的段落,这些段落是托马斯·希登海姆(Thomas Sydenham)论痢疾、天花、胸膜炎以及间歇性高烧的讲座的摘记。

总体看来,洛克是出于便利而使用速记的。当然,在某些情况下,比如在致斯特拉奇的信以及涉及财务的笔记条目中,他使用速记为的是保密。从下面的例子中可以看出至少在一个场合他想到了这一特殊用途。洛克在1677年笔记中惟一使用速记的一处是为10月1日写的条目,[①]这一条目没有题目,也没有像洛克笔记中大部分速记条目那样在空白处用普通方式写成的标示其内容的关键词。在同一日期用普通方式书写的条目和后来写成的速写条目之间也没有划线分行。[②] 用普通方式书写的条目谈论的"知觉"、"快乐"和"感觉",已由R. I. 阿隆教授和J. 吉波先生付印出版。[③] 人们可能会想,与此条目连在一起的速记条目肯定是洛克哲学讨论的继续,如果是用普通方式书写的话肯定也会被阿隆教授和吉波先生转录付印。普通方式书写的条目的最后几个词是"我们受到伤害之后(after we are hurt)"。在手稿中,洛克在"hurt"的逗号后,用普通书写方式加上了"而且当摆脱危险的时候,我们会更加悠闲地检查"。[④] 从这儿开始是速记文字,下面

---

① 洛克手稿 f. 2,第 282—286 页。
② 第 280—282 页。
③ 《洛克〈人类理解论〉的早期草稿》,1936 年,第 96—97 页。
④ "更加(more)"是用速记方式写的。

是速记的转录:"那件新鲜事的益处。我这么认为。对这件事我当时不想做任何评论;但是高等法院的代理人和初级律师提出了一些事,并将其置于我的面前由我来负责……"显然从"我这么认为"开始,洛克这里讨论的是一件完全不同的事。正如我已经说明的,洛克在开始新话题之前引入了速记。我们能怀疑洛克在这里运用速记是为了掩人耳目吗?洛克这一部分的速记条目中有莎夫茨伯利伯爵一世于 1677 年 6 月 29 日在英国高等法院发表的支持释放伦敦塔中关押的委托人的申请的讲话,[1]这一发现将驱散任何对这段速记用于保密的怀疑。

有些时候洛克对速记不怎么用心:他经常省略音节甚至整个单词,而且无法辨别类似的记号。[2] 他也没有提供记号标注冠词,不管是定冠词还是不定冠词;除了用三个点按三角形排列的句号标注以外也没有其他的标点符号。为转录和编辑洛克的速记文献,我着手(1)补足明显的脱漏(多数情况下脱漏的部分很容易从上下文中找出),(2)纠正一些错误,(3)添上冠词,以及(4)标上标点。为了前后一致,我还把洛克用普通书写方式随手写在速记手稿中的单词改成了现在通行的单词拼写。页码是手稿的页码,即洛克 1676 年笔记的页码,[3]在这一版中由插入文本的圆括号中的数字标示。[4]

---

[1] 这一讲话的普通书写版在克利斯蒂(W. D. Christie)的《安东尼·阿什利·库伯·莎夫茨伯利伯爵一世的一生》(*A Life of Anthony Ashley Cooper, First Earl of Shaftesbury*, 1871 年,第 2 卷附 6)。洛克显然于 1677 年夏收到了讲话的复本,然后将其用速记转录于笔记。速记版讲话与印刷版几乎完全相同,但由于在某些地方速记版更为具体,印刷版看来是以不完整的手稿为底稿的。洛克的速记在某些地方也不完整,因此需要参照速记版和印刷版两种版本,以重现讲话的原貌。

[2] 比如,which 和 with 的记号。

[3] 洛克手稿 f.1。

[4] 在来自洛克笔记的摘录中,像阿隆教授和吉波先生出版的《洛克〈人类理解论〉的早期草稿》(1936 年)中显示的那样,洛克在手稿中使用速记符号的地方出现了一些空隙。这里我冒昧地转录了这些符号(页码参照指示的是阿隆的版本)。
1676 年 6 月 20 日的条目(第 77 页),第一行:在手稿中有一个表示"having"的速记符号,代替"their"。第 4 行:"But distance seemes"后面是表示"to be nothing but bare"的符号。第 5 行:"arising"后面跟的是表示"between"的符号。
1676 年 7 月 29 日条目(第 81 页)第 1 行:"the proofs"后面有两个表示"of ours"的符号。
"我们的作者"指的是皮埃尔·尼科尔和他的著作《道德论文集》(1671 年)第 2 卷。
1682 年 2 月 19 日条目(第 120 页,1. 9):这里印刷的符号未见于手稿。

最后,我要说的是,在拉夫雷斯收藏中还有另外一些速记资料,不是出自洛克之手而是由他表弟掌玺官彼得·金勋爵写的。这些速记保留在诸如 17 本法律报告人的笔记以及众议院从 1660 年 4 月 25 日第一次传统例会到 1681 年 3 月 28 日议会解散这一期间的事务日志中。日志可能是金根据官方记录编写的,日志比以《众议院日志》为名出版的文本简短,但措辞和后者一样。金的速记也是基于里奇体系,但其中有大量新创的符号,因此与洛克不同。

1 论翻译皮埃尔·尼科尔《道德论文集》的笔记

（洛克手稿 c. 28，对开本第 42 页。速记页的复本出现于第 254 和 255 页之间。题目是我加的。）

笔记写在一捆小八开本纸张的头一页（第 42—44 页），上面有洛克写的"1677"字样。对开本页码 42—44 中还有用普通方式书写的笔记，其中关于天然磁石和印刷工艺的两条是洛克翻译尼科尔《道德论文集》时的一些段落的手稿。这两条笔记作为洛克日志摘引已由金勋爵[①]付梓出版。另外用普通方式书写的笔记讨论尼科尔为上帝存在和灵魂不朽提供的证明。在第 44 页，有一处洛克写的参考 1676 年笔记第 367 页的字样，这一页笔记的日期是 7 月 29 日，在这一页中，洛克插入了一篇详细讨论这一题目的文章。[②]

洛克在 1664—1666 年[③]笔记中首次提到尼科尔时，话很简短："皮特拉斯的尼科尔"。这里提到尼科尔的名字可能是把他作为罗耶学派的成员、阿诺尔德和帕斯卡的朋友以及《外省信札》(Letters Provinciales)的合作者而记录在册的。1672 年秋洛克去法国小憩数周，1675 年再赴法国呆了 4 年。在 1672 年到 1680 年间他一定阅读了尼科尔的《道德论文集》（其中前两卷于 1671 年出版）。[④] 我们无法确切知道洛克何时翻译了这本论文集，并将翻译手稿连同一封献礼信呈给了沙夫茨伯

---

① 《约翰·洛克的生平和写作生涯》，1858 年，第 130—131 页。
② 在阿隆和吉波出版的《洛克〈人类理解论〉的早期草稿》，1936 年，第 81—82 页。
③ 洛克手稿 f. 27，第 91 页。
④ 即"论上帝的存在和灵魂不朽"、"论人的弱点"、"论和平之道"。

利女士。① 洛克在信中提到,他从法国回英国时带回了这些译稿。洛克分别于 1672 年秋和 1679 年末两次从法国回英国。考虑到他第一次访问法国时间很短,而他翻译的三篇论文篇幅不菲,我们可以合理地推断,他是在第二次访问法国时完成的译稿,并于 1679 年或 1680 年将译作呈给了沙夫茨伯利女士。拉夫雷斯收藏中洛克标明"1677"的一捆笔记可以帮助我们更准确地划定翻译的日期。我们甚至有理由推断,洛克早在 1676 年即已开始翻译,因为他似乎有意把他 1676 年 8 月 15 日的笔记条目设计成译文前言的一部分。从出版的笔记中我们可以推断,他的初衷是出版译作,而这则笔记是最初的前言中的一部分。当洛克决定放弃出版译作的打算而把手稿的复本送给沙夫茨伯利女士的时候,他在致信中再次谈到翻译尼科尔的方法,但他在这里的说法和在 1676 年 8 月 15 日笔记条目中的说法不尽相同。

1677 年,尼科尔的部分论文,其中包括由洛克选辑出来与上帝存在证明无关的两篇论文,再次由"一位上流社会人士"翻译出来并以《道德论文集》(*Moral Essays*)为名在伦敦出版。与另外两篇当时备受好评的心理分析杰作相比,尼科尔论上帝的论文不怎么起眼,洛克选择这一篇论文表明他对此有特殊的兴趣。他本人在论自然法的早期论文第四篇和 1671 年的草稿以及 1676 年至 1682 年在法国期间的笔记中都曾谈及上帝存在的证明。看来尼科尔论上帝的论文因印证了他自己的观点以及他对笛卡儿的态度而打动了他。事实上,在《人类理解论》卷 4 第 10 章中即可发现洛克对尼科尔的兴趣。② 不管怎么说,我们有充分的理由认定,尼科尔是连结笛卡儿哲学和英国哲学、尤其是洛克哲学之间的纽带。③

下面摘引的笔记向我们透露了洛克作为译者的想法,笔记条目则

---

① 纽约比彼尔旁特·摩根图书馆(Pierpont Morgen Library),M. A. 232(牛津大学图书馆手稿胶片 70)。1828 年由托马斯·汉切克(T. Hancock)出版,名为《对话,译自尼科尔的论文》;福克斯·波恩摘引,《约翰·洛克的一生》,1876 年,卷 1,296。

② 参看我的论文"洛克和尼科尔",载于《智慧》1948 年 1—3 月号,第 41—55 页。

③ 参看 S. P. 兰姆布莱切特(S. P. Lamprecht)的"笛卡儿在 17 世纪英国的角色",载于《观念史研究》,哥伦比亚大学哲学系编辑,卷 3(1935 年),197,注释 42。

告诉我们他作为拼写改革者的计划。

这一译作不论是打发寂寞时光的纯粹消遣还是提高我的法语水平的有效方式，自始至终都只是为个人的用途而进行的。但现在既然它已开始用作另一目的，我认为省去译者的俗套亦无不可，而且，因为我无意将此译作出版以向世人展示我掌握的这两种语言如何得体或我如何恰当地以一种语言翻译另一种语言，而只是为了有益于我的国家，为了把我在国外获得的能促进真理和美德产生的认识带回对此尚且争论不休的祖国，因此之故，如果我在某些地方为实现初衷而完全改变原文的谈论方式，应该不是可奇怪之事。我毫不怀疑，在作品中表现出深切怜悯之情的作者将会充分体谅我为了忠实于论证而不得不经常偏离他的语言之举。我的全部担忧是，我试图去改正一个具有如此非凡才华之人的作品并将包含我大量修改之处的著作在他的名义下出版，将是极为唐突冒犯之事，而且对原作者也是极大的不公。作为一种补救，我认为在所有被我斗胆修改的段落附上作者自己原来的话是妥当的，这样不懂法语的读者就能够借此知道我在哪里犯下了错误，而那些懂得法语的人则可以就此判断我的翻译偏离原文有多远，以及我的这种译法比起逐字逐句的翻译来是否更不符合英语表达。

2　拼　　写

（洛克手稿 f.1，第 402—406 页：1676 年 8 月 15 日笔记。洛克的题目是"拼写"。）

看来，这一条目是前面论尼科尔笔记的继续。结尾句中的"错误（fault）"被当前条目第一行中的"另一错误（another fault）"所代替。在一处行文中（第 404 页末尾）提到的"我们的作者（our author）"，无疑指的是尼科尔以及尼科尔论人的弱点的论文。由于这些原因，我们可以推断，尽管洛克论尼科尔的笔记页码上标有"1677"年字样，但其实写于 1676 年，早于 8 月 15 日的笔记条目。因此，在论尼科尔笔记以后我紧接着放上了这一笔记条目，虽然在笔记中这一条目之前已有 1676 年 7 月的三个速记条目，在现在的这一版本中这三个条目调整到了后面。

从上面的叙述可以推知，像前面论尼科尔的笔记一样，洛克本意是把笔记条目的普通书写版插入尼科尔《道德论文集》译本前言中。从第 402 页最后一句话可以看出，他最初的意图是在包含他自己的计划的段落中应用简化的拼写方式。在现保存于皮尔旁特·摩根图书馆（Pierpont Morgan Library）的呈送给沙夫茨伯利女士的信件手稿中既没有提到也没有运用简化的拼写方式。

在这里我们没有必要探讨洛克改革英语拼写方式的建议中包含何等价值。重要的是认识这些建议和他对速记的兴趣这两者间的紧密联系。毫无疑问，洛克对 16、17 世纪法国尝试改进拼写方式的种种努力印象深刻，[1]在条目开始部分他自己承认，这些努力激励他推出自

---

[1]　若想了解这些尝试，请参见拉罗瑟（Larousse）的《二十一世纪通用大词典；拼音法；新文字方案》（*Grand Dictionnaire Universea du XIXe siècle*，卷 11，s. v. 'Orthographie'，'Néographie'）。

己的方案。但是因为在英语和法语中拼写与发音不一致,而改进拼写的方式又是以语音为基础,所以可以把洛克早期对速记的兴趣(速记是通过单词的发音[1]而不是单词的拼字法来记述的)视为影响他拼写改革建议的首要因素。洛克本人在速记技艺中的榜样杰里米·里奇[2]十分强调"速记实践的用意只在于单词的发音,而不是拼写的真实"。从 1001 年约翰·威利斯(John Willis)出版《速记技艺》(*The Art of Stenoguaphie*)到 1837 年艾萨克·皮特曼(Isaac Pitman)出版《速记技能》(*Stenographic Soundhand*),这一期间出版的 200 种速记体系中的多数体系都显示了速记和拼写改革之间的这一关联。[3] 不管是今天还是过去,以语音为基础改革英语拼写的所有尝试都不了了之,或许主要原因在于缺少共同的兴趣。[4]

最后,读者应该记住洛克另一项不广为人知但与此事有关的改良观点。有一次他参与改革历法的谈话,[5]另一次他提出了一条从儒略历(旧样式)过渡到格列高利历(新样式)的"便捷途径"。[6] 不过虽有洛克和其他人的努力,不准确的儒略历在英国一直沿用到 18 世纪中叶,而在俄国甚至一直沿用到 1917 年十月革命前。

(第 402 页)另有一项错误,我不知道能否得到谅解,因为我得承认这完全是我自己的作为,而细心的读者很快就会在拼写中发现。作为法语风格的一个卑微崇拜者,除了日日揣摩追随[7]其文章中体现的风格以外实在别无进路。依我之见,只要这一目标恢宏且不乏裨益,则不需任何其他理由,仅此亦足以证明此目标的正当。不过我长久以来所持的事务应受其目的规范的看法使我不至浅尝辄止。比如,考虑

---

① 参见第 257 页下端。
② 《钢笔妙手》,1669 年,第 6 页。
③ 参照"简化拼写社"(the Simplified Spelling Society)出版的《拼写》,1925 年,卷 1,54。
④ 参看 H. C. 威尔德(Wyld)的《英语简史》,1921 年,第 130 页。
⑤ 《文学界要闻》(*Nouvelles de la Republique des Lettres*)1699 年 5 月,论文 9。
⑥ 1699 年 12 月 2 日致斯拉安(Sloane)的信,载于 T. 福斯特(Forster)的《洛克书信原件》,1830 年,第 68—69 页,以及福克斯·波恩前述著作,卷 2,477—478。
⑦ 此处的"追随"(follow)洛克最初用普通方式书写为"实践"(practise)。

到字母不过是声音的永久记号,我认为如果我们总能够尽量用同一符号表达同一发音,则可以避免许多混淆和不必要的困难。像在这句话中这样的突然变化也许初看起来会有些怪异,[1]习惯强化了我们对不够便捷的方式的热爱和崇拜,虽然我们不得不承认,如果作出改进将会更方便;而且同样也没人否认(第 403 页),任何改革总要有一个开始,可以通过渐进完成改革。这将免除许许多多错误,并且使我们须臾不可离的语言变得易学、易读、易写,这样一来,所有的外国人、本国之内的妇女和文盲、事实上所有的人都能从中受益,因为所有非生而知之者都要花费时间和精力掌握语言的这些难点,而儿童们也不得不把宝贵的记忆资源用于记住所有的语言变化,学习如何用不同的记号,比如 isle、guile、mile 或 to、too、two 记录同样的发音;或用同样的记号表示不同的发音,比如 we、when;me、men;gin、begin。对于一门只有 5 个记号的外国语言,每个字母至少在每一音节中出现一次,[2]如果混淆了其中三个,或许我们认为我们有理由抱怨。这促使我们思考(第 404 页)在某些情况下我们是否同样没有理由尽量让拼写和发音相互对应;为了消除人类大量毫无益处的痛苦并减轻他们的劳动(这是一项切实而巨大的便利,而一切学问和知识仅次于信仰和美德的目的就是便利),我们是否不能再对我们的书写进行修正,虽然这种修改不免会忽略单词的辞源,有时甚至要放弃单词的系谱记号。对于他们在这件事上反复[3]强调的重点,或许也是他们反对变革旧的书写方式的惟一理由,我会情不自禁地设想,施于人的仁慈应该能降低我们对语词的系谱的敏感吧。只要我们一想到我们的作者[4]就我们生命的缺陷和我们知性的弱点所说的话以及他的经历所证明的事实(第 405 页),想到我们人类在真正的知识领域所取得的微不足道的进步,想到经历漫长的求索和无尽的艰险而发现的一点点有用的真理,我们就会

---

① 洛克显然想在这里实施他的用普通书写方式完成简化拼写的观念。

② 洛克在边页用普通方式写上了:*first*, *worst*, *cursed*。

③ 手稿中省去了"反复(so many)"。

④ 即尼科尔,在他的论文"论人的弱点"中。

感到有充分的理由排除道路上的无益的艰险。纵然全部知识都隐藏在一种像我们所期望的那样简单而平实的语言中，我们也同样有充分的理由深入事物的内部和真相，这样就马上消除了考订的必要和繁琐。这种考订深陷于陈旧的书籍和虫蛀的记载，即使最熟练的巧手也很少能不费一番力气就搞定它们；而且经常是经过专家们的一番工夫，情况比以前更加扑朔迷离。我们的这种期望就像当初那些建造巴别塔的人们的希望一样高远，①是什么阻止我们按照发音去书写？是什么阻止我们剥去那些总是给我们带来麻烦并常常令本可以更深入钻研的人（第406页）意兴阑珊的知识外壳呢？

---

① 这里原文是"但是由于对我们的这种期望就像当初那些在巴别塔为我们招致这一悲惨处境的人们的期望一样宏伟"，为便于理解，缩写成文中的句子。文中的"我们（us）"是编辑补上的。

3 广　　延

（洛克手稿 f. 1，第 313—314 页：1676 年 7 月 9 日笔记。）

　　本页开头的空白处写有"广延，L. 2，c. 4"的字样，是对《人类理解论》卷 2 第 4 章的注释。洛克在这一章第 4 段的中间部分简要讨论了广延（extension）的问题，他可能本想把本书这里收录的条目插入此处。但是这一条目和《人类理解论》卷 2 中其他许多地方关系更加紧密，[①]在那里，洛克把广延的观念和绵延（duration）的观念放到一起详细讨论。他写作 1671 年的两部草稿时这一题目已经存在心里了，在手稿 B[②]中他以相同的方式用像《人类理解论》卷 2 第 14 章中一样的篇幅处理了这一题目。从 1676—1678 年[③]笔记中 5 个用普通方式书写的条目可以看出，他对这一题目具有持续的兴趣和稳定的看法，即认为空间距离和时间距离都不过是纯粹的关系。这里付印的条目与所有关于这一学说的普通书写方式条目相类似，尤其与仅仅 3 周前完成的 1676 年 6 月 20 日的条目相近，[④]因此把两个条目连起来读收益更大。洛克笔记中论空间的全部段落都有很高的价值，不仅因为其中包含了同一学说的不同例证，而且正像阿隆教授所评价的那样，[⑤]如果没有它们，就不可能理解洛克的空间理论。我们还可以加上一句，如果没有它们，也不可能理解《人类理解论文》中洛克的无限和永恒理论。

---

① 比如，第 14 章第 24—25 段，第 27—29 段；第 15 章第 7 段。

② 兰德编辑，1931 年，第 103—125 段。

③ 比较 1676 年 3 月 27 日和 6 月 20 日，1677 年 9 月 16 日，1678 年 1 月 20 日和 24 日日记。

④ 由阿隆和吉波出版的《洛克〈人类理解论〉的早期草稿》，1936 年，第 77—80 页。

⑤ 前述著作，《导言》，第 25 页。

（第 313 页）正如时间的观念是通过对运动物体的观察而获得，[①]广延的观念是通过对处于静止状态的物体的观察而获得的。而且正像我们通过物体的稳定匀速的运动获得时间的度量，我们是通过观察同等长度的物体而获得广延的度量的。正如在既无物体也无运动的想象中我们可以把时间的度量（不过是物体的运动）应用于绵延，我们也可以把仅仅存在于物体中的广延的度量应用于根本不存在物体的空间，尽管没有任何其他事物存在其中的绵延和空间本身是真正的空无。但是一旦事物真实存在，绵延和空间，即事物之间的距离，就真正成为与我们的时间和广延度量成比例的关系。假设上帝在创造这个世界之前已经创造过（第 314 页）一个世界，并且在儒略纪事开始时将其销毁，可以确定，相当于[②]……太阳[③]每年旋转的距离的关系源自这两个世界的存在，尽管如果什么都不存在，这一只能来自两个事物的存在的关系也将什么也不是。在空间问题上同样如此：如果上帝创造一个完全独立于我们的世界的世界，或一开始仅仅创造两个中间没有任何物体的卵石，两个卵石各自都不存在矛盾，在两个卵石中间可以插入若干码、若干厄尔或若干英里的其他物体，这样就产生了它们两者的距离的关系。这样尽管[④]这种广延作为整合的或排列的真实个体的延伸，但是它们当中除中间个体之外的任意两个个体之间的距离不过就是一种关系，这种关系虽是真实的，但也不过来自其他事物的存在，并不需要另外的创造活动，就像世界上不曾有过的父性随着亚当生养该隐而自然出现一样。

---

① 这一陈述在 1690 年的《人类理解论》（卷 2，第 14 章、第 16 章以及第 19 章）和 1671 年《人类理解论》的一份手稿中（手稿 B，兰德编辑，第 108 页）得到修正，在这两处，洛克认为绵延的观念不能必然从运动的知觉中推演出来。

② "相当于（equal to）"后面是一个空白，意为要插入一些数字。

③ 在 1690 年《人类理解论》（卷 2，第 14 章第 21 节）中洛克修改了这一短语中隐含的地心说观念（同时可参看洛克论自然法的第一篇论文，f.9）。

④ 手稿中记录"这种（this）"的符号在记录"尽管（though）"的符号前面。

4　偶像崇拜

（洛克手稿 f.I,第 320—325 页,第 354—355 页:1676 年 7 月 15 日和 7 月 20 日笔记。）

在这一条目第一个字后面洛克留下了一个空白,此处他忘了写出下面他要讨论的著作的作者姓名。但很快他提到了首写字母为 S 的另一位作者。这一条目中讨论的主题来自这两个作者之间的争论,所以确定二人的身份十分必要。

S 博士指的是爱德华·斯第林弗里特(Edward Stillingfleet),他在 1671 年出版了《论罗马教会的偶像崇拜》(*A Discourse of the Idolatry practised in the Church of Rome*)。同年,匿名出版的《天主教徒中没有偶像崇拜者》(*Catholicks no Idolaters*)回应了上一著作,其作者实际上是托马斯·高登(Thomas Godden)[①]或托马斯·戈得温(Thomas Godwin),其本名是梯尔登(Tylden),就是本条目开头空白部分应该插入的名字;洛克没有填写上,因为对他来说高登是个匿名作者。1676 年斯第林弗里特给高登写了一个回复,1677 年他收到高登作为回应匿名出版的一个小册子,[②]1679 年他再一次回应了高登。

高登(1624—1688)是罗马天主教改教者,1661 年任查理二世妻子布拉甘匝的凯瑟林的牧师;他的《天主教徒中没有偶像崇拜者》就是题献给她的。他和斯第林弗里特就天主教徒的偶像崇拜的争论起源于二人关于救赎的争论。1678 年高登被控共谋谋杀埃德蒙德·贝瑞·高德弗雷爵士(Sir Edmund Berry Godfrey)。他随即逃往法国。詹姆

---

① 哈尔克特(Halkett)和雷英(Laing),《英国文学匿名和笔名辞典》,1926 年,卷 1,302。
② 同上,卷 3,210。

士二世当政时撤销了审判。

斯第林弗里特,后来当选为渥克斯特(Worcester)的主教,1697—1699年间成为洛克的论敌,此外不需要更多介绍。

在《天主教徒中没有偶像崇拜者》一书中,高登提出了一个偶像崇拜的定义,根据这一定义,他可以为罗马天主教所遭受的偶像崇拜的指责提供辩护。洛克在此处的笔记条目中批评并拒绝了高登的定义。他对问题的讨论具有特别的价值,因为除了现藏于哈佛修顿图书馆的1661年备忘簿(第314页)中标记为1694年的一个简短条目以外,在他所有笔记中都没有与此讨论对应的条目。

(第320页)当①……回应S博士论罗马教会偶像崇拜的著作出版的时候,我惊讶地发现他胜过S博士之处,也是吸引我阅读他的著作的原因,在于他论证的重点是偶像崇拜观念。在我看来,依据这一观念,或者所有异教徒的偶像崇拜被排除在外,或者在根本没有偶像的基督教徒中找到大量偶像崇拜,依照他的看法,这(第321页)终结了我们的信仰,并且完全是因为具有错误的上帝观念。这促使我思考什么是偶像崇拜;我认为偶像崇拜在于施行外在崇拜,即在某一偶像面前鞠躬、下跪、膜拜或祷告等等,在这种情境中,地方、时刻或是环境中的其他因素使旁观者有理由设想神灵已经出现在宗教活动或对神的崇拜之中。因为作为身体和灵魂的主人及创造者,上帝要求身体和灵魂的服从和敬拜。原则上,心灵的内在崇拜是被神所悦纳的,通过内在崇拜我们认识神的能力和权柄以及我们对他的依赖和感谢,使我们的心灵转归信仰和服从。上帝同样要求我们身体的服从,这样既可使我们能向别人展示我们内在的崇拜,也可通过我们的示范使他人归向上帝。既然正如上帝自己所宣称的那样,如果人类的某一部分的顺服不是投向上帝而是投向其他什么东西,那么上帝将为此感到嫉妒。因为上帝了解人类(第322

---

① "当(When)"后面留有一个空白,此处应填写上托马斯·高登的名字,即匿名出版他的著作之人。

页）的忧虑有多么沉重，尤其是占人类多数的未开化的人们的忧虑有多么沉重，知道人类多么习惯于将思想放置在可感对象上，所以上帝禁止他所拣选的民族在任何偶像或画像面前行崇拜之礼或被认为是崇拜之礼的活动，以免作为旁观者的犹太人中的其他普通人或其他民族的人们会误认为以色列人的神和其他民族的神一样不是独一、无限、不可见的神；在崇拜中使用众多的偶像自然会使人们想到粗俗恶劣的神，会错误地理解神，迷信地敬拜偶像，而这些都含有多神教的意味。因此我们发现，《旧约》中充斥着如此众多的对匍匐在偶像面前，也就是崇拜偶像的抱怨和喝止。而且如果偶像崇拜仅仅是终结了我们的崇拜，即对不是神的东西的想象，那么我不能理解为什么要有惩罚（第 323 页）崇拜偶像者的法律，既然他们的思想是我们无从获知的。而且上帝也不可能制定一部如此严峻的法律，反复不断地表明他对依赖于如此精细微妙的观念的偶像崇拜的憎恶。这件事含糊不清，我从未发现哪一位博学的犹太人或基督徒，更不用说没文化的人，曾阐明或理解了它。直到最近，一些选择用偶像去激发他们的虔诚而不是用《圣经》去确定虔诚的方向的人们发现，上帝自己从不向他的选民如此解释偶像崇拜，也从不让他的选民去如此理解。在我看来，到目前为止，那些有理由支持这一概念的人怀疑第二诫命会打破它，而且对它的平易表述容易受到那些未被学究式的无益区分败坏其（第 324 页）知性的人们的歪曲理解。我觉得对我来说似乎如此，因为在教导他们忏悔、指导他们如何运用诫律检验生活、避免越轨的祈祷书中，我发现他们完全放弃了第二诫命，并把第一诫命一分为二，从而混淆了第七诫命和第十诫命的前面部分；而在他们列举的全部罪性中，我们都看不到哪里曾提到偶像崇拜，但偶像崇拜绝不是轻微到不值得在他人面前忏悔的小罪行。在另外的似乎为我们详尽阐释诫命的祈祷书中，他们把第一和第二诫命混为一谈，以比上帝原话简短的语言给出了第二诫命，并且把第十诫命一分为二。（第 354 页）在 1672 年巴黎出版的《祷告和连祷手册》中，对第二诫命的规定比法国祈祷书更详尽一些,因为它更可能落入英国的异教徒手中,并因此蒙羞。但是在此处他们把第一和第二诫命合并为一,把第十诫命分成与我们的译法以及最初的真正意思大为不同的两条,尤其把"你不能相信和崇拜他们"(Thou shall not adore nor worship them)这句经文搞得面目全非。

5　快乐与痛苦·激情

（洛克手稿 f.I，第 325—347 页：1676 年 7 月 16 日笔记。）

　　这里有好几处洛克用普通书写方式写下的旁注关键词，表明在这一条目中他讨论了多个主题。他讨论快乐和痛苦、普遍的激情、某种特殊的激情、幸福、欲望、权力，以及意志。这里给条目统一冠以"快乐与痛苦·激情"之名。旁注的关键词没有复录，因为它们从新主题开始处的文本中可以清楚显示。分段遵照洛克的处理。

　　a. 快乐与痛苦。洛克在这一条目中主要讨论的是"快乐与痛苦"的观念。他就这些观念（第 326 页）的最终原因的简短评论（在《人类理解论》卷 2 第 7 章第 2—6 页中，洛克对此加以详尽阐述）可以追溯到他论自然法的第四篇论文（对开本第 56、59 页），但是对这一评论的快乐主义引申除《人类理解论》卷 2 第 20 章以外，在其他文献中不见记载。正如阿隆教授[1]所评论的那样，《人类理解论》中论快乐与痛苦的章节非常值得注意，因为虽然手稿 B 和《人类理解论》卷 2 在许多方案和细节方面存在对应性，但在这一主题上却没有对应的部分。由于这一条目是用速记写成的，其内容尚不为人所知，人们过去普遍认为，洛克在《人类理解论》中首次讨论了快乐与痛苦的观念，此前不论是在 1671 年的两部草稿中还是在笔记中，他都从未考虑过这一主题，而《人类理解论》中的多数其他主题都曾被他探讨过。我们将会看到，洛克最早的关于快乐与痛苦的思想出现在 1676 年 7 月 16 日笔记条目中。[2]　不过，在用普通方式书写的 1676 年 7 月 13 日笔

---

① 《约翰·洛克》，1937 年，第 56—57 页。
② 我略过了这一问题：洛克是否从伽桑迪的《哲学的快乐》获得这些思想，洛克可能刚到法国不久即开始研究这一著作，在法国他结识了伽桑迪主义的领袖弗朗索瓦·贝尔尼耶。

记条目中,①即现在这一条目之前三天的条目,洛克简单提到"我们从心灵中得到的 4 种简单观念"——意志、快乐与痛苦,以及知觉。在本条目的最后部分(第 343 页)模模糊糊地提到了上述片语,而且洛克最后的评论(第 347 页)说,他对现在条目中涉及的痛苦、快乐、思虑、权力和意志这 **5 种**(黑体为原文所有。——中译者注)简单观念的讨论应该放在《人类理解论》中论激情章节的前面部分——正如他本人所说,②这显然是因为快乐与痛苦"是我们的激情绕之而旋转的轴心"。③

b. 激情。这一关于激情的条目中的一些内容重新出现在《人类理解论》卷 2 第 20、第 21 章中,其中有些比原来更细致,有些比原来更简略。另外一些说法则根本没有出现在《人类理解论》中,因此具有特别的吸引力。毫无疑问,洛克在写作《人类理解论》中论激情一章的结尾一段(即以如下句子开头的一段:"我没有把这一段写成'关于激情的对话',我不会在这里犯这样的错误;激情的种类比我这里提到的更丰富:而我这里提及的种类中的每一个都需要更大篇幅、更严格的对话加以处理。")④的时候,他当时一定想到了这一条目中更充分的处理方式。在现在条目的开始部分,即描述爱的部分,洛克提到了"其他样式的快乐与痛苦",即他所说的在《人类理解论》的章节中他"本该引证的"那些样式。

c. 欲望。在讨论爱之后,洛克讨论了欲望(第 331 页,在第 339—342 页继续讨论)。现在条目中对欲望的阐释十分重要,原因有二:(1)洛克在 1676 年以前的任何作品中都不曾谈及欲望,并且(2)这里对欲望的阐释是洛克在《人类理解论》第二版(1694 年)中重要改动的来源之一。《人类理解论》第一版(1690 年)只是简单提到了欲望(卷 2 第 20 章第 6 页)。在第二版中,洛克在第一版的基础上增补了与现在

---

① 《洛克〈人类理解论〉的早期草稿》,1936 年,第 80—81 页。

② 《人类理解论》,卷Ⅱ,第 20 章第 3 节。

③ 洛克在现在条目的结尾处把能力视为一种简单观念,《人类理解论》中在论激情的章节之后,他以比较长的篇幅(卷 2,第 21 章)讨论了能力。不过,在论激情章节前面的章节中,也就是在卷 2 第 7 章第 8 节中,曾经简单提及作为简单观念的能力。

④ 卷 2,第 20 章 18 节。

条目中论欲望的部分相似的一些评论。在"论能力"章节（卷 2 第 21 章第 28—66 页），他对欲望进行了充分讨论，认为欲望是意志的真正原因，以替代第一版中认为"被思想到的更大的善"最终决定意志的理论。因此，在某种意义上可以说，现在的条目预示了《人类理解论》第二版以及其后版本中洛克在这一问题上的最终见解。

d. 能力。欲望之后，洛克分析了能力的观念（第 343—347 页），在《人类理解论》（卷 2 第 21 章）中对此有更详细的讨论，但在两部草稿中则只简单地、不充分地处理了这一问题。在现在的条目中，与欲望讨论相接，洛克首次谈到了他对笛卡儿关于心灵本质上是思考这一学说的批评。①

正是由于上述的不同理由，下面所付印的条目十分重要。

（第 325 页）在心灵的享乐与忧郁、快乐和痛苦中有两个根源，所有的激情都萌生于此；有一个中心，所有的激情都依赖于它。一旦去除了它们，激情也将不复存在，因为失去了激发或推动激情的动力。因此，为了了解我们的激情，对它们有个正确观念，我们应该思考快乐和痛苦以及我们自身中创造快乐与痛苦的东西，思考它们如何运转如何感动我们。②

上帝创造了我们身体和心灵的结构（第 326 页），使得一系列事物都能为了与上帝的善和智慧相符合的目的通过我们尚不知道的方式很容易地为我们的身体和心灵带来快乐或痛苦、欣喜或沮丧。③ 因此玫瑰的芬芳和美酒的味道、轻盈和自在、享有权力和获得知识，都能使大多数人感到愉悦，而且还存在这样的事物，仅仅由于它们的存在就足以使人感到愉悦，比如子孙后代。不论什么能产生快乐的事物呈现给知性，它必定会马上激发起喜爱来。④ 这看来似乎只是在心里想到

---

① 参见《人类理解论》卷 2，第 1 章第 9 页及后面内容。

② 比较《人类理解论》卷 2 第 20 章第 3 节。

③ 参见《人类理解论》卷 2 第 7 章第 2—6 节；同时可参看洛克论自然法的第四篇论文，对开本第 56 和 59 页。

④ 在《人类理解论》中洛克对爱的讨论只有 8 行（卷 1 第 20 章第 4 节）。

某些能以某种方式为我们带来欣喜或快乐的事物的观念。当然,这一思想以及所有其他的激情都伴有血液和情绪的特别运动,但并不总能观察到两者如此相伴,也不能认为这是所有激情观念(第 327 页)的必要成分,这里我们没有必要细究这一问题,因为我们只是在探讨激情观念。因此,所谓爱某物不过是在心里想到了能为我们带来满足或欣喜的某物的观念,因为当一个人声称他喜爱玫瑰、美酒,或知识,除了玫瑰的芬芳、美酒的味道或知识愉悦他或给他带来快乐以外,还能是什么意思呢?事实上,由于人们认为给他以愉悦的特殊事物如果没有与它相联或生成它的另外一系列事物,则它本身也无法存在,当他想要并试图保存这一系列事物的时候,我们就说他喜爱它们。因此我们说人类喜爱能制造出令他们愉悦的果实的树木,人类一般而言也会喜爱能给他们以助益或激发谈兴的友人,致力于(第 328 页)增进友人的福利,以为他们自己保存他们喜爱之物;尽管我们把这称为对友人的爱,但他们真正喜爱的不是他们的友人,而是能为他们带来愉悦的好东西,他们在意友人和友谊,是因为这些好东西与友人共存,没有友人,则好东西也无处存身。我们经常会看到,当对一个人的帮助停止了,对提供帮助之人的喜爱也常常随之枯竭,有时甚至化为仇恨。在我们与我们的子女的关系中不会发生这样的情况,因为自然出于自己智慧的选择使我们仅仅因为子孙的存在就已欢欣不已。某些智慧的心灵具有更高贵的构造,他们以其友人的存在和幸福为乐;另一些更为完善的心灵甚至会以所有善良之人的存在和幸福为乐;更有一些人以全人类的存在和幸福为乐(第 331 页)。① 只有这最后一种爱才可恰当地称为喜爱,其他种类的喜爱连同强烈的欲望不过是世故的远见。因此我相信,在这些例子中,喜爱都是由快乐的对象引起的,它不过是我们心里想到的某种东西的观念,这种东西适合我们特殊的构造和性情,能给我们带来快乐。这解释了为什么作为首要激情的喜爱是所有激情中最难驯服的和最盲目的。尽管欲望和希望的固有的、终极的对

---

① 手稿中第 329—330 页留作空白页。

象和喜爱的对象是一样的,但是理性和思想可以诱导它们专注于痛苦和扰人之事,如果它们能充当实现另一目标的手段的话;但是不管你如何劝说、推理或思考,喜爱都不会为之所动,除非你诉诸自身即令人欣喜之物。许多人都曾想过去除一条手臂,在某种情形下欲望痛楚(第 332 页)[1]或希望痛楚,比如在生小孩的时候,但是我认为不会有人喜爱这种行为。喜爱只专注于目的,从不把服务于另外目的的单纯对象划归进来,它只能如此,因为喜爱不过是灵魂的同感(sympathy),是心灵与具有愉悦心灵的秘密能力的某种事物之观念的协调一致,这一观念出现在心灵中的时候,也就是喜爱的激情感染着我们的时候。

仇恨[2]是喜爱的对立面,因此,仇恨无疑就是心中出现能够引起我们不适或烦恼并且具有和喜爱同样的效果的观念。因为如果无法把困扰我们的事物同它所栖身之处分离,仇恨常常刺激着我们想到并着手去毁灭困扰我们的事物的栖身之处,就像喜爱出于同样的原因激励我们去着手保存它们一样。但是仇恨的激情通常比喜爱的激情带我们走得更远、伴随有更多暴力(第 333 页),因为罪恶或痛苦的感觉比善良或快乐的感觉对我们的影响更大;缺少巨大的快乐比较容易忍受,而出现一点点的痛苦却不容易忍受。希腊语"冷漠"($A\nu\alpha\iota\sigma\theta\eta\sigma\iota\alpha$)不是介于快乐和痛苦之间的感觉;短暂的无知觉被看作偏向于好的一面:总是取消我们快乐感觉的睡眠从来都没有受到抱怨,而且当睡眠把我们从痛苦中解放出来的时候,我们总是会以睡眠为乐。

这里我反复谈论的快乐与痛苦[3]首要的是心灵的快乐与痛苦,因为在身体上所造成的印象如果不到达心灵则既不带来痛苦也不带来快乐。当心灵获得愉悦或受到干扰,我们就会相应地产生痛苦或快乐。让一只微微发冷的手接触一定温度的热能,同时让另一只被雪冻僵的手(第 334 页)接触同样温度的热能,与此同时某种大喜或大悲的

---

① 第 332 页下端洛克用速记方式写着"法国,1676 年"。

② 在《人类理解论》(卷 2 第 20 章第 5 节)中,洛克对仇恨的讨论比这里的讨论简短,而且有所不同。

③ 参看《人类理解论》卷 2 第 7 章第 2—4 节,第 20 章第 1—2 节。

事突然发生,那么不论前面的举动会在身体中引起何种运动,也都不会被我们感觉到。一旦心灵不再受到来自身体的快乐或痛苦的影响,或没有注意到它们,它们便会消逝地无影无踪。

快乐与痛苦、忧郁与享乐因程度和条件之别,或因被组合为各种复杂的观念而分别享有不同的名称;为了进一步澄清这两个简单观念,不能不提到其中一些名称。[1] 例如,心灵的痛苦,当它因某种连绵不断的事物而生起时,称为厌倦(weariness);当因某些琐细的原因而生时,称为恼火(vexation),当然这需要那些极其敏感的心灵;当因某些过去的事而生时,称为伤感(sorrow);当因失去友人而生时,称为悲痛(grief);当因身体的剧烈痛楚而生时,称为折磨(torment);当心灵的痛苦阻碍了对话和交谈,称为(第335页)忧郁(melancholy);当伴以极度的衰弱时,称为焦虑(anxiety);当非常强烈时,称为痛心疾首(anguish);当无以复加、没有任何安慰时,称为惨痛(misery)。表达心灵不适意的观念还有一系列其他的区别,而且比起心灵的快乐来有更多可用来区分的名称,因为我们对痛苦比对快乐更敏感,同时在这个世界上我们也更习惯于与痛苦为伴。另一方面,心灵的快乐,当其因细小的原因而生时,尤其当其因谈话而生时,称为轻快(mirth);当其因舒适的感觉对象而生时,称为赏心悦目(delight);当因念及巨大而稳定的善而生时,称为喜悦(joy);当因一扫以前的哀伤而生时,称为欣慰(comfort);当摆脱所有困扰达到完美和自由的境界时,称为幸福(happiness)。因此在我看来幸福和惨痛[2]完全依赖于心灵的快乐和痛苦(第336页),每一分细微的困扰或满足都带来快乐或痛苦的程度变化;当心灵被两者中的某一个观念最大限度地占据、充满的时候,就是快乐或痛苦最终达到顶点的时候。

由此我们可知,把我们在心灵中发现的痛苦和快乐的简单观念延

---

[1]　这里提及的快乐与痛苦模式中,在《人类理解论》(卷2第20章第7、8节)只提到了"喜悦(joy)"和"伤感(sorrow)"。

[2]　在《人类理解论》"论能力"一章(卷2第21章第42节及后面的部分)中,洛克充分讨论了"幸福"和"惨痛"。

伸、扩大,就可得到幸福和惨痛两个观念,因为不论构成幸福或惨痛的组成部分是什么,它们为我们带来快乐或痛苦,我们都可恰当地就其自身称之为好的,而任何有助于为我们带来幸福之物的东西同样也是好的,尽管前者被称作"愉悦"(bonum jucundum),不应该仅就身体来理解,而是如我们对快乐名称的使用一样,首先是用来描述心灵的。后者(第337页)属于另外两种类型的善,称为"有用的"(utile)和"可敬的"(honestum),这两类善如果不是由上帝指定为获得愉悦(jucundum)因此成为帮助我们获得幸福的手段,我完全看不出它们因何会被看作善的。如果宝石不能带给我们比卵石更多的快乐惬意之物,那么宝石中有什么多于卵石的好处呢?节制带给我们此生的健康和轻松以及来生的幸福,因此是善行,而饕餮则带给我们相反的东西,因此是恶行,除这一原因以外,还能有什么其他的原因呢?对某些人来说,懊悔和悲伤自身没有什么价值,如果不是充作幸福的手段和途径的话。

如果不是因为超出了当前的目的,我们在这里可以观察,除了在我们自己这里感觉到快乐观念,我们就没有清楚明晰的快乐观念。①对更充分更强烈的快乐的想象不过是通过类比和仿效(第338页)我们曾体验过的快乐而得到的。由于没有清楚地拟想未知事物带给我们的快乐的能力(对于没有体验的人来说,品尝菠萝的快乐或养育子女的快乐是难以想象的),因此这样体验到的快乐只能是混乱和模糊的;而精神对象(这种对象因与心灵的性质更相称因此也就更易以其轻松愉悦来触动和感染心灵)带来的快乐对我们这些为肉体所束缚且被物质对象所包围的人们来说更加难以想象。如果肉体和物质对象不断地纠缠扰乱我们,我们很难对远在我们之外、只偶尔影响到我们的精神对象产生理解或感知;因此,我相信,在这一世界上我们所体尝到的和能够体尝到的幸福的观念,是非常不完美的;但是如果我们不(第339页)尽最大努力去获得幸福,那么我们就是不可原谅、愚蠢到家的

---

① 此处参看《人类理解论》卷2第20章第1节末尾部分。

人。但这是变化(in transitu)。

回到激情的观念。当心灵在自身之中发现一系列能够带来快乐的观念,即心灵所喜爱的一系列事物的观念,默想它所喜爱的事物一旦成真将带给他的满足,或找寻通向享受的事物,这时心灵会在自身之中发现某种不安、困扰或不快,直到着手消除这种不安或困扰,这我们就称之为欲望。① 所以在我看来,欲望是心灵体验的一种痛苦,直到心灵获得某种好的东西,不管是愉悦的还是有用的,才能止住这种痛苦。

为了更清楚地理解激情的观念,不应忽略的是,欲望比喜爱的广度小得多,因为喜爱就是认为某种东西(第 340 页)令人愉快或能够带给我们快乐,它包含了一切看来如此的东西,不论远近以及可获得与否。但是欲望终止于享受,除了能获得即时享受的东西或指向即时享受的途径以外,没有什么能推动它。

我曾说过,欲望也不过是心灵在缺少某种好的东西时感受到的痛苦,它随不同的考虑而有所增加和变化;例如,当欲望追逐某一实实在在的益处的时候,推动我们付诸行动的第一个念头就是可能性,因为一旦认定为不可能,我们便很少产生欲望。确实,人们常常想要得到冬天里的玫瑰,常常希望女儿变成儿子,心里想着,如果这些事成为现实,该有多么美好。但是一旦他们知道这不可能实现,则无法拥有它们几乎不会对心灵产生多少困扰,因此也几乎没有欲望。但在消除当前一些罪恶的欲望中,情况就大为不同了(第 341 页),因为哪里罪恶在持续地制造痛苦,哪里就有消除罪恶的持续欲望,而不管消除罪恶是否可能。由此我们可以看到欲望多么依赖痛苦。

如果说可能性激发我们的欲望,那么轻易的获得就进一步刺激了

---

① 在 1690 年《人类理解论》第一版中,欲望只在卷 2 第 20 章第 6 节中被简单提及。在 1694 年第二版中,洛克加上了和下面段落中论述欲望的部分相类似的一些评论,但却省略了"论能力"章节(卷 2 第 21 章)中 28—38 节之间的部分,加上了 35 节其他内容(28—62 节),其中有对欲望的充分讨论。

欲望。因此,人们期望自己的子女小时候健康强壮,年轻的时候服贴顺从,长大了具有知识和技能并出人头地。

支配和管理我们欲望的另一因素是益处的大小。益处的大小是根据它与我们拥有的其他享受之间的相容性衡量,而非仅仅根据其自身或根据它带给我们的快乐的能力衡量,同样也不是仅根据它是否自身即为获得快乐的手段来衡量。事实上,喜爱之情总是扩展到(第342页)所有看起来能带给我们益处的东西,也就是带给我们快乐的东西,因为喜爱就在于关注,因此可以扩展到不相容、不一致的事物上:人们可以喜爱交际和聚谈的快乐,同时也喜爱退隐、研究和沉思的快乐,即在同一时刻喜爱这两种不同的益处。这是很容易的事,就像同时具有黑和白的观念一样容易,尽管黑白不能同时共存于同一事物。但是欲望只关注现实存在的益处的实际快乐,而不会去关注虚幻的益处带来的虚幻快乐,欲望与我们正享有或想要得到的其他好东西或一致或相反的关系支配着欲望。

(第343页)我们从心灵中得到的简单观念是思想(thinking)、能力(power)、快乐以及痛苦。关于思想我们已经谈过了,[①]为了理解能力的观念[②]是什么以及我们如何获得它,思考一下作为能力的结果的行为会有帮助。在我看来,世界上只有两类行为,即属于物质或身体的动作(motion),和属于灵魂的思想(thought)。动作尽管是身体的特征,但身体自身对动作却漠不关心,因此动作能够或进行或停止,但却不能自己推动自己;另一方面,尽管思想是灵魂的特征,但灵魂对思

---

① 参看洛克在1676年7月13日日记中用普通书写方式写下的条目(阿隆编辑,第80—81)。在这一条目中,"我们从心灵中得到的四个简单观念"分别是"知觉(perception)"或"思想(thinking)"、"意愿(willing)"、"快乐"和"痛苦"。在上面的段落中,洛克加上了能力而省去了意愿;不过,在现在这一条目的结尾部分,两个他都提到了,同时还有另外三个观念。洛克沿着紧接上面段落的页边写下的"参看'L.I,c.3'"的字样,同时也出现在1676年7月13日的普通书写条目中(阿隆编辑,第80页)。1690年的《人类理解论》中,应该是参考卷2第3章("关于感觉的简单观念"),因为1676年《人类理解论》开始部分也就是草稿A的开始部分,后来成了1690年《人类理解论》的卷2。

② 《人类理解论》中洛克讨论能力的部分在"论能力"章节中(卷2第21章第1节及后面部分)。

想同样漠不关心或根本不去思想。① 我认为,这里谈到了灵魂和有限的精神,思想是灵魂和有限精神的行为,但是没有必要设想灵魂和有限的精神总是处在运动中,即总是在思想,就像身体同样也不总是在做动作(第 344 页)。但尽管如此,可以确定的是,灵魂的与生俱来不可分离的特征是行动的能力(a power to act),即推动身体做出动作和刺激心灵产生思想的能力。所以,一个人能从坐得稳稳当当的座位上站起来开始走动,从而做出了之前不存在的动作;身在法国,他能随自己高兴而想到法国或意大利,或想到呼吸、玩纸牌,想到太阳、朱利斯·恺撒、怒气,等等等等,从而在心灵中产生从前不曾存在的思想;这样,通过自身之中的这种方式和经验,心灵获得了能力的观念。我承认,一个清醒的人的心灵从来不会没有思想,有人认为难以设想灵魂会思想但同时又意识不到在思想,同时也很难解释为什么脱离身体的灵魂不是处在一种无法感知任何观念、对快乐和痛苦全然麻木的状态(第 347 页),②这些人可能会认为无梦的睡眠是否会影响心灵和身体值得深入探讨。但为了回避这一问题以及精神的基本的不可分的影响是否是能力的问题,我要说,一个人从他的知觉之流中观察得到的简单观念之一即为能力的观念,当能力的观念作用于一个思想的时候,称为意志;③这种情况并不总是出现,因为我们睡眠时的一系列观念以及我们醒过来时的第一个念头都不能主动选择,也不是之前任何观念的后果,因此不能归于意志或认为是自愿的。通过这些步骤并通过对其内在运行的观察,心灵逐渐获得了痛苦、快乐、思想、能力以及意志的观念(记住,关于这些观念的所有叙述应该放在激情前面)。④

---

① 在这里和这里以后(第 344 页),洛克预示了《人类理解论》(卷 2 第 1 章第 9 节及后面部分)中对笛卡儿在心灵的本质问题上的批评。笛卡儿认为,心灵在不断地思考,而思考是心灵的本质。在 1671 年的《人类理解论》的两部草稿中没有提起这一问题。

② 手稿中第 345—346 页留作空白页。

③ 《人类理解论》中对"意志"的充分讨论在卷 2 第 21 章第 5 节及后面部分。

④ 在 1690 年的《人类理解论》卷 2 第 20 章的"快乐和痛苦的各种情状"中,洛克讨论或至少提及了除"意志"以外的简单观念。他对"意志"和"能力"的讨论在下面章节中,即卷 2 的第 21 章。实际上,备忘只关注"快乐"和"痛苦"的观念,因为正如洛克所说,(卷 2,第 20 章第 3 节)它们"是我们激情绕之转动的枢纽"。

6 信仰与理性

（洛克手稿 f.1，第 412—432 页：笔记条目为 1676 年 8 月 23 日和 28 日之间，以及 1676 年 9 月 1 日的笔记。）

普通书写方式写下的页边关键词（这里没有收入）显示新主题的开始。洛克首先讨论宽容和和平，接着详细讨论了信仰和理性的关系，其中包括岔开话题论述无知和化体说（transubstantiation）的内容，最后讨论了知识。这里以其核心内容"信仰与理性"为题对条目加以编辑整理。段落分行沿用洛克原文。

a. 宽容。这一条目中（第 412—414 页）洛克为支持宽容而提出的例证饶有趣味。他的主要观点通过答复一个想象中的对话者的反对意见而建立起来。在洛克另外论宽容的文献中没有与之相似的部分，虽然条目在精神和风格上预示了 1689 年《论宽容的一封信》中的某些核心证据，[1]以及《人类理解论》的一个段落中对和平的诉求。[2] 关于宗教和政府之间的差异、以及政府官员实现和平的惟一职责的一个小段落（第 414—415 页）导向信仰和理性的讨论。

b. 信仰与理性。在现在条目中洛克对这一主题的观念（第 415 页及后面部分）是他在《人类理解论》卷 2 第 18 章中[3]关于信仰和理性关系思想的最初版本。条目因此可以看作《人类理解论》中有关这一领域的早期草稿。笔记条目中的许多段落与《人类理解论》章节中的段落具有严格的对应关系。

---

① 例如，参看第 157 页及后面部分（高夫编辑，1946 年）。

② 卷 4 第 16 章第 4 节。

③ 在第 415 页，有个指向《人类理解论》的著作和章节的注释（即"L. c."），但没有给出页码。

很难找出洛克对信仰和理性的看法的准确来源。17世纪最大的护教之争是由格老秀斯的《论基督宗教的真理》(1622年)引发的。卡尔佛威尔的《自然之光对话》(*Discourse of the Light of Nature*)(1652年)属于这场争论的早期阶段,洛克可能是从他那里得出了自己的观点,即尽管启示本身独立于理性,但信仰却自始至终与理性一致并建立在理性的基础上。在这一问题上对洛克的进一步激发来自他的朋友罗伯特·波义耳对"超越理性的事物"和"不违反自然的事物"的性质的不懈研究。波义耳的《理性与信仰的和解》(*Reconcilableness of Reason and Religion*)出版于1675年,比这一条目的完成时间早一年。

c. 无知。论信仰和理性的笔记条目中有关于无知问题的枝蔓言论(第417—418页)。这预示了洛克在《人类理解论》"论理性"章节(卷4第17章第9—13页)中的评论;它与洛克在"论人类知识的范围"一章中(卷4第3章)关于无知的主要观点几乎没有什么关联。

d. 化体说。另一个枝蔓话题是关于化体说的讨论(第421—424页)。在1671年第一篇草稿第42段①和《人类理解论》卷4②简单提到了这一学说,但是它们与洛克在现在条目中的观点的发展没有对应关系。不过,在《人类理解论》"论激情"章节③(洛克在1700年第4版时添加上的)中的一个段落和笔记条目(第423—424页)中的一个段落有对应之处,这里同时提到了摩西的手杖变成蛇的奇迹。

e. 知识。最后洛克加上了几句关于知识的一般评论(第430—432页),其观点与《人类理解论》中(卷4第17章第24页)的观点没有什么不同。最后,洛克以让自然之光引导人类逐步认识上帝和人类的道德责任,结束了1676年笔记中的哲学速记条目。

(第412页)1676年8月23日:在已经存在多种意见的国家中为

---

① R.阿隆和J.吉波编辑,1936年,第64页。

② 第18章第5节和第20章第10节。

③ 卷4第19章第15节。

宗教事务而制定的刑法几乎难以避免所有法律都会谴责的普遍不公正。如果根据现在制定的法律，以后所有戴法国礼帽的将受到处罚，而在过去的某个年头戴过法国礼帽的同样也要受到处罚，我们认为这样的法律难以执行。禁止人们成为贵格派信徒、再洗礼派信徒或长老会信徒与上述情况一样难以实施。因为对我来说昨天不戴我昨天戴的帽子，昨天在许多事上不持和昨天持有的意见或想法一样的意见或想法，两者的难度是一样的——都是不可能的。在全部这些意见中的最大争论就是真理在哪里。现在我们来假设真理完全地、理所当然地在政府一方，虽然难以确定同一时刻真理是在英国、法国、瑞典，还是在丹麦；假定在所有这些地区政府具有制定宗教法律的同等权力（第413页）。我们继续假定所有持不同信仰的人都是错误的，都丧失了理智，如此等等；但是你的法律将他们置于热昏的状态，你会制定一条把所有发狂忘形的人送上绞刑架的法律吗？——①但是我们害怕他们的怒火和暴力。——如果你只是因为他们可能突然怒火发作而害怕他们，那么你应该怕所有其他的人，因为他们都可能会如此。如果你因不公正地对待他们而害怕他们发作，并且已见到一些发作的苗头，你应该改变你的策略，不要因你所害怕的事而惩罚他们，因为这样就是在造成你所害怕的事。如果持不同信仰的人本人具有发作的倾向，他必须受到严密的监视和适当的治疗。如果他们完全是天真纯洁的，不过稍有一点狂热，为什么不由他们去呢？因为尽管他们的大脑可能有一点点紊乱，他们的双手可完全正常啊？——但他们会感染别的人。——如果别的人是通过自己的同意而被感染，而信仰可以治愈他们认为他们患有的另一种疾病，那为什么不去阻止一个想办法治疗麻痹的人、或自愿患上痔疮以防止中风的人，而偏偏要去阻止这些持不同信仰的人们呢？（第414页）——但是如果这样所有的人就会误入歧途。——这就等于设定了如下三种情况：或者这一信仰是真理且广为传播；或者真理的教授者极其大意，任由它泛滥，这很可指责；要不

---

① 我用破折号来表示想象中的对谈者的反驳意见。

就是人们更容易倾向于错误而不是真理,而如果是这样的话,那么错误就是多种多样的,持不同信仰的人们彼此之间的距离就会像和你的距离一样远,这样就不必担心他们联合起来了,如果你没有通过虐待他们使自己成为他们的公敌的话。

为实现在宗教上有不同意见的地区的和平,一定要把两件事严格区分开来:即宗教和政府,[①]而且要把它们的执行官员严格区分开来——行政长官和教士,以及要把他们管辖的区域严格区分开来(未能把它们区分开可能正是产生混乱的一大原因);政府官员只(第 415页)照管城市的和平和安全,教士只在意[②]灵魂的拯救。如果禁止教士们在布道时参与制定或行使法律,我们或许对此应该保持缄默。

1676 年 8 月 24 日:在宗教事务上,如果有人能分清理性应该引导我们到多远,信仰应该引导我们到多远,这将大有裨益。[③] 这种能力的欠缺正是世界上流行那么多意见的一个原因。对于每一教派,如果理性于他们有利,则欢天喜地地运用理性;如果理性于他们不利,则大喊大叫地说这是信仰的事,高于理性。我不知道如果划定信仰和理性之间的严格界限,他们如何可能被运用同样托辞的人说服,因为划定(第416 页)这一界限是解决所有信仰讨论的第一要点。

(第 417 页)1676 年 8 月 15 日:是否我们的无知并非来自观念的缺乏、不完善或混淆?[④] 因为除了在第二种情况下,我们的理性似乎并没有失效。(1)在一个漫长的因果链条上的言语的谬误,这是我们的错误,但并非我们的理性的错误;(2)观念的不完善,这里我们陷入困难和矛盾中。因此,没有物质的广延性的观念,没有无限的观念,我们对物质的可分性迷惑不解;但是具备完善、清楚、明晰的数的观念,我们的理性就不会犯错误或者说在数字上不会遇到矛盾。因此,由于只具备我们自己的意志或心灵的第一运动的不完善的观念,以及上帝的

---

① 参看洛克 1673—1674 年间的论文"论政府和教会权力的区别",载于金勋爵的《约翰·洛克的生平和写作生涯》(1858 年版),第 300 页及后面部分。

② "在意(concerned)"是由编辑添加的。

③ 这一段落和接下来的段落参看《人类理解论》,卷 4 第 18 章第 1—2 节。

④ 以下的段落参看《人类理解论》卷 4 第 17 章第 9—13 节。

作为的更不完善的观念,我们在"自由意志"问题上遇到理智无法解决的极大困难。这可能为我们提供了终止理性求助于信仰的范围,(第418页)只有在这里,由于缺乏清晰完善的观念,我们发现自己陷入我们的观念的无法破解的难题和矛盾中,并且无计可施。我认为信仰和启示取代了这种疑惑,就像依赖于我们的自然观念的理性无法发现真理时信仰和启示所做的那样;因为如果具备那样一个清楚完善的有关上帝作为的观念,知道那一权柄是否会创造一个"自由的行为者"——我认为预定论和自由意志问题的基础就在这里,如果这样,人类的理性就能够很快解决这一争论,而信仰在这个问题上却无事可做。因为^①在一个基于清楚、完善观念的命题中,我们不需要信仰的帮助,以得到我们的同意,并把这些观念引入我们的心灵中;因为借助知识我已经把这些观念放置在命题中了,或我有能力这么做;命题是我们可能具备的对事物的最确定的认识,除非上帝当面把事物启示给我:而且即使上帝启示给我们,我们对它的确信与我们对知道它是来自上帝的启示这一知识(第419页)相比,也不会更大。在与我们的清楚、完善的观念相反的命题中,信仰试图确立它们或得到我们的认可,必定徒劳无功。因为信仰从不能说服我们相信与我们的知识相悖的事。虽然信仰基于上帝的证言(这不可能撒谎),但是对这一事件真理性的确信不可能大过我们的知识。因为这一确定性的全部力量依赖于我们所具有的上帝启示了它这一知识,在这一例子中,不论启示在哪里伪装成与我们的知识或理性发生了冲突,我们就会提出上述的理由加以反对。无论如何我们都无法想象这出自上帝的作为:作为我们人类存在的慷慨创造者,上帝颠覆了我们知识的全部的原则和基础,使我们所有的官能报废,彻底破坏了他作品中最精巧的部分,即我们的知性,把人类推向比野兽都不如的混昧的境地。实际上,在高于理性的事物中——我已经说过了它们是什么,我们不但应该承认启示,而且还需要启示,在这里我们完全由信仰来(第420页)管理。但是^②不能

---

① 下面部分请参看《人类理解论》卷4第18章第5节。
② 这一段请参看《人类理解论》卷4第18章第10节。

因此去掉知识的界标；也不能动摇理性的基础，而只是让我们充分运用我们的官能。而且①如果信仰和理性的专有领地未由这些界限分开，我相信，在宗教事务上就根本不会有理性的运用和空间；世界上某些宗教中存在的狂妄偏颇观点和意识就无法受到谴责。因为我认为，我们可以大致把那些控制并分隔人类的几乎充斥于一切宗教的荒谬性归结为信仰为反对理性而发出的哭闹。人们被灌输在有关上帝的事务上不得运用理性，关于上帝的事务高于理性或相悖于理性，长此以往，被如此灌输的人们放任自己的幻想和自然迷信，被幻想和迷信引向宗教中的奇谈怪论，和偏颇过度（第 421 页）的实践。头脑清醒的人面对他们的错误目瞪口呆，坚信他们决不会被上帝所接受，而只会成为笑柄和万人嫌。因此，实际上，正是在我们本应最能表现自己为理性生命、最能使我们与野兽区别开来的地方，我们却表现得最为非理性，甚至比野兽更缺乏理智。对于一个正常的人，“因其不可能而相信”（Credo，quia impossibile est）可能被当作热情的标志，但却是人们选择意见的最不恰当的准则。

1676 年 8 月 26 日：这里不能忘了把我们确定信仰和理性的界限的这一规则应用于一个重要问题，罗马教会通过立法将其划为信仰的领域，非常聪明地阻止理性来检验它；我们要检验的就是基于对启示的真理的解释的“化体说”问题：②如果我们运用我们的理性，将把我们带向平白浅显的象征意义，就像把逾越节（第 422 页）绵羊称作逾越节尸体③一样容易理解；如果凭着信仰按字面意思理解这些词汇，就会与我们的知识的全部原则相冲突，与感觉证据相冲突。而如果承认它，将会完全抽走我们的知识、确定性或信仰的基础。信仰在理性之光照不到的地方助我们一臂之力，但在我们具备知识的地方信仰不会干预我们，实际上也不能与知识冲突。不需要借助于信仰说服目睹者相信

---

① 下面的句子请参看《人类理解论》卷 2。
② 参看《人类理解论》卷 4 第 18 章第 5 节及第 20 章第 10 节。
③ 《出埃及记》12 章。

三个孩子被投入了火中;①他们知道这件事,他们见到了这件事,不存在去相信的必要;信仰不会赋予他们如此巨大的确信。被相信的事是信仰的适当对象而不是感觉的适当对象,不相信的是一个精神的命题,即三个孩子的神是真神。在化体说的问题上是同样的道理:这一问题不是信仰的问题而是哲学的问题。这事需要运用我们的感觉和知识而不是我们的信仰,这一点十分清楚,根本不存在怀疑的余地。对我们来说,面包的实体(第 423 页)和本质不过是一系列简单观念的集合,我们通过这些简单观念认识面包,并把面包与血肉区别开来,也因此我们把它称为面包,人们不可能把那个(关于面包的)复合观念认作血肉或当作血肉接受下来,就像他无法相信自己是一块面包一样;因为对他来说,相信他作为一个人而在自身之中发现的那一复合观念或偶性集合为面包的实体或本质,其难度和相信面包的复合观念为血肉的实体是一样的,尽管由于习惯和可怕的异端之名人们不敢正视自己的观念而任由别人搞乱他们的思想,而且因为过去常把面包称为血肉,也就名实不分,真的相信面包就是血肉了。不过,如果他们认真热情地对待自己,我认为他们不可能不知道主献上的是面包,具备面包的全部偶性,就像(第 424 页)当摩西的手杖具备手杖的偶性时,他们不可能不知道摩西的手杖不是蛇,②而当它具备了蛇的偶性,不可能不知道那不是手杖一样;如果一个人不知道这一点,我敢大胆地说,他也就什么都不懂,即使上帝真的行化体的神迹也不能说服他相信实有其事;上帝的神迹通常总是通过诉诸我们的感觉(看来这是我们享有的确定性的最坚实基础,因为上帝一般总是通过感觉使我们确信)来证实信仰的内容,但却从来不会反过来,以不可见的神迹破坏我们感觉的证据,颠覆我们的整个知识,变乱(1676 年 8 月 27 日)信仰和理性的全部标准。在我看来,信仰和理性的标准是这样的:

    1. 有关于名称的知识,以及用名称加以分类的关于事物的知识:我们因此知道人和马是不同的。事物的名称完全是人为的(voluntary),

---

① 《但以理书》3 章。
② 《出埃及记》4 章 2—3 节。参看《人类理解论》卷 4 第 19 章第 15 节。

我们实际知道或可以知道我们用某种确定的名称指示的是什么观念
（第425页）。我要斗胆地说一句，这里我们只关注特殊观念，而从不
关注特殊的实体，也不把特殊实体包括在内，我们不认识也无从认识
特殊实体。当我们和别人一起称这种东西为小麦，那种东西为面包的
时候，我们从来不关注也不标记任何不可感的事物，不去思考可感物
和不可感物中是否具有同一实体。如果一个人根本就不相信酒的实
体存在于醋中（因为如果他不首先知道酒的实体是什么，他也不可能
知道酒的实体存在于醋中是什么意思），如果他在知道酒的名称属于
某一复合观念的情况下仍然把那些可感物（指醋。——中译者
注）——不论它与什么实体相联——称作酒，他大可确定自己称呼错
了。因此对于事物的明确的名称和区别，信仰根本就不是法官，因为
我们知道它们（指事物的名称和区别。——中译者注），而且没有谁比
我们更知道它们，即使有些事我们目前尚不知道，但我们终可以知道。
主在献祭之前之后是否同一，我们只能（第426页）通过我们的感觉才
能知道；是否要用同一个名称称呼它，这要通过人们的约定而决定，而
一旦人们确定了名称，我们也会知道。我希望它们获得面包和血肉的
名称，这是现在争论的基础。

2. 正如我们为事物命名时那样，我们同样借助于我们拥有的关
于事物的观念认识并区分事物，这些有形的事物统统都是可感的。

3. 同样也是借助于感觉，我们知道事实的性质。

4. 基于清晰完善的观念的推理和演绎同样也是我们知识的组成
部分，而且在这两者之中我们从来不插入信仰的判断，甚至从不求助
于信仰。当我们亲眼见到亲耳听到时，我们不去信仰（believe）一个人
在那儿、正和我交谈，但我知道这件事；当我们作证明的时候，也不需
要信仰向我们保证2+2=4，或三角形的三个内角和等于二直角之和。
但是由于我们的感觉所及只能达到一部分事物，当感觉无效了，信仰
就会来补充我们的信息；同样，由于我们的许多观念模糊且不完善，为
获得更完善的观念我们不得不基于这一不完善的观念进行推理，这样
就得到（第427页）包含不可解释的困难的命题，自然理性虽然可以发

现其中的困难,但却无法消除它,无法决定知性应该偏向哪一边,也不能明确发现真理在哪一边,因为他在两边都发现了一些有悖于他所持有的观念的东西,就像①小于正切的三角形是否为三角形一样。虽然他在这一问题上不能得出确定的知识,但他可借助信仰选择两端中的某一方,也就是说,他可以认为其中一个相比于另一个更正确,因为它与他的观念最相一致。

但是还有另外的命题,尽管不与其他的观念相冲突,但如果以这些命题为起点,我们将会一无所获,因为理性和感觉对发现许多我们必需的真理束手无策。上帝让理性和感觉在认识救赎所必备的事物方面存在缺陷,而这些可以恰当地归于神圣信仰的对象和事物,神圣信仰的领域在且仅在这里。因此,对于那些未曾目睹的人,耶稣死在耶路撒冷就是信仰的事,对于那些(第 428 页)目睹这一事件的人,它就不是信仰的事。但是耶稣为拯救罪人而死,这对所有的人都是信仰的事,是神的启示,因为这一命题或真理是理性沿其观念,即按理性自己的自然原则永远得不出来。我认为,神的启示和神圣信仰的性质正在这里,神的启示是我们无论何处都既无法预知也无力引入的;(1676年 8 月 28 日)虽然除此之外上帝也曾经通过先知之口、救世主通过他的亲自作为和他的使徒,宣示了其他的历史和道德真理,以帮助我们柔弱的官能加速发现真理的进程,澄清许多我们必须知道的命题。人们以前并非全然不能发现这些真理,但这样一来它们就来自神的权威。但是我可以自信地说,这些真理中没有任何一个有违我们的感觉(第 429 页)或理性。有人帮助我看见或更清楚地看见我以前未曾看见或见得不够清晰的东西,或提醒我注意我从未发现过的东西,那他就是对我做了一件善事,但是如果有人要我同意与我的所见所闻正相反的事,那他就是想得到不合理不可能的东西。对于我们的眼睛是真实的东西对于我们的理性和自然知识同样真实,因为对我来说,权威和证言都比不上我已经见过和已经知道的更确实、更可信。

---

① 原文这里由编辑添加上了 which is 两个单词,以使句子在语法上完整。但是,洛克使用这一术语想在这个例子中表达什么令我们有些费解。

因此,在我看来,上帝已经清楚划定了我们几种官能的权限,同时告诉了我们如何运用它们过生活:认识可感对象的时候运用感觉,推理和对话的时候运用理性从完善清晰的观念入手,在感觉和理性不能到达的地方则借助信仰。尽管理性经常帮助我们的感觉,信仰帮助理性,但是无论是理性还是信仰都不能使比它低一级的从属的官能失效,或破坏来自它们的证据。

(第 430 页)1676 年 9 月 1 日:通过人人具备的理性之光,人类知道上帝是所有存在中最非凡的存在,因此最值得被荣耀和爱戴,因为他对所有他的(第 431 页)创造物都是善的,而我们得到的所有益处都来自上帝。通过同一自然之光,我们知道我们应该善待别人,因为这样做对我们是好的。人类有能力这么做,这是我们能回报上帝厚爱的惟一礼物。因为是为了上帝而做的,上帝必定乐于接受。对于我们之外的其他人们,上帝抱有同样的慈爱。有人认为,他们应该爱上帝和善待别人,为此目的他们致力于发现更多有关上帝的秘密,他们也因此可以更好地履行爱上帝和善待邻人的职责。这些人无疑会发现上帝要求他们知道的一切,但不会堕入可怕的错误中,而是找到上帝和上帝的真理。那些从另一头起步的人却不会如此,他们屈服于自己的欲望,把全副精力放在获取个人欲望的满足上,把他们自己变成了自己的上帝和目标,他们不会倾听自然宗教或启示宗教的任何真理,除非他们所有的反对意见都得到了答复,所有的犹豫都被消除。如果(第 432 页)对整个体系留有一点点疑惑,他们会拒斥整个体系,因为有些部分存在困难。我认为,这些人不可能发现真理,因为他们寻找真理的方式在两方面是不合情理,即,他们与理智的人不同,他们自己在不适当的事中寻找真理,而且他们寻求真理的目的与上帝设计真理时设定的目的也不一致。上帝设计真理的目的在于扩展我们对他的爱和对邻人的善意,而不是为了发展我们的官能和思辨,上帝希望知识的增长可以使我们的生活变得更美好。

图书在版编目(CIP)数据

自然法论文集/(英)洛克著;刘时工译.—上海:上海三联书店,2015.9
(思想与社会)
ISBN 978-7-5426-5288-1

Ⅰ.①自…　Ⅱ.①洛…②刘…　Ⅲ.①自然法学派-文集
Ⅳ.①D909.1-53

中国版本图书馆 CIP 数据核字(2015)第 199390 号

自然法论文集

著　　者 / [英]约翰·洛克(范·雷登[W. von Leyden]辑译)
译　　者 / 刘时工

责任编辑 / 黄　韬　冯　静
装帧设计 / 鲁继德　乃　馨
监　　制 / 李　敏
责任校对 / 张大伟

出版发行 / 上海三联书店

　　　　　(201199)中国上海市都市路 4855 号 2 座 10 楼
网　　址 / www.sjpc1932.com
邮购电话 / 021-24175971
印　　刷 / 上海展强印刷有限公司

版　　次 / 2015 年 9 月第 1 版
印　　次 / 2015 年 9 月第 1 次印刷
开　　本 / 640×960　1/16
字　　数 / 150 千字
印　　张 / 14.5
书　　号 / ISBN 978-7-5426-5288-1/C·534
定　　价 / 40.00 元

敬启读者,如发现本书有印装质量问题,请与印刷厂联系 021-66510725